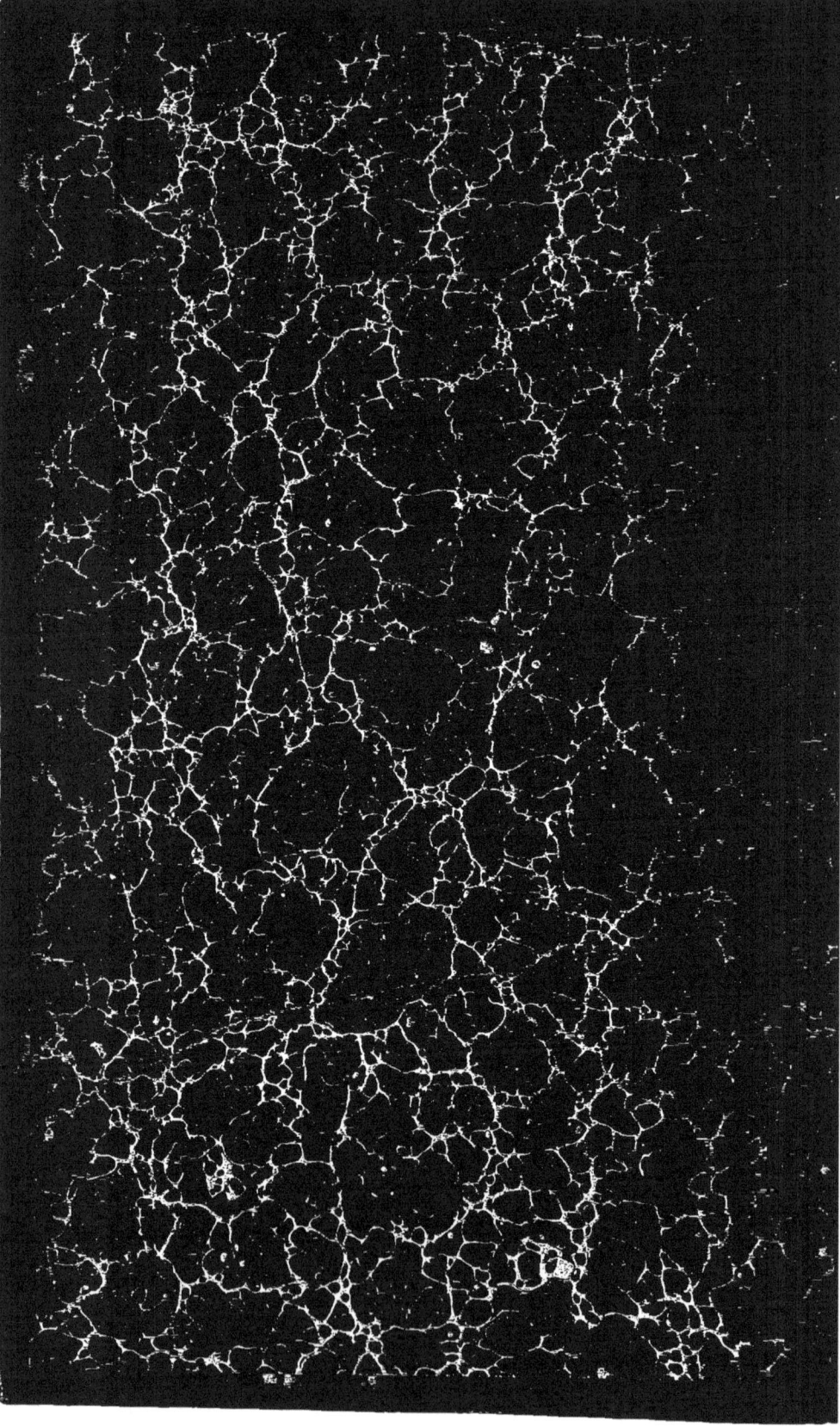

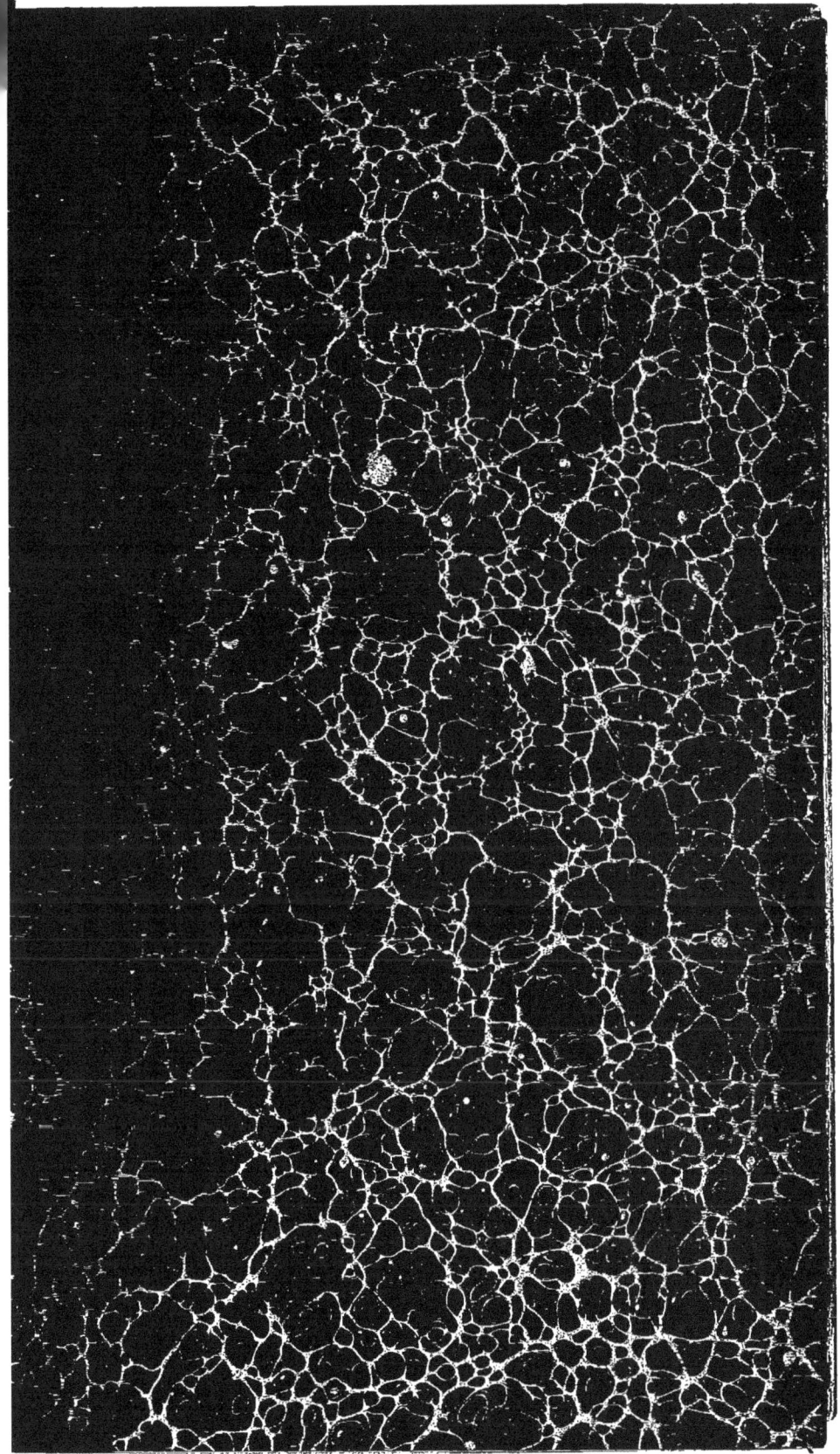

3296

DICTIONNAIRE

GÉNÉRAL

DES

TISSUS ANCIENS ET MODERNES.

TOME PREMIER.

Les formalités nécessaires à la conservation des droits de l'Auteur ayant été accomplies, les contrefacteurs seront poursuivis selon toutes les rigueurs de la loi.

DICTIONNAIRE
GÉNÉRAL
DES TISSUS
ANCIENS ET MODERNES,

Ouvrage où sont indiquées et classées

TOUTES LES ESPÈCES DE TISSUS CONNUES JUSQU'A CE JOUR

SOIT EN FRANCE, SOIT A L'ÉTRANGER,
NOTAMMENT DANS L'INDE, LA CHINE, ETC., ETC.,

AVEC L'EXPLICATION ABRÉGÉE

DES MOYENS DE FABRICATION

et l'entente des matières, nature et apprêt, applicables à chaque
Tissu en particulier.

Un Atlas de planches, Plans de métiers, Dessins de machines, d'armures, etc.,
Sera publié à la suite de l'ouvrage, et comme complément.

PAR

M. BEZON,

PROFESSEUR DE THÉORIE.

DEUXIÈME ÉDITION.

TOME PREMIER.

LYON,

IMPRIMERIE ET LITH. DE TH. LÉPAGNEZ,
PETITE RUE DE CUIRE, 10.
1859.

L'auteur se réserve tous ses droits tant en France qu'à l'étranger.

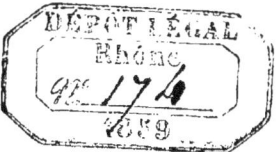

A Monsieur ARLÈS-DUFOUR,

OFFICIER DE L'ORDRE IMPÉRIAL DE LA LÉGION-D'HONNEUR,
MEMBRE DE LA CHAMBRE DE COMMERCE DE LYON, DU CONSEIL GÉNÉRAL
DU DÉPARTEMENT DU RHÔNE,
COMMISSAIRE GÉNÉRAL DE L'EXPOSITION DE 1855.

Monsieur,

En vous offrant la Dédicace du DICTIONNAIRE GÉNÉRAL DES TISSUS, je ne fais que remplir un devoir. Une publication qui a pour but de généraliser les notions de l'art du tissage, l'une de nos principales sources de richesse et de prospérité, ne pouvait être mieux placée que sous le patronage de l'habile industriel, de l'homme de progrès et de haute intelligence, que le Gouvernement, qui sait si bien apprécier et distinguer le mérite, a chargé de la direction de cette Exposition universelle de 1855, si glorieuse pour la France, et dont le souvenir sera immortel.

L'ouvrage que j'entreprends n'est pas un de ceux qui s'adressent aux savants; il est écrit dans une pensée d'utilité; il répond à un besoin reconnu depuis longtemps, et comble une lacune qui a existé jusqu'à ce jour. A défaut du mérite littéraire, il en aura un plus réel et plus utile : celui de présenter l'ensemble et les détails de tous les genres de tissage, travail qui n'a jamais été fait; car si des aperçus ont été donnés sur quelques parties de l'art textile, ils ne renferment que des spécialités. Ce qu'il fallait aux exigences de l'époque actuelle, éminemment progressiste et industrielle, c'était un tout complet. Sans doute la tâche se présentait longue et difficile; mais en l'acceptant, je n'ai regardé que ses bons résultats.

Porter à la connaissance des manufacturiers et des ouvriers les éléments et les procédés qui se rattachent aux diverses branches du tissage en général, c'est tendre à les familiariser avec tout ce qui concerne leur industrie; c'est, en leur indiquant les progrès accomplis, leur inspirer la noble émulation d'en réaliser de nouveaux!

Telle a été, Monsieur, la pensée sous l'empire de laquelle j'ai travaillé au Dictionnaire général des Tissus. Vos sympathies étaient acquises d'avance à cette publication, comme à tout ce qui est bon et utile; mais votre suffrage était aussi le plus puissant encouragement qu'elle pût espérer de recevoir.

J'ai l'honneur d'être, Monsieur, avec les sentiments du plus profond respect,

Votre très-humble et très-obéissant serviteur,

BEZON.

PRÉFACE.

On a publié jusqu'ici plusieurs ouvrages, soit sur la théorie de la fabrication, soit sur tel ou tel genre de tissu, en particulier. Il n'en existe pas qui traite de tous les tissus en général, et qui indique les moyens de fabrication propres à chaque espèce; en un mot, il a manqué jusqu'à présent un ouvrage d'ensemble, un traité complet. Les auteurs qui ont écrit sur cette matière ont donné des abrégés trop courts, trop implicites, et souvent inintelligibles; encore n'ont-ils abordé que des spécialités, reculant sans doute devant une publication qui exigeait des connaissances pratiques variées à l'infini. Le DICTIONNAIRE GÉNÉRAL DES TISSUS ANCIENS ET MODERNES est destiné à combler cette lacune, et à laisser bien loin derrière lui tous les fragments partiels qui ont paru jusqu'à présent.

PRÉFACE.

L'ouvrage que nous annonçons a pour but : 1° de populariser et de mettre à la portée de tous ceux qui possèdent quelques notions de la fabrique, les connaissances théoriques et pratiques du tissage; 2° d'indiquer, par une classification méthodique, les mille variétés de tissus connues jusqu'à ce jour, soit en France soit à l'étranger, et notamment chez les Indiens et les Chinois; sans oublier les genres que la mode a fait abandonner pour le moment; 3° de donner une explication sommaire et abrégée des moyens et procédés de fabrication, avec l'entente des matières qui doivent entrer dans la composition de chaque tissu individuellement, soit comme nature, soit comme apprêt; 4° de spécifier les divers modes de tissage les plus convenables au point de vue de la célérité; en décrivant successivement les divers genres de tissage, tels que : A LA MAIN, AU BOUTON, AU FOUET, et enfin A LA MÉCANIQUE, etc., etc., en les comparant les uns aux autres, et signalant les avantages que chacun d'eux est susceptible de présenter; 5° également les métiers A LA BARRE pour rubans et passementeries de St-Etienne.

Enfin, cet ouvrage sera non seulement une sorte de revue encyclopédique et technique de toutes les espèces de produits textiles, soie, coton, lainages, poil de chèvre, etc., mais encore un aperçu de leur origine et des procédés employés pour les rendre propres au tissage. Par cette indication des moyens de fabrication, les applications seront facilitées pour les négociants qui s'occupent de créer des genres nouveaux.

Il est reconnu que de tous les produits textiles, la soie a toujours été celui qui a donné lieu au plus grand nombre d'études et de combinaisons, tant comme crêpage que comme mélange. Par la révélation des procédés usités jusqu'à ce jour pour les tissus de soie, les fabricants qui traitent les articles de coton, laine et autres matières, pourront appliquer à ce tissage les combinaisons variées que les étoffes de soie ont subies pour obtenir les crêpes, les marabouts, etc., et quantité d'autres torsions et mélanges particuliers soit au cardage, à la filature et au tissage.

Les négociants qui s'occupent de créations, les chefs d'atelier qui se livrent à une étude raisonnée et approfondie de la fabrication, envisagée comme art perfectible, trouveront dans ce *Diction-*

naître l'historique et la statistique des divers moyens employés jusqu'à présent ; les premiers pour la composition, les seconds pour la fabrication de tous les tissus quelconques. Ce ne sera pas seulement un enseignement profitable comme instruction ; ce sera aussi, — et un tel résultat n'est pas moins utile ; — une sauvegarde contre la contrefaçon. En effet, dès qu'on aura sous les yeux la nomenclature et la description de tous les genres de tissus déjà exécutés, la mention de toutes les découvertes ou perfectionnements reconnus et constatés par brevets ; mention plus ou moins détaillée, suivant le mérite et l'importance de chaque invention ou perfectionnement, on ne songera plus à demander des brevets pour conserver la propriété d'une idée qu'un autre a déjà émise, et quelquefois même, fait fructifier. On évitera ainsi ces demandes de brevets inutiles, et qui n'ont pas de résultats sérieux, parce qu'ils font double et parfois triple emploi avec de semblables brevets accordés précédemment, et même depuis longtemps expirés.

Les connaissances techniques, pratiques et théoriques, que renfermera cette publication, seront, comme nous l'avons dit, à la portée de tout homme qui possédera quelques données, même élémentaires, sur la fabrication. Elles seront maintenant beaucoup plus utiles qu'elles ne l'auraient été il y a cinquante ans. A cette époque, chaque fabricant se livrait à une spécialité de tissage dont il ne sortait pas. Tel qui traitait le genre taffetas, laissait chômer ses métiers lorsque cet article n'était pas en vogue. Il n'en est plus de même aujourd'hui : nos fortes maisons de tissus unis font également, au besoin, les grands façonnés. L'ouvrier qui, aujourd'hui, tisse de la gaze, du poids de 2 grammes le mètre, tissera demain des châles et des tentures, qui pèsent jusqu'à un demi kilogramme. Ajoutons que l'industrie textile, et spécialement les manufactures d'étoffes de soie, prennent de jour en jour un essor, un accroissement qui ne feront que progresser ; que plusieurs villes de l'empire possèdent déjà *un Musée industriel des tissus*. Notre cité aura bientôt le sien, auquel une salle est réservée dans le *Palais de l'Industrie*, qui est en voie de construction. Déjà nous avons le Conservatoire, composé des échantillons de tissus, provenant des dépôts expirés.

Notre projet n'a jamais été de faire un livre de science, mais plutôt un livre utile destiné à constater et à répandre les connaissances pratiques nécessaires à un fabricant et à un bon tisseur ; c'est l'œuvre du vrai progrès éclairé et consciencieux. Nos descriptions et nos indications seront exactes : c'est vers ce seul but que se dirigeront nos efforts.

Nous n'adopterons pas, et on le comprendra facilement, l'ordre alphabétique dans la classification des tissus; mais ils seront classés par genre, par famille, ce mode étant plus convenable et plus conforme à la pensée qui a inspiré la publication.

PRÉFACE
DE LA DEUXIÈME ÉDITION

Du Dictionnaire Général des Tissus anciens et modernes.

―――※―――

Lorsqu'il commença la publication de son DICTIONNAIRE GÉNÉRAL DES TISSUS ANCIENS ET MODERNES, l'auteur espérait qu'une exactitude scrupuleuse dans la description des divers tissus, et l'indication soit des procédés de fabrication qui leur sont applicables, soit des différentes combinaisons d'armures, pourrait suppléer à des planches contenant des figures et dessins. Il est évident aussi que ces planches auraient causé un surcroît énorme dans les frais de publication; et que, par suite, la souscription au DICTIONNAIRE GÉNÉRAL DES TISSUS n'aurait pu être établie sur le chiffre où elle l'a été. Son prix, qui paraîtra sans doute bien modique, si l'on se rend compte de la prodigieuse quantité de matériaux que nécessitait un ouvrage de cette nature, de la multitude innombrable d'échantillons et de documents de toute espèce qu'il était indispensable de réunir, aurait dû être porté à un taux bien plus élevé, si les descriptions et indications contenues dans l'ouvrage eussent été accompagnées de plans et dessins figuratifs et explicatifs.

Mais lorsqu'en avançant dans son travail, l'auteur est arrivé à décrire ou analyser les divers procédés de fabrication qui constituent des spécialités, parce qu'ils résultent d'inventions ou perfectionnements brevetés, il a acquis la conviction qu'il n'était pas possible de mettre sous les yeux des lecteurs les descriptions ou analyses de ces procédés, sans les accompagner des plans, figures et dessins qui sont indispensables pour compléter les explications.

En conséquence, il s'est déterminé à publier à la suite du Dictionnaire Général des Tissus, et comme complément de cet ouvrage, un Atlas de planches, plans de métiers, dessins de machines, d'armures, etc., etc. Les numéros d'ordre des planches, dessins, etc., seront les mêmes que les numéros d'ordre des tissus et des descriptions ou analyses de procédés de fabrication, avec lesquels ils correspondront.

Les deux premiers volumes avaient déjà paru, et le troisième, qui renferme un très-grand nombre de descriptions ou analyses d'inventions ou perfectionnements de procédés mécaniques appliqués à la confection des tissus, était à-peu-près terminé et prêt à sortir de dessous presse, au moment où l'auteur s'est déterminé à joindre un Atlas de planches à sa publication.

Il est facile de comprendre qu'une addition aussi importante, constituant une modification réelle au programme primitif de l'ouvrage, doive en changer aussi les conditions de publicité. En effet, cette addition nécessitera un remaniement dans le titre de l'ouvrage, puisqu'il y aura lieu maintenant d'annoncer qu'un Atlas de planches et dessins sera publié à la suite de l'ouvrage, comme complément.

Or, à raison de ce changement à faire au titre d'un

ouvrage déjà déposé, il devient nécessaire aux deux volumes déjà parus, la première édition du Dictionnaire Général des Tissus anciens et modernes, de réimprimer ces deux volumes, avec la mention de Deuxième Édition et l'annonce de l'Atlas; enfin, de continuer sous cette même désignation de 2ᵉ édition, la publication de tous les volumes suivants.

Toutefois, l'auteur avertit dès à présent tous ceux qui ont souscrit jusqu'à ce jour au Dictionnaire des Tissus, qu'à l'exception du titre, il n'y aura rien de changé ni d'ajouté, dans cette seconde édition, au texte des volumes qui sont maintenant entre les mains des souscripteurs. Il espère que si l'ouvrage a été accueilli avec une faveur marquée, et a obtenu un succès qui va grandissant de jour en jour, on saura bon gré à son auteur de la détermination qu'il a cru devoir adopter dans le but de compléter l'œuvre immense qu'il a entreprise; détermination qui, il faut le dire, lui avait été conseillée par bon nombre d'hommes recommandables et compétents.

Quant aux sacrifices pécuniaires qui résulteront pour lui des frais considérables qu'entraînera l'établissement de l'Atlas, et qui ne trouveront pas leur compensation, tant s'en faut, dans le prix auquel l'Atlas sera coté pour les souscripteurs, l'auteur en trouvera la récompense et l'indemnité dans les nouvelles adhésions qui, sans doute, viendront se joindre à celles si nombreuses qu'a déjà obtenues le Dictionnaire Général des Tissus.

BEZON.

INTRODUCTION

AU

DICTIONNAIRE GÉNÉRAL DES TISSUS

ANCIENS ET MODERNES.

AVANT-PROPOS.

Nous avions pensé qu'un ouvrage purement didactique, et appartenant plutôt à la classe des livres utiles qu'à celle des livres de science proprement dits, n'avait pas besoin d'être précédé d'une introduction; d'autant plus que, dans la préface, nous prenions soin d'indiquer sommairement le but que nous avions en vue en publiant le Dictionnaire général des Tissus anciens et modernes.

Entrer ainsi brusquement en matière, c'était, à notre point de vue, nous renfermer dans les termes de notre programme, et dans la pensée qui a inspiré la publication de cet ouvrage. Cette pensée, nous l'avons déjà dit, était de faire ce qui manquait jusqu'à ce jour, c'est-à-dire, 1° de présenter l'historique et la statistique de tous les *tissus*, travail qui n'avait jamais excédé les limites de quelques spécialités; 2° d'imprimer à nos descriptions ce caractère technique, qui seul est en harmonie avec un ouvrage de cette nature; 3° de donner enfin l'ensemble le plus complet possible, soit des variétés infinies de tissus, soit des procédés et moyens de fabrication applicables et convenables pour chacun d'eux.

Toutefois, bon nombre de personnes qui s'intéressent à notre œuvre, ayant paru désirer que nous fissions précéder notre Dictionnaire de quelques aperçus sur l'origine du tissage, sur ce qu'il a été dans son enfance, et sur les progrès que les siècles lui ont vu accomplir, nous avons dû obtempérer à cette invitation, et nous le faisons avec d'autant plus de plaisir, qu'elle est pour nous la preuve que notre publication est prise au sérieux, ainsi que nous avions osé l'espérer.

La première livraison était déjà imprimée, lorsque ce bienveillant avis nous est venu. C'est donc seulement avant la seconde que sera publiée cette *Introduction*, qui néanmoins figurera en tête du volume, et dans laquelle nous essaierons de satisfaire le vœu qui a été émis, tout en nous renfermant dans la plus grande brièveté possible, et en ne consignant que les détails qui nous paraîtront de nature à ne pouvoir être négligés.

ORIGINE
DES TISSUS, EN GÉNÉRAL.

Parmi les objets dont la fabrication peut être désignée sous le nom de *manufactures*, ceux dont les hommes se vêtent ont dû être incontestablement les plus anciens. Des plantes, des herbes, des écorces en nature furent employées d'abord par l'homme à se garantir des intempéries de l'air. Non seulement *Hérodote, Strabon* et Sénèque, mais aussi quantité de voyageurs et d'écrivains modernes, qui se sont livrés à des investigations sur les anciens costumes, nous montrent diverses nations ainsi vêtues. De longs filaments de plusieurs végétaux indiquent par leurs propriétés, notamment par leur force et leur souplesse, qu'ils ont été aptes et ont dû être utilisés au même emploi : on les froissa, on les tordit dans les doigts ou sous la main, afin d'augmenter leur douceur et d'accroître leur résistance ; on en joignit quelques-unes ensemble. De là les tresses, les nattes, imaginées bien longtemps avant le tissu croisé d'une manière régulière, quoique celui-ci soit lui-même antérieur de beaucoup à la filature proprement dite.

La tige des bois liants, l'orme, la sanguine, le bouleau, l'osier surtout, puis le genêt, le jonc, les feuilles de *typha*, d'*iris*, de *sparganium*, de palmier, l'écorce du saule, du hêtre, du bouleau, celle du tilleul (sur laquelle on écrivait même anciennement); le papyrus, des joncs, des gramens, furent employés successivement, et avant toutes autres matières, en liens, en fils, en cordages et voilures.

D'après Hérodote, les Indiens qui faisaient partie de la grande armée que Xercès avait levée pour conquérir la Grèce, étaient vêtus d'écorces; leurs câbles étaient faits d'une sorte de roseau appelé *biblos*; cette nation nous est représentée composant ses vêtements d'écorces d'arbres, et ne les variant qu'avec des joncs, des herbes, et diverses plantes.

En Asie, on tirait du genêt un excellent fil à l'usage des filets. L'Afrique cordait la feuille du palmier; de l'écorce intérieure du papyrus les Egyptiens firent des cordes, des nattes, des voiles pour leurs navires, des chaussures, des couvertures, et enfin des étoffes.

Les cordages étaient alors de papyrus; on ne se servait pas encore du *spartum*, ou *sparte,* espèce de gramen qui vient sans culture en Espagne, aux environs de Carthagène, et dans les parties arides de la province de Murcie. Le *sparte* ne fut connu que depuis la première guerre des Carthaginois en Espagne. Cette sorte de gramen est employé à divers usages par les Espagnols : ils le câblent en cordages, le tressent en nattes ou filets dont ils forment les parcs pour les moutons; même ils en font encore de très-belles toiles, ainsi que de l'*aloès pite,* dont on tire un fil si fin, qu'en Catalogne on s'en sert pour faire des blondes. C'est ainsi que les Chinois fabriquent des étoffes et des toiles avec la seconde écorce du *Ko;* (1) des nattes, des voiles et des câbles avec des

---

(1) Les Chinois lèvent la seconde écorce du *ko;* après l'avoir fait

rotins liés en faisceaux et non battus, mais seulement tordus.

Dans les îles Philippines, le peuple et les marins se font des chemises et des vêtements de la toile d'un tissu rude et de couleur brune, des fibres de cocotiers, ourdis par la nature, attachés au corps de l'arbre entre les branches (1). Ces insulaires emploient aux mêmes usages les fibres *abaca*, (2) celles de *cabo negro* (3) de l'arbre *plantin*, (4) et plusieurs autres filaments.

Aux îles des Larrons, de même qu'aux Philippines, on emploie de la filasse qui se trouve sous la première cosse du coco. On la bat, elle s'adoucit comme des étoupes, et on en fait de bonnes cordes pour des câbles qu'on appelle *câbles coires;* on en fabrique aussi une toile grossière qui peut être utilisée à faire des voiles.

A Madagascar, on prépare la feuille du *rafia* (5), et on en fait des toiles fines ; avec celle du *vacoua* (6) on fa-

---

rouir comme le chanvre et le lin, ils l'emploient, sans être battue ni filée, à faire une étoffe transparente et très-légère. Le *ko*, plante ou arbuste rampant, croit dans la province de *Fo Kien*, où il est très-abondant.

(1) Formées de plusieurs couches, ces toiles ont un tissu très-fin.

(2) On désigne sous ce nom, dans le pays, les fibres préparées du figuier bananier. On utilise ces fibres à beaucoup de sortes de toileries, et à des cordages. On y voit des étoffes mélangées d'*abaca*, de soie et de coton: on en brode, on en fait de la dentelle, etc., etc.

(3) Ces fibres sont noires, comme l'indique le nom de l'arbre qui les porte. Elles sont employées comme l'*abaca*.

(4) Les filaments de l'arbre *plantin*, qui servent à faire de la toile, se tirent du tronc même de l'arbre, après qu'il a été fendu et séché au soleil.

(5) La feuille de cet arbre, étant macérée, donne un fil que l'on teint, et qui fait des toiles jolies et fraiches, auxquelles on préfère pourtant la toile de coton apportée par les Européens, quoique celle-ci vaille peut-être moins intrinsèquement.

(6) Avec les feuilles de *vacoua* on fait des nattes, des bonnets, des sacs, etc. Les feuilles du *matte*, arbre du Mexique, servent à faire des

brique des tissus communs pour vêtements, linge et ustensiles de ménage.

Aux Antilles, dans la Guyane, sur les bords de l'Orénoque, on fait avec l'écorce de *mahoe* des hamacs, des filets de pêcheurs, et on s'en sert aussi pour calfater les pirogues.

De tous ces exemples auxquels nous bornons nos citations, il résulte que, chez tous les peuples, le besoin donna naissance à l'industrie, qui à son tour produisit les fabriques, les manufactures, dont la mission est d'augmenter la valeur des productions naturelles et de les plier aux usages divers dont la nature les a rendues susceptibles, mais auxquels cependant elles ne sont appropriées convenablement qu'avec le secours de l'art.

Il n'est pas besoin de dire que les premières fabriques furent exclusivement consacrées aux objets que pouvaient réclamer les besoins les plus impérieux de l'homme; que, par conséquent, elles durent être primitivement très-bornées, nos besoins moins insatiables que nos désirs, se contentant de peu. La laine, le poil de différents animaux, et cette bourre que présente la semence du cotonnier, servirent dans le principe à fabriquer soit des étoffes, soit des espèces de feutre.

DES PEAUX D'ANIMAUX.

Les peaux d'animaux ont été, avec l'écorce des arbres, les premiers vêtements de l'homme; mais il va sans dire qu'elles étaient dépourvues de tous les apprêts qu'elles subissent aujourd'hui et qu'on n'est arrivé que graduel-

---

nattes, des cordages, des ceintures, des souliers, des étoffes. Du fil qu'elles fournissent on fait, au dire de *Carreri*, une espèce de dentelle et d'autres ouvrages très-délicats.

lement à leur donner. On voit dans l'histoire ancienne que les Sarmates, les anciens Grecs et les Germains s'habillaient des dépouilles des animaux qu'ils avaient tués à la chasse; il y a même plusieurs peuples septentrionaux qui n'ont pas encore modifié en cela les usages primitifs. Les voyageurs qui ont parcouru les contrées du Nord nous apprennent que les Lapons se nourrissent de la chair du renne, et qu'ils se couvrent de sa peau.

Les Sauvages, que l'on peut considérer comme étant dans la même situation que les peuples dont nous venons de parler, se bornent à préparer les peaux au moyen de matières grasses et huileuses, afin de les rendre plus souples et plus maniables. La seule parure qu'ils se permettent, c'est de faire paraître le poil en dehors.

L'art de la mégisserie, qui s'est considérablement perfectionné chez les modernes, a trouvé le secret de faire subir à ces cuirs diverses opérations qui les affinent, les rendent plus faciles à mettre en œuvre, et moins susceptibles d'être pénétrés par l'eau.

Nous ne donnerons pas une plus grande extension à ce qui concerne les peaux d'animaux, les détails relatifs à leurs préparations diverses sortant des limites de notre sujet, lequel n'embrasse que les matières propres à divers tissages.

DE LA LAINE.

Dans la haute antiquité, un des plus grands revenus des rois et chefs de tribus, étaient les troupeaux, et principalement les bêtes à laine. Aussi l'usage de la laine se perd dans la nuit des temps, et on ne saurait fixer l'époque à laquelle il s'introduisit. Il était facile au besoin industrieux, de reconnaître qu'en séparant le poil de la peau des animaux, on pouvait en former des vêtements aussi chauds et aussi solides en même temps que plus souples et plus commodes que les fourrures et les cuirs.

Moïse, Homère, Hésiode, et tous les anciens auteurs, parlent souvent des nombreux troupeaux de quelques peuples et de certains particuliers, comme de la principale richesse de ces temps reculés, et de l'emploi de leur laine en vêtements (1). Toutefois, ils ne disent pas si dans le principe les laines furent filées ou feutrées. On peut donc conjecturer que l'une et l'autre pratiques ont une origine très-ancienne. Cependant, il y a tout lieu de supposer que le feutrage est antérieur à la filature ; chaleur, humidité, mouvement, pression, interposition de quelque matière fluide, saline, astringente, tout cela suffit pour opérer le feutrage. Or, ces deux conditions se rencontrent déjà sur le dos même des moutons, lorsqu'ils ne sont pas tenus dans un état de propreté ; la transpiration, l'urine de ces animaux, leur pression les uns contre les autres sur la litière échauffée, tout y concourt.

Les hommes des temps anciens, tels que les Pélasges, et de nos jours les Tartares errants, vivant avec leurs troupeaux, virent les laines, en se couchant dessus, se feutrer naturellement, plus complètement encore et par plus grandes masses. De la facilité d'en user ainsi naquit l'idée de seconder et d'aider la nature : tel fut le

---

(1) Les peuples primitifs qui n'avaient pas les secrets que l'expérience a révélés depuis, et qui manquaient probablement des instruments nécessaires à la tonte, attendaient que la laine des moutons fût tombée pour la recueillir. Mais il paraît qu'ils reconnurent bientôt que cette laine tombée était inférieure à la laine tondue, car les historiens que nous citions tout-à-l'heure parlent de la tonte, comme étant déjà usitée au temps où ils vivaient.

principe de l'art. Les anciens, comme nous le faisons aujourd'hui, employaient les acides au feutrage; ils composèrent ainsi des feutres, qui, au dire de Pline, résistaient au fer et au feu. Les soldats Samnites étaient armés de cuirasses *spongiæ,* faites de laine, et fabriquées, d'après *Juste Lipse (De re militari Romanorum),* de la manière dont on a depuis fabriqué nos chapeaux.

Les Tartares errants, dont nous parlions tout-à-l'heure, font des tentes de feutre d'une seule pièce, à ce que rapportent bon nombre de voyageurs. Il est parvenu de chez eux en France, par la voie des Polonais, des chapeaux dont la souplesse, l'épaisseur, l'étendue et la force ont excité la surprise; car il n'y a peut-être pas en Europe un ouvrier capable de faire un feutre bien conditionné d'une toise en carré. Il est donc probable que chez les peuples pasteurs on s'est servi de grands morceaux de feutre, avant d'avoir imaginé de filer et de tisser la laine pour en faire du drap.

Cependant, au temps des Patriarches de la Genèse et des héros de l'Iliade, les étoffes étaient déjà teintes de toutes les couleurs, et ornées de tout ce que la nature et l'art pouvaient fournir au luxe. Les annales de la Chine et la connaissance assez étendue que l'on a acquise des antiquités de l'Inde, viennent à l'appui de cette ancienneté de l'art de tisser les étoffes.

Lorsque *Pline,* citant les inventeurs des différents arts, attribue la tisseranderie aux Egyptiens; la teinture aux Lydiens; la ligne et les filets à *Arachné;* à *Closter,* fils d'Arachné, les fuseaux pour filer la laine; les foulons à *Nicias,* de Mégare; les souliers à *Tikéus,* de Béotie; les bottes, aux Cariens; la broderie et les voiles, aux Phrygiens; l'huile et la meule pour broyer les olives, à l'athénien Ariste, etc., etc.; lorsqu'il parle des tapis de laine à couleurs et à dessins mélangés, connus antérieurement à Homère; qu'il indique les manières différentes dont les Parthes et les Gaulois bordaient ces mêmes tapis; qu'il attribue à ceux-ci l'invention des matelas bourrés de laine, et à ceux-là celle des étoffes veloutées soit d'un, soit de deux côtés; aux Romains de son époque, l'invention des ceintures velues; au siècle d'*Auguste*, la frise et les étoffes rares; au roi *Attale*, les étoffes brochées en or, d'où leur venait le nom d'*Attaliques;* lorsqu'il dit que les plus belles tapisseries venaient d'Alexandrie, les étoffes tricotées, des Gaules; les plus belles broderies, de Babylone, où avaient été travaillées ces fameuses couvertures de lits à convives, qui du temps de Caton furent vendues au prix de huit cent mille sesterces (1), et que Néron acheta 4 millions de sesterces; lorsque *Pline*, disons-nous, cite toutes ces découvertes, il semble le voir feuilletant les archives du monde, et n'y trouvant plus que quelques lambeaux échappés aux ravages du temps et à la barbarie des hommes!

Les Romains ne possédaient en matière d'invention et de perfectionnement des arts et des travaux de l'industrie, que des connaissances imparfaites, comparativement aux Grecs, aux Egyptiens, aux Phéniciens, et à divers autres peuples de l'Orient, qui les premiers appliquèrent l'exercice de la pensée aux progrès de la société.

Toutes ces anciennes nations furent éclairées, industrieuses; elles cultivèrent les sciences et les arts; mais comme si elles eussent appartenu à une autre sphère, à peine quelques monuments épars çà et là laissent-ils

---

(1) Il y avait chez les Romains le *grand* et le *petit sesterce*. On comptait à Rome par *sesterces* comme en France par *francs*, et autrefois par *livres tournois*, comme en Angleterre par *livres sterling*.

Le *petit sesterce* équivalait à *dix centimes* de notre monnaie; le *grand*, qui était de mille *petits sesterces*, valait par conséquent cent francs.

soupçonner la perfection à laquelle elles les avaient portés. Partout la chaîne des idées se trouve rompue ; de sorte que nous ignorons aujourd'hui le procédé de ces feutres qui résistaient au fer et au feu ; de ces étoffes qu'on faisait teindre pour les renouveler lorsqu'elles avaient perdu de leur duvet par un long usage, et dont on ne pouvait voir la fin ; de celle dont était la robe royale qu'avait portée *Servius Tullius*, sixième roi de Rome, ouvrage de *Tanaquilla*, et qui se voyait encore dans le temple de la Fortune, au temps de *Marcus Varron;* de celle de ces *prétextes* ou robes dont fut vêtue la statue de la Fortune, et qui durèrent jusqu'à la mort de *Séjan,* ce fameux ministre de l'empereur *Tibère;* c'est-à-dire l'espace de 560 années, sans avoir perdu leur couleur. Nous ignorons si cette durée des draps de l'ancienne Rome tenait à la qualité des laines, ou aux procédés de teinture dont se servaient alors les fabricants. Ce qu'il y a de certain, c'est que de nos jours l'art ne pourrait rien produire de pareil comme durée, malgré les perfectionnements que la draperie a reçus dans les temps modernes.

Sans nous attacher à rechercher les causes de la supériorité que l'on croit remarquer dans les anciennes étoffes sur les nouvelles, bornons-nous à exposer sommairement la marche suivie par cette partie importante de l'industrie que l'on nomme *draperie*. Les besoins, spécialement déterminés par le climat, donnèrent lieu à l'établissement de manufactures de lainage, surtout au nord et dans l'occident. *Strabon* nous apprend qu'on fabriquait à Padoue des couvertures de lit et de grosses étoffes, velues des deux côtés ; il ajoute que l'habillement de la plupart des Italiens provenait des laines grossières de la Ligurie.

Les laines les plus renommées d'Italie étaient celles

de la Pouille, puis celles des moutons de la grande Grèce ou des campagnes de Tarente ; mais les plus blanches étaient aux environs du Pô ; celles de la Gétulie, de Milet, de l'Attique, ne venaient qu'après.

La distinction des laines blanches, qui devinrent précieuses par la facilité de les mettre en œuvre et de les teindre en toutes sortes de nuances, n'avait pas fait une sensation marquée, antérieurement à Caton et à Varron. De leur temps, les uns préféraient les laines jaunes, les autres les tigrées. Les Espagnols eux-mêmes donnaient la préférence aux brunes ou noires, quoiqu'on prétende, — ce qui ne s'accorderait guère avec cette opinion, — qu'ils fournissaient, par la voie des Carthaginois, et longtemps avant les guerres puniques, ces beaux draps, que les Phéniciens et les Lybiens colportaient dans les contrées voisines, et sur lesquels Tyr appliquait sa pourpre si justement célèbre.

Strabon dit encore que, sous Auguste, le prix des bons béliers d'Espagne atteignait un taux excessif. Columelle écrit que, sous l'empereur Claude, on allait chercher ces béliers sur la côte d'Afrique, et il attribue à Marcus, son oncle, la propagation de la belle race. Quoiqu'il en soit, du temps de César, l'Espagne fournissait au commerce des étoffes et des laines, ainsi que du lin et des toiles fines ; la Scandinavie, et autres pays du nord, des peaux et des laines, du chanvre et du lin. Sous les empereurs on établit à leur profit des fabriques de laine ; celles des Gaules étaient en grande réputation (1). Du temps de Gallien, on faisait beaucoup de cas des draps d'Arras, pour l'habillement militaire appelé *sagum*.

---

(1) Columelle dit à ce sujet : *Nunc Galliæ oves pretiosores habentur*. (Maintenant les brebis de la Gaule passent pour donner les plus belles laines.)

Mais l'invasion des Barbares vint ruiner l'industrie et les arts, qui cessèrent d'être exercés par des hommes libres. Pour suppléer au vide que ce désordre apportait dans la fourniture des marchandises d'un usage journalier, des propriétaires établirent chez eux des manufactures particulières. Entre plusieurs exemples de ces établissements, nous citerons celui que *Charlemagne* fonda dans son palais. On y tissait la laine, le lin; on y fabriquait et teignait les étoffes pour le service de la maison de cet empereur. Un autre exemple est rapporté dans les actes de l'ordre de Saint-Benoît, au quatrième siècle : on y lit que le monastère de saint Basole ayant été donné à un membre de la race des Francs, celui-ci y transporta sa famille et y établit plusieurs métiers à draps, conduits par des femmes, dont le nombre était si grand, qu'il en forma plusieurs ateliers. Ces fabriques portaient le nom de *Gynécées,* parce que, en effet, elles étaient, dans ces siècles d'oubli des arts, dirigées par des femmes serves, qui s'occupaient de tous les ouvrages que la société a depuis réservé aux hommes. (1)

Sous un pareil régime, on le concevra facilement, les belles étoffes, les toiles fines, devaient être fort chères; l'industrie manquait d'encouragements, et ceux qui s'y livraient étaient réduits à la plus misérable condition.

---

(1) Une remarque assez curieuse, pour mériter d'être faite, c'est qu'aux deux époques extrêmes de la société, lorsqu'elle est grossière par inexpérience, et lorsqu'elle devient barbare par ignorance, c'est aux femmes que les hommes laissent l'exercice des travaux des arts. Ce que nous voyons en Europe dans les siècles qui ont précédé le réveil des esprits, nous le retrouvons en Amérique chez les anciens Grecs et les premiers Hébreux : les hommes se livraient exclusivement à l'agriculture et à la guerre, laissant les autres soins aux femmes et aux esclaves.

Les Anglais des premiers siècles possédaient déjà de nombreux troupeaux. Dès le huitième siècle ils eurent pour la propagation des bêtes à laine des règlements dont il ne nous reste que de faibles indices, règlements qui furent renouvelés et étendus par Alfred et Edouard, mais que rendirent inutiles les rumeurs, les partis, les séditions, jusqu'au temps d'Edgard, qui, pacifiant tout, et faisant payer le tribut, même le rachat des crimes par des têtes de loups, extirpa de l'île la race de ces animaux; il arriva à rendre les troupeaux plus nombreux et leur commerce si florissant, que dans le XIVe siècle, Edouard III, au rapport de *Rymer*, envoya en Flandres 10,000 sacs de laine, que les comtes de Suffolk et de Northampton furent chargés de vendre, et dont ils rapportèrent 400 mille livres sterling.

Mais les Pays-Bas (1) furent pendant longtemps en possession exclusive de fournir aux besoins, au luxe et aux fantaisies des nations de l'Europe. Ils recevaient les laines de la France, de l'Angleterre, de l'Espagne et de l'Allemagne, qui les leur envoyaient, ne sachant pas en tirer parti. Les communications fréquentes que Bruges, Anvers et autres villes des Pays-Bas entretenaient avec l'Italie, y firent parvenir les manufactures à un haut degré de prospérité. On y fabriqua de bonne heure les draps, les étoffes de laine, dont les matières premières venaient surtout d'Angleterre. Ce ne fut que sur la fin du XVe ou au commencement du XVIe siècle, sous Henri VII, que les Anglais comprirent l'avantage qu'ils auraient à ouvrer eux-mêmes leurs laines, en même temps qu'à établir chez eux des manufactures. Ce fut chez les Bataves que le roi Henri VII, pendant son exil, prit

---

(1) Sous cette dénomination il faut comprendre les dix-sept provinces qui forment aujourd'hui la Belgique et la Hollande.

l'idée des ressources que peut offrir l'industrie, lorsqu'une nation s'en occupe avec intelligence. Monté sur le trône, il sut profiter des leçons de l'expérience et favoriser en Angleterre les manufactures et les arts.

Plus tard, le règne long et glorieux d'Elisabeth, la fermeté de principes et la constance d'idées que réunissait cette souveraine, achevèrent ce que le besoin avait commencé ; mais ce qui contribua merveilleusement à ce succès, ce furent les troubles survenus en Hollande, les excès commis par les généraux de Philippe II, et l'esprit de persécution qui anima constamment ce prince. Les plus habiles des ouvriers flamands émigrèrent en Angleterre, et la Grande-Bretagne se vit bientôt en possession d'un fonds toujours actif d'industrie et de manufactures nationales.

Ainsi, pour nous, modernes occidentaux, on peut considérer comme ayant été le principe et l'origine des fabriques de draps, la laine d'Angleterre et l'industrie des Flamands.

Le luxe était déjà grand, lorsque l'Angleterre se mit à imiter les manufactures des Pays-Bas. Elle eut sur cette contrée l'avantage de posséder chez elle les matières à mettre en œuvre. Aussi, à mesure que les manufactures de laine s'y augmentèrent, elles durent nécessairement diminuer dans les mêmes proportions chez les Flamands, qui ne purent plus tirer de chez leurs voisins les belles laines longues pour la draperie fine.

Mais sortie d'une longue tempête, dont le résultat fut pour elle un gouvernement fédéral et respecté, la Hollande acquit une grande activité industrielle; tandis que d'un côté ses flottes allaient aux Indes chercher les épices enlevées aux Portugais, ses manufactures de beaux draps s'établirent dans les provinces de l'Union. On les exploita avec ardeur et succès. L'Union dut longtemps à cette industrie une partie de ses richesses et de sa prospérité.

La rivalité et la concurrence existaient donc entre l'Angleterre et les Pays-Bas; mais l'industrie ne put plus être contenue; la France, voisine de l'un et l'autre de ces Etats, participa bientôt aux avantages dont ils jouissaient. Henri IV, après avoir dompté les factions, voulut cultiver dans son royaume l'industrie et les arts utiles. Il fut admirablement compris par *Sully,* l'ami de son roi, et qui ne négligea rien pour seconder ses vues paternelles. Tous deux étaient pénétrés surtout de ce point important : employer autant que possible les matières nationales, parce que les manufactures se rattacheraient alors plus directement à l'agriculture. Henri IV et Sully encouragèrent spécialement les fabriques de toiles, et la culture des matières qui y sont propres; les fabriques de draperies ordinaires, et enfin toutes les manufactures qui occupent beaucoup de bras.

En France, sous ce règne, se relevèrent les fabriques de soie; eurent lieu de nombreuses plantations de mûriers; on imita les tapisseries de Flandres, on travailla les dentelles, on attira de nombreux ouvriers dans tous les genres; ils furent récompensés convenablement, sans prodigalité.

Mais si *Sully* rendit de grands services à l'Etat en favorisant de préférence l'agriculture, *Colbert,* en portant des regards plus soutenus sur les manufactures, ne fit pas moins faire d'immenses progrès à l'industrie nationale en plus d'un genre.

On a beaucoup blâmé le gouvernement de Louis XIV des sacrifices énormes que coûta la manufacture de draps fins établie à Abbeville, et quelques autres, où l'on prodigua l'argent et les faveurs. Mais ces reproches disparaissent devant la gloire de ce règne; et les grandes choses qu'il accomplit couvrent suffisamment quelques erreurs d'administration.

Vingt ans avant que Colbert eût fait venir en France le Flamand *Josse Van-Robais*, un Français moins célèbre, et pourtant non moins recommandable, *Nicolas Cadeau*, avait établi chez nous une manufacture de draps fins, façon de Hollande, sous le nom de draps de Sédan. Bientôt l'on vit se succéder les fabriques de draps des Gobelins, les plus beaux et les plus fins que l'on ait jamais faits en France; les manufactures d'Elbeuf, celles de Languedoc, de Tours, de Paris, de Lyon, du Beaujolais, d'Amiens, de Rouen, etc.

Malheureusement, la révocation de l'Edit de Nantes, en 1685, amena l'émigration des principaux chefs de manufactures et d'un nombre considérable d'ouvriers. La Saxe, la Prusse, les villes libres, presque toute l'Allemagne, s'enrichirent alors de nos dépouilles; la Hollande et l'Angleterre récupérèrent largement ce qu'elles avaient perdu; et dès ce moment l'exportation des manufactures françaises diminua sensiblement.

Ceux des états de l'Europe qui se distinguent aujourd'hui dans les fabriques de lainages, sont principalement l'Angleterre, l'Allemagne, les Pays-Bas, l'Espagne et la France.

Les laines d'Espagne jouissent d'une distinction méritée, et sont bien supérieures pour la finesse à celles de nos provinces de France soit du Languedoc, du Berry, de la Normandie, soit de la Champagne, de la Bourgogne et de la Picardie. Aussi sommes-nous obligés d'être tributaires de l'Espagne pour les laines, dont nous avons besoin pour le tissage des draps fins.

Les laines d'Espagne les plus renommées sont celles des troupeaux voyageurs. On les divise en trois classes distinctes, qui se subdivisent en plusieurs sortes ou qualités. La première classe est désignée sous le nom de *Ségovies Léonoises*, parce qu'elles proviennent des troupeaux des environs de Ségovie, de Madrid et de Léon, qui tous vont pendant l'hiver paître dans l'Estramadure. La seconde classe est connue sous le nom de *Soria*, dans la vieille Castille; de *Sarragosse* ou d'*Aragon*.

La troisième est celle de Séville, en Andalousie, ou d'*Estramadure;* dans cette dernière province les troupeaux vont paître d'une part, tandis que ceux de la Castille vont paître de l'autre.

Les *Ségovies Léonoises* sont distinguées par *piles*, ou amas formés de laines de différents troupeaux. Les piles de *Pilar*, ou de l'*Escurial*, de l'*Infantado*, de *Négreti*, sont les trois plus considérables ; elles règlent le prix des autres, lesquelles souvent aussi belles, mais moins considérables, ne jouissent pas de la même faveur. Ce sont donc des laines de première sorte ou qualité. Les laines de la seconde sorte se nomment simplement *Ségovies*. On les distingue également par *piles*, telles que celles de *Marquès*, d'*Avila*, d'*Armendes*, de l'*hôpital de Burgos*, etc.

Le petite *Ségovie*, fine, courte et douce, moins que la *Ségovie*, mais plus que la *Ségovienne*, tient le milieu entre ces deux qualités de laine ; elle en prend un nom qui lui est particulier, et qui la classe dans la troisième sorte ou troisième qualité.

La *Ségovienne*, moins fine et plus haute que la *petite Ségovie*, est d'une qualité inférieure, qui suit immédiatement cette dernière. La plus recherchée des *Ségoviennes* vient de *Pissaro*, de *Castellanos*, de *Portal*, etc. On a aussi, sous la dénomination de *Burgataises*, des laines Ségoviennes, dont les meilleures sont celles de *Benito, della Cuesta, della Verga*, etc.

Les *Soria*, laines de la vieille Castille ou de l'Aragon, forment la seconde classe des laines fines d'Espagne ; inférieures, en général, aux sortes que nous venons de citer, elles se divisent également par qualités : celles de la première s'appellent *sories*, *melines*, etc.; on y prend par choix celles de Villa-Réal, de *Rodillo*, de *Narrax*, etc., puis celles de la partie de l'Aragon voisine de la

Castille. Quoique parmi les *soria*, il y en ait de plus renommées les unes que les autres, on ne les distingue guères par *piles*. Les moutons qui fournissent ces *laines* sont élevés comme ceux de Ségovie, avec cette différence qu'ils restent dans les montagnes de l'Aragon.

Toutes ces laines de première et de seconde classes s'expédient et se conduisent à dos de mulets par balles de 90, 95, à 100 kilos au plus, afin de faciliter le transport à Saint-Ander, à Bilbao, et quelquefois à Bayonne, pour y être embarquées. Les laines de *Séville* ou d'*Estramadure*, qui composent la troisième classe, ne sont pas expédiées en aussi grande quantité que celles de Ségovie et de Soria; cependant on envoie beaucoup des unes et des autres en Angleterre, à Londres ou à Bristol directement, en Allemagne; de celles de Séville, par la voie d'Amsterdam ou d'Ostende, principalement pour les fabriques de Verviers, Aix-la-Chapelle, Monjoie, etc.

La tonte et le lavage des laines de Ségovie et des environs se fait à Ségovie. Ces deux opérations ont lieu à Soria ou à Burgos, pour les laines de *Soria*, et à Séville, pour les laines de Séville et de l'Estramadure.

L'Espagne fournit encore aux autres pays beaucoup de belles laines, dont les troupeaux ne voyagent pas; il est vrai qu'elles sont très-inférieures aux *sortes* que nous venons de désigner. Il passe considérablement de ces laines secondaires, exportées soit d'Alicante et de la Catalogne, en Languedoc; soit de la Biscaye, de Guipuscoa, et de la Navarre, à Montauban et dans d'autres fabriques des environs. Les laines expédiées d'Espagne en France, soit par Bilbao, soit par Saint-Ander, soit par Bayonne, arrivent d'ordinaire par Rouen et quelquefois par Orléans.

Les manufactures principales de draps fins, en Espagne, sont établies à Ségovie et à St-Fernandès, près Madrid; on y emploie la *prime Ségovie*, c'est-à-dire, la plus belle et la première laine d'Espagne. Les draps qui se fabriquent dans ces deux manufactures sont dans le goût de ceux de Louviers et de Van-Robais ; moins beaux peut-être, quoique la matière soit plus belle, et qu'ils soient plus fournis ; mais ils sont d'une filature plus grossière et moins égale ; le dégraissage, le foulage et la garniture laissent aussi beaucoup à désirer ; les mélanges sont mal entendus, ainsi que la teinture qui est mal réussie, tant en bleu et en écarlate qu'en noir.

Il existe aussi des fabriques de draps à Alcoy, dans les montagnes de Burgos. On y emploie des laines de *Soria* et d'*Aragon*, de *petites Ségovies*, et même des *Ségoviennes*; mais la fabrication est supérieure à celle des manufactures de Ségovie et de Saint-Fernandez ; le travail est à-peu-près le même que celui de nos fabriques d'Elbeuf.

Enfin, aux environs de Madrid, on fait aussi des *baracans*, mais ils sont communs et travaillés grossièrement.

Sédan est la manufacture française qui fournit le plus de draperie fine à l'Espagne, surtout des couleurs dans lesquelles les Espagnols ne réussissent pas. Elbeuf envoie aussi quelques draps. Van-Robais et Louviers n'y envoient presque rien. Rouen y fait passer quelques ratines ; le Languedoc, quelques draps et des serges imprimées ; Le Mans, des étamines ; Amiens, des velours d'Utrecht et des camelots.

Les Anglais, qui envoient à l'Espagne de tout ce qu'ils peuvent leur fournir en petite et grosse draperie (1),

---

(1) On distingue la draperie en *grosse* et en *petite*.

Par *grosse draperie*, on entend toutes les étoffes drapées, superfines, fines, ordinaires, communes ou grossières, de quelque nombre de fils en chaîne, de quelque quantité de trame qu'elles soient composées, de quelque longueur ou largeur qu'elles soient, toutes celles enfin dont la matière, en tout et même en partie, est soumise à l'opération de la carde ; celles qui, fabriquées sur telle largeur, sont ou doivent être ensuite, par l'opération du foulon, réduites à une largeur beaucoup moindre ; circonstances qui toutes concourent aux nombreuses subdivisions de cette partie.

Sous le titre de *petite draperie*, on comprend toutes les sortes d'étoffes rares et riches, unies ou croisées ; celles dont la laine qui les compose a toute été soumise à l'opération du peigne ; celles enfin qui, possèdent quantité de manufactures de l'une et de l'autre de ces deux catégories; cependant les fabriques de petite draperie sont plus nombreuses, les laines du pays se prêtant plus spécialement à cette destination.

Withsire et Glocester sont les deux provinces de l'Angleterre où l'on fait les draps les plus fins, et il s'y en fabrique prodigieusement. On y emploie la majeure partie des laines qu'on tire d'Espagne en assez grande quantité. La plupart de ces draps sont destinés pour la Russie, le Levant ou les Grandes-Indes.

Les expéditions, notamment celles pour l'Inde et le Levant, se font pour la plupart de Londres. Il y a d'ailleurs peu de métiers de grosse draperie à Londres, mais souvent on y apporte des lieux de fabrique les draps dégraissés et ayant subi un premier foulage, pour en continuer le travail, les teindre et les apprêter. Cela se pratique surtout à l'égard des draps fabriqués en blanc, et qui doivent être teints en pièces; tous ceux qui vont dans le Levant, et la plus grande partie de ceux expédiés aux Indes, entrent dans cette catégorie. Ces deux circonstances expliquent la dénomination de draps de Londres donnée à beaucoup de draps de provenance anglaise.

Le Yorcksire travaille prodigieusement en grosse draperie commune, surtout avec les laines de cette province, qui de toutes les laines anglaises, est la plus propre à être mélangée avec celles d'Espagne; celles-ci en trame et celles-là en chaîne.

Leedes, où se trouvent les manufactures les plus considérables de la province d'Yorck, envoie ses étoffes dans tout le nord, en Espagne, en Portugal, en Amérique; l'Angleterre même en consomme beaucoup.

---

sujettes ou non à passer au foulon, conservent à peu de chose près, la largeur qu'elles ont sur le métier, ou du moins qui ne *drapent* point, quelque réduction qu'il résulte de cette opération : circonstances qui, ainsi que dans la première partie, concourent toutes à établir la nomenclature et à former la série de la seconde division de la draperie.

Salisbury fournit ces flanelles, que les Anglais portent partout; aux environs d'Oxford on fabrique des pannes; à Exeter, en Devonshire, une quantité prodigieuse de sempiternes, de pannes et de droguets; à Norwich, dont les manufactures sont un tiers en ville et deux tiers à la campagne, on fait considérablement de camelots, de collemandes unies et rayées; à Norwich on fabrique tout à fils doubles en chaîne. Enfin, et pour terminer ce qui concerne les fabriques de draps en Angleterre, nous dirons que Norfolk, Cambridge, Hartford et Bedford sont les provinces les plus renommées pour la filature des laines; elles fournissent les fils convenables à la fabrication des plus fines étoffes.

Les premières fabriques de draps que l'on trouve en Allemagne, en y entrant par le Brabant, celles qui furent les plus considérables et qui travaillent encore beaucoup, sont à Aix-la-Chapelle, Montjoie et Verviers.

A Laubac, en Carniole, dans la Carinthie et les environs, il existe aussi quantité de fabriques de draps de grandes largeurs. On y emploie, comme chez nous, des laines d'Espagne, mais avec cette différence qu'on les mélange parfois avec des laines de la Pouille, qui, si elles sont bien choisies, assorties et employées avec intelligence, produisent de beaux et bons draps.

La Bohême possède plusieurs manufactures de draps, provenant de deux tontes des mêmes moutons, faites dans l'année. Ces draps, qui se fabriquent sur diverses largeurs, sont tous d'un très-bon usage.

La Prusse a aussi des fabriques de draps, mais les laines indigènes sont peu convenables, étant plutôt propres au peigne qu'à la carde; il en résulte que ces fabriques ne produisent pas de draps fins.

Dans quelques autres parties de l'Allemagne on trouve encore çà et là des manufactures de grosse draperie, mais leur peu d'importance nous dispense de tous détails. Mais il n'en est pas de même des fabriques d'étoffes rases que possède l'Allemagne : ses laines, surtout celles de Saxe, des marchés du Brandebourg et des environs, singulièrement propres à ce genre de fabrication, déterminent à-peu-près les lieux où sont situées ces différentes fabriques; toutes imitant celles de Picardie ou d'Angleterre, ou leur servant de modèle, quant à l'invention.

La Saxe se procure un grand commerce, non-seulement par la préparation et la filature des laines qu'elle emploie dans ses fabriques, mais encore par la vente de ses étoffes de camelot, le baracan, ou bouracan, la serge de Minorque, de Rome, etc. La Haute-Saxe est couverte de ces manufactures. Nous tirons nous-mêmes de ce pays une grande quantité de laines pour nos manufactures.

La Russie fabrique peu de draps fins, mais une assez grande quantité de draps ordinaires, et aussi de draps inférieurs pour habiller les paysans et les peuplades qui bordent ce vaste empire, depuis la Chine jusqu'à Astracan. C'est principalement en Ukraine que sont situées ces manufactures, où l'on se sert de laines indigènes, surtout de celles que fournissent l'Ukraine et ses environs. Les draps que l'on fait pour les paysans ne sont à proprement parler qu'une espèce de feutre grossier et épais; la plus grande partie est de couleur gris sale. Mais comme ces étoffes font l'objet de la consommation la plus générale, la quantité qui s'en fabrique peut être regardée comme énorme, et le profit des propriétaires de ces manufactures peut s'évaluer à 50 pour 0/0.

Les Vénitiens ont fait assez longtemps une partie des draps que consommaient les Lévantins; aujourd'hui leurs manufactures de draperies sont d'une très-petite importance.

A Naples, on a essayé autrefois d'établir des fabriques de draps; des Français s'étaient mis à la tête de l'entreprise, qui réussissait à souhait; la bonté des laines du pays, et la facilité d'y joindre celles d'Espagne, de les mêler ou de n'employer que ces dernières, tout concourait au succès : mais les préposés du fisc sonnèrent l'alarme, parce que la perception du droit d'entrée sur les draps étrangers avait diminué ; et bien que l'entreprise eût rendu à l'Etat le centuple de cette réduction dans les recettes, le gouvernement peu clairvoyant accueillit ces récriminations : les Français qui dirigeaient la manufacture furent éconduits, et l'établissement fut ruiné.

Nous terminerons la partie de notre aperçu qui concerne les laines et les draperies, en disant que plusieurs parties de la France fournissent des laines en assez grande quantité ; notamment la Picardie, la Champagne, la Brie, le Berry, la Bourgogne, la Normandie et le Languedoc. Ces diverses provenances sont plus ou moins renommées ; comme nous aurons occasion de revenir sur ce sujet, nous ne nous y arrêterons pas ici. Constatons cependant que, comme finesse, nos laines sont inférieures à celles d'Espagne, ce qui force nos manufacturiers à faire entrer celles-ci dans le tissage des draps fins. Nous serons plus d'une fois obligés de parler de nos manufactures de draperies, lorsque nous traiterons le tissage de la laine. Les plus anciennes de nos fabriques sont, comme nous l'avons dit, celles de Sédan, de Louviers, d'Elbeuf ; elles conservent leur célébrité et soutiennent leur réputation. Le Languedoc possède aussi d'assez grandes fabriques, dont les produits sont de bonne qualité; celles de Vienne (Isère) ont réalisé depuis quelques années des progrès marqués. Enfin, nous ne dirons rien ici, quant à présent, de Reims, de Roubaix, d'Amiens, Tourcoing, malgré la haute importance des produits spéciaux de ces villes manufacturières. Ce n'est pas dans cette introduction, simple aperçu des divers genres de tissus que nous traiterons, que peuvent trouver place des détails circonstanciés.

Il nous reste à parler du poil de chèvre, avant de terminer cette notice sur *la laine*. Nous reviendrons plus tard sur la bonneterie et les tapis.

POIL DE CHÈVRE.

Le poil de chèvre, aussi précieux que la laine quoique d'une utilité moins étendue, a servi à la fabrique de ces belles étoffes connues sous le nom de *camelots*. On tire beaucoup de poil de chèvre du Levant, parce que les chèvres de l'Asie-Mineure et de Barbarie donnent un poil plus fin, plus aisé à travailler que ne l'est celui de nos chèvres d'Europe.

Le poil de chèvre dit d'*Angora* est généralement le plus estimé; cependant celui de *Beybaza* est plus blanc, parce que avant de le filer on le lave au savon, afin de lui donner cet aspect de blancheur, qui n'en augmente pas d'ailleurs la qualité. Les négociants savent aisément le reconnaître, par l'impression que laisse aux doigts le gluant du savon.

Les Anglais et les Hollandais, les premiers, commencèrent à s'affranchir du tribut que l'Europe paie au Levant pour l'achat du poil de chèvre, en élevant chez eux des chèvres étrangères. Les premiers essais réussirent assez bien pour faire espérer de plus grands succès.

Nous aurons occasion de revenir sur cette branche de l'industrie, qui a acquis aujourd'hui chez nous d'assez grands développements.

DU LIN ET DU CHANVRE.

Si dans l'antiquité le lin et le chanvre n'ont pas été employés pour vêtements aussi généralement que la laine, c'est qu'ils exigent plus d'apprêts. Il faut rouïr le chanvre, le faire sécher, le tiller ou le broyer, le peigner, le filer, etc. On commença sans doute par fabriquer avec le lin et le chanvre des espèces de cordages; d'autres essayèrent de le filer; on fit ensuite de la toile. Ces opérations nous paraissent aujourd'hui d'une grande simplicité; mais toutes simples qu'elles soient, il a dû s'écouler des siècles entre chacun de ces progrès. Le chemin par lequel un art s'avance à la perfection est long et difficile. Toujours isolé, et obligé de ne songer qu'au moment actuel, l'artiste rejette souvent des découvertes que lui offre la nature, soit parce qu'elles lui paraissent trop dispendieuses, soit parce que, faute d'expérience et de lumières, il ne prévoit pas ce qui en pourra résulter. Qui de nous, même aujourd'hui, pourrait se flatter qu'il aurait aperçu à une époque reculée, dans les premiers tissus informes et grossiers, faits avec le chanvre, la matière de ces belles toiles que, bien des siècles après, notre industrie a rendu un vêtement aussi souple, aussi uni qu'agréable à l'œil par sa finesse et sa blancheur?

C'est une question encore pendante que celle de savoir si les Egyptiens et les Babyloniens firent usage des cordes de chanvre pour élever les matériaux de ces édifices effrayants dont parle l'histoire ancienne.

Comme le chanvre et le lin exigent à-peu-près les mêmes préparations, on peut conjecturer qu'ils furent connus dans le même temps. Si dans l'Ecriture-Sainte il n'est parlé que du lin, cette dénomination doit être prise dans un sens plus large. Car le lin une fois trouvé et son usage reconnu, il devint le type, si l'on peut s'exprimer ainsi, et son nom devint le nom générique de toutes les plantes qui s'en rapprochent par la configuration, le port ou les propriétés : tels que le lin vivace de Sibérie (*lineum perenne*), le chanvre, le houblon, les orties de différentes espèces, l'aloès pite, l'yuca, l'écorce des tiges de guimauve dont on tire une filasse si douce et si résistante, le bannanier, etc.; enfin une infinité d'autres matières filamenteuses, qui en tant de pays servent, avec succès, aux mêmes destinations que le chanvre et le lin.

La plante dont l'Egypte, l'Inde, l'Arabie, faisaient un grand commerce, la plante que tous les peuples de la Gaule et ceux d'au-delà du Rhin, convertissaient en cordages et en voiles, n'était pas, sans doute, celle qui servait à faire ces toiles si fines dont les dames Grecques et

Romaines se servaient pour voiler leur beauté, et dont Horace fait mention comme d'une étoffe apportée de l'île de Cos, que Varron appelle *togas vitreas*, et qui enfin paraît être le vêtement de la *Flore* du palais Farnèse et de la petite fille de Niobé, à la villa Médicis, etc.

Nulle part, Pline ne parle de l'usage du chanvre en tissu : pourtant beaucoup de peuples, de son temps comme du nôtre, n'y ont jamais employé d'autre matière. Cependant Hérodote établit positivement la distinction du chanvre et du lin, en parlant du chanvre et de l'usage qu'en faisaient les Scythes : « Il croit, dit-il, en « leur pays une plante plus grande, plus forte et meil- « leure que notre lin; les Thraces s'en font des habits, « qui paraîtraient faits de lin à quiconque n'aurait pas « vu de chanvre. » Mais le chanvre croissait au pays d'Hérodote, et Pline le connaissait si bien, que ce qu'il dit, soit de son emploi en corde, soit du temps convenable pour le semer, le récolter, le faire sécher, le rouir, le teiller; soit enfin de la meilleure partie de son écorce, tout cela, disons-nous, est parfaitement conforme à ce que nous en savons. Nous ajouterons même que ce qu'il dit du chanvre de *Rosea*, au pays des Sabins (1), dont la hauteur égalait celle des arbres, est confirmé et justifié par ces hautes plantes de chanvre appelé chanvre de la Chine, et dont on a vu à Paris, au Jardin-des-Plantes, des échantillons de huit à neuf mètres de hauteur (2).

Malgré cette connaissance que Pline avait du chanvre, c'est du lin qu'il suppose faites les voiles des navires qui, dit-il, ont servi à joindre les Continents et à rap-

---

(1) Voyez l'Histoire naturelle de Pline, livre 19, chap. IX.
(2) Quant aux quatre espèces de lin d'Egypte que Pline désigne par les principaux lieux où ils étaient cultivés, ils n'ont de variétés que celles qui résultent de la nature du terrain. Peut-être même l'Egypte ne produisit-elle jamais beaucoup de chanvre : ce qui le fait présumer, c'est la moindre force que ce naturaliste attribue au lin d'Egypte, comparativement à ceux des autres pays, et la chaleur du climat de l'Egypte, chaleur dont le chanvre peut aisément se passer.

procher les hommes, malgré l'étendue des Océans qui les séparaient.

Il faut supposer que Pline a employé le mot *lin* comme dénomination générique, pour désigner indistinctement les tissus absolument semblables, quoique plus forts, que le chanvre sert à fabriquer.

Le plus beau lin d'Italie se récoltait entre le Pô et le Tésin; là, comme dans la Germanie, on faisait les toiles dans les caves. Le lin d'Espagne (*carbasus*), supérieur à celui d'Italie, se convertissait en toiles fines comme nos batistes, et connues sous le nom de *carbasas*. Les premières de ces toiles nous sont venues d'Espagne. *Sœtabis* ou *Setabis*, aujourd'hui saint Philippe, à ce que l'on prétend, était célèbre par son lin et ses toiles, que Pline met au rang des plus fines et des plus estimées de toute l'Europe, et dont *Catulle* nomme les beaux mouchoirs: *sudaria sœtaba*.

On faisait en Espagne des filets et des toiles de lin pour la pêche et pour la chasse, surtout pour la chasse au sanglier. Il paraît que l'on faisait aussi des voiles avec du lin d'Espagne... *Vocat jam Carbasus auras*.

Dès la guerre de Troie, le lin était estimé par sa blancheur; tous les agrès de la flotte des Grecs qui se dirigèrent vers les rivages d'Ilion, étaient de lin. Longtemps avant, les prêtres Egyptiens, Hébreux, Indiens, avaient adopté les robes blanches de fin lin, comme une marque de la pureté du sacerdoce. Quoiqu'il en soit des distinctions entre le lin et le chanvre, il demeure constant que l'un et l'autre furent d'un grand usage dans l'antiquité. — Au dire d'Hérodote, les Babyloniens portaient des tuniques de lin; l'habillement des Egyptiens était de lin (1). Leurs prêtres ne portaient que des vêtements de cette étoffe, et la plus grande partie du peuple

---

(1) Les Egyptiens avaient la laine en horreur; ils la regardaient comme malsaine; la religion intervint pour en prohiber l'usage, et proscrivit des temples, comme profane, la dépouille arrachée aux animaux.

ne connut long-temps que ce genre d'habillement. Ajoutons que le climat le permettait, et même y invitait, lors même que les prescriptions religieuses n'eussent pas interdit les étoffes de laine.

Les plus anciennes statues d'Egypte sont vêtues de lin; il en est aussi dont l'habillement ressemble à cette mousseline très-fine, dont les femmes d'Orient portent encore aujourd'hui des chemises.

De tout temps, le lin fut abondamment cultivé en Egypte; il faisait la matière première de ses manufactures, et l'aliment de son commerce intérieur, lequel se bornait presque uniquement, à la vérité, aux toiles que les femmes des tisserands allaient échanger contre de la colocase, et aux tapis semblables à ceux dont Dieu ordonna à Moïse de tendre et de couvrir le tabernacle (1).

Les Egyptiens attribuaient à Isis la découverte du lin, comme tous les peuples ont attribué à leurs divinités, ou aux grands hommes qu'ils ont divinisés, les découvertes dont ils ignoraient l'origine, et qu'ils envisageaient comme importantes, à raison de l'utilité qu'ils en retiraient.

Chez les Hébreux, l'habit et tous les ornements du pontife consistaient dans la *tunique*, les *caleçons*, la *ceinture*, le *manteau*, l'*éphod*, le *pectoral* et la *thiare*. La tunique, chemise à manches, unie ou ouvragée, simple, brodée ou à franges, qui descendait jusque sur les pieds, telles que les aubes des prêtres catholiques, était de toile de lin, ainsi que les caleçons. La ceinture, de trois à quatre doigts de largeur, d'une longueur de trente-deux coudées, qui faisait plusieurs fois le tour du corps, et serrait la tunique, comme le cordon serre l'aube, était une bande de toile de lin. La thiare n'était qu'une autre bande, longue de seize coudées, de toile de même matière, entortillée autour de la tête. Le manteau, l'éphod qui y était attaché, et le pectoral, étaient bien brodés

---

(1) *Cortinas de bysso retorta.*

d'or, d'hyacinthe, de cramoisi, mais toujours sur un fond de toile, et on observe même que le lin était retors, à la Phrygienne (1).

La fameuse ville de Sidon ne fut pas moins renommée pour ses toiles de lin, que pour ses tapis et ses voiles précieux.

L'étoffe de l'habillement des statues Grecques et Romaines se composait : partie de toile, partie d'autres étoffes légères ; il y en eut de drap, mais la soie ne vint que longtemps après.

Thucydide dit positivement que les anciens Grecs étaient tous vêtus de toile, ce que fait aisément admettre la nature du climat. *Hérodote* pense que c'était principalement le vêtement de dessous. Mais tout annonce que, jusqu'à des temps plus rapprochés du siècle où ces deux historiens ont vécu, l'usage de la toile était général en Grèce, et qu'il y fut longtemps fréquent, puisque le lin le plus fin et le plus beau se cultivait et se travaillait aux environs d'Elis.

Il n'est pas vrai, comme l'ont prétendu quelques auteurs, que l'usage du lin ne s'introduisît à Rome que

---

(1) Quant à la tunique, aux caleçons, à la ceinture, à la thiare, les seuls ornements du jour des expiations, ils portaient le nom d'*habits blancs*, sans doute parce que la toile en était ordinairement blanche. Nous disons ordinairement, parce que l'Ecriture fait aussi mention de la tunique couleur d'hyacinthe, ce qui pourrait s'entendre aussi de la couleur naturelle du lin, avant d'être blanchi. Si, plus tard, la collection des vêtements du grand-prêtre prit le nom d'*habit d'or,* ce fut la magnificence des ornements qui provoqua cette dénomination. Les vêtements, tous distingués suivant l'ordre hiérarchique, excepté la tunique et les caleçons, étaient tous de lin.

A l'égard des voiles du Temple, ce n'était dans le principe que des toiles tendues entre la nef et le chœur, le chœur et le sanctuaire ; ensuite on les broda, on y mit différentes couleurs; on arriva à mêler dans le tissu la laine et le poil de chèvre avec le lin ; mélange consacré aux ornements du Temple, mais dont l'usage fut interdit aux particuliers. Enfin, on y employa des tapis de Babylone, et ils devinrent si magnifiques, qu'on les couvrit de tentes, de rideaux, de nouveaux voiles qui étaient de lin comme les premiers.

sous les empereurs : le fait n'est pas vraisemblable : les Romains, avant ce temps, avaient parcouru et conquis l'Egypte, l'Asie et la Grèce, où partout l'habit de dessous, celui des femmes principalement, était de toile, une véritable chemise en lin, telle qu'on la porte aujourd'hui. Les statues Grecques apportées à Rome étaient ainsi vêtues. On distingue également la toile du drap, dans le vêtement des statues qui se firent chez les Romains, par la transparence de la première, par les petits plis aplatis qui représentent le nu de très-près, et par les plis amples du second.

Au temps de Romulus, au temps de Camille, et plus tard encore, lorsque les Romains briguaient des honneurs et des dignités, afin de montrer plus aisément leurs blessures, ils n'avaient que la robe, la toge ou le manteau; mais le vêtement de dessous, c'est-à-dire la tunique, se répandit bientôt à Rome comme en Grèce ; de sorte que bien qu'il paraisse que si, chez les Romains, les hommes ne firent usage du linge qu'un peu tard, il est à-peu-près établi que longtemps auparavant les Romains en portaient sous leur habillement (1).

A l'égard des peuples qui furent longtemps moins policés que les Grecs et les Romains, ce fut pour eux l'ouvrage d'une longue suite de siècles, que de passer de l'écorce ou de la natte à la toile. Mais une fois ainsi vêtues, les nations des pays méridionaux dédaignèrent

---

(1) M. Arcère dit que *les chemises de toile ne furent en usage à Rome que bien tard*. Le passage de Montfaucon qu'il cite n'est pas une preuve suffisante, et il ne donne aucune raison pour établir que le *subucula* et l'*indusium* furent toujours ou même ordinairement de laine. L'autorité d'Horace serait aussi de peu de poids: encore, ce poète ne dit-il pas que *les tables fussent sans nappes*, lors même que celle de *Nasidienus* n'en eût pas eue, ce que l'on ne peut même pas induire du *mensam pertersit*. Au surplus, l'épigramme de *Martial*, intitulée *Amictorium*, dément de la manière la plus complète l'assertion de M. Arcère.

L'habillement de toile resta toutefois particulièrement affecté aux femmes; et, dans la suite, ce fut chez elles un si grand luxe de se vêtir de ces belles toiles de coton que l'on travaillait dans l'île de Cos, que les hommes qui en faisaient usage étaient taxés de mollesse.

toute autre étoffe. Aujourd'hui encore, les habitants de la côte occidentale d'Afrique et ceux des îles du Cap-Vert, qui, en échange de leurs denrées, reçoivent des toiles et des toileries de nos fabriques, refusent et méprisent toutes sortes de lainages.

Nous avons parlé déjà plusieurs fois de *toiles* et de *toileries,* et comme nous serons obligés de citer souvent encore ces deux expressions, il convient dès à présent de déterminer la signification que le langage des arts manufacturiers applique à chacune d'elles. On entend par *toiles,* tous les tissus unis ou croisés, de lin ou de chanvre, destinés à être teints, blanchis, ou employés en écru, depuis le linon et la batiste jusqu'à la toile d'emballage et à la toile à voiles. On désigne sous la dénomination de *toileries,* tous les tissus de coton pur ou mélangé, ainsi que toutes les étoffes de matières végétales autres que de chanvre ou de lin pur, avec quelques matières qu'elles soient mélangées, depuis la mousseline proprement dite, et les étoffes de soie et de coton connues à Rouen, sous le nom de toiles de soie à carreaux, jusqu'aux siamoises, à toutes les espèces de cotonnades, et même au velours de coton.

La nomenclature de toutes les espèces de toiles et toileries sortirait du cadre de cette introduction; nous devons ici nous borner à faire connaître sommairement l'état actuel de l'industrie sous ce rapport, et à indiquer les contrées où se récoltent le plus de chanvre et de lin, et celles où se trouvent le plus grand nombre de fabriques ou manufactures de toiles. (1)

---

(1) Il est à propos de bien faire apercevoir la différence qui existe entre les deux termes de *fabrique* et de *manufacture.*

Le mot *manufacture* vient du latin *manu factum,* ouvrage fait par la main. Il est évident que telle fut primitivement l'acception de ce mot; mais l'objet augmentant, il acquit une signification plus large, et en même temps assez marquée pour que celui de *fabrique* donnât l'idée d'une entreprise dont les opérations sont plus restreintes et qui occupe moins d'ouvriers.

Ainsi *manufacture* indique un établissement qui nécessite plusieurs ateliers, magasins, boutiques, ouvroirs, etc., dans lesquels on emploie

Nous remarquerons d'abord, avec un célèbre économiste du siècle passé, *Roland de la Platière*, qu'il n'est pas surprenant qu'en général les fabriques de soieries soient plus répandues au midi de l'Europe, en Italie, en Espagne et dans les provinces du sud de la France, puisque ce sont les pays qui fournissent le mûrier en plus grande quantité, et où les éducations de vers à soie sont plus nombreuses. Il n'est pas étonnant non plus, quoique les matières les plus propres aux étoffes de draps se tirent des pays méridionaux, qu'il y ait, dans le nord, beaucoup de manufactures de ce genre; ces dernières contrées étant celles où l'on fait le plus long

divers ouvriers à ranger, mêler ou assortir; à modifier telle ou telle sorte de matière, et à les convertir à notre usage. En ce sens, la manufacture ne diffère de la fabrique, ni par la nature de la matière qu'on y travaille, ni par la nature des opérations que cette même matière y subit, mais seulement par la plus ou moins grande quantité des objets qui en proviennent.

C'est ainsi que l'on dit: *la manufacture de tapisserie des Gobelins; la manufacture de porcelaines de Sèvres; la manufacture de glaces de Saint-Gobin*, etc., etc., parce que ces objets, pris en grand, résultent d'une suite d'opérations diverses, renfermées dans l'enceinte, et surveillées par les entrepreneurs et directeurs de ces établissements. On dit encore: *manufactures de draps de Languedoc, de Sédan, de Louviers, d'Elbeuf*, etc.; *manufactures de toiles et toileries, de Rouen, de Flandre, de Suisse, de Silésie*, etc.; *manufactures d'étoffes rases de Picardie, de Saxe, de Berlin, de Norwick*, etc.; parce que les objets dont les opérations sont dispersées dans chaque lieu, y sont envisagés collectivement.

Mais si, dans les mêmes localités, on considère ces mêmes objets d'après l'entreprise, l'occupation et l'intérêt de chaque particulier, son établissement prend le nom de *fabrique*; le nom d'*entrepreneur de manufacture* ou de *manufacturier* se change en celui de *fabricant*. De cette manière, telle ou telle manufacture se compose d'un grand nombre de fabriques, et comprend aussi quantité de fabricants. Toutefois, pris en grand, ces sortes d'établissements, lorsqu'ils rapprochent d'eux leurs dépenses, leurs accessoires, gardent aussi le nom de *manufactures*.

Une autre distinction doit être établie entre les mots: *fabrique* et *fabrication*, qui souvent sont pris dans le même sens. Le premier, loin de désigner le lieu de la fabrication ou l'objet fabriqué, désigne indéterminément la manière dont il est fabriqué. Ainsi, l'on dit fort bien, en parlant des draps destinés pour le Levant, qui se fabriquent en Languedoc, *la fabrique de Carcassonne vaut mieux que celle de Clermont-Lodève;* en parlant des toiles et toileries de la haute Normandie, *la fabrique de Rouen* est préférable à celle *de Suisse, de Silésie*, etc.

Ce n'est pas toujours la même chose qu'une étoffe *de fabrique* ou usage pendant l'année des étoffes de cette sorte, à raison de la température, et où, par conséquent, il s'en consomme le plus. Mais que le lin et le chanvre se cultivent, et que la toile se fabrique en bien plus grande quantité dans les contrées du nord, où il semblerait qu'on dût moins en consommer, c'est ce qui peut paraître surprenant.

En effet, on cultive peu de lin et peu de chanvre, en proportion, soit de l'étendue du territoire, soit de la consommation, en Italie, en Espagne, au midi de la France et au midi de l'Allemagne; on n'y fabrique pas non plus beaucoup de toiles; c'est la Silésie, la Russie, la Hollande, la Belgique, le nord de l'Allemagne et le nord de la France, qui fournissent des toiles à presque tout le reste de l'Europe, à l'exception de l'Angleterre, de l'Ecosse et de l'Irlande.

Celles des contrées de la France où se récolte le plus de lin sont : la Flandre, la Normandie, le Maine et l'Anjou, la Bretagne, le haut Languedoc et la Gascogne.

A l'égard du chanvre, la culture en est plus étendue en France que celle du lin. Parmi nos provinces qui en fournissent le plus, nous devons citer en premier lieu, comme quantité et qualité de production : l'Auvergne et la Bretagne; puis le Dauphiné, où cette plante est abondamment récoltée. Toutefois, les meilleurs chanvres du Dauphiné viennent des vallées de Grenoble et de Saint-Marcellin, de Vizille et du Grésivaudan; le sol étant dans les conditions les plus favorables pour cette espèce de culture. Viennent ensuite la Flandre, la Picardie, et

---

de la fabrique de tel endroit. La première expression est vague, et désigne quelquefois une étoffe fabriquée à l'imitation de celle d'une autre fabrique. On dit : de fabrique d'Angleterre, de fabrique anglaise, de fabrication anglaise, ou façon d'Angleterre.

Par la seconde expression, on entend toujours qu'elle est fabriquée dans le lieu désigné. Ainsi, lorsque l'on dit : *velours de la fabrique de Lyon, bas de la fabrique de Paris, draps de la fabrique d'Elbeuf*, on veut dire que les velours ont été faits à Lyon, les bas à Paris, et les draps à Elbeuf.

dans le haut Languedoc les environs de Castres, de Lavaur et d'Alby.

Il se fabrique des toiles à-peu-près dans toute la France, en plus ou moins grande quantité : mais les plus importantes manufactures se trouvent dans la Normandie, la Picardie, la Flandre française, la Bretagne, le Maine, le Dauphiné, le Beaujolais, la Champagne, dans la partie de l'Auvergne appelée la Limagne, et dans le Béarn.

La désignation et l'appréciation détaillée des produits spéciaux de chacune des contrées que nous venons de nommer trouveront leur place dans le Dictionnaire, à mesure que nous décrirons les diverses espèces de tissus. Ici nous indiquerons seulement les localités où existent les plus célèbres fabriques.

Le département de la Seine-Inférieure possède un nombre immense de manufactures, soit dans Rouen et les localités voisines, soit à Fécamp, à Bolbec, à Ourville, et dans quelques parties du pays de Caux. Dans le département de l'Orne, à Alençon, Domfront et Mortagne, le tissage des toiles est très-répandu. Les *toiles fortes* de lin et les *blancards*, les plus renommées des toiles fabriquées dans la Seine-Inférieure, faisaient les objets d'un commerce considérable, tant pour la consommation intérieure que pour l'exportation. Les blancards surtout s'expédiaient beaucoup pour Cadix, à la destination de l'Amérique du Sud.

Nous citerons seulement pour mémoire les *toiles d'étoupes de chanvre*, les *gingas*, les *mouchoirs fil et coton*, (appelés mouchoirs de *Bolbec*, parce que cette ville est le siége principal de la fabrication de cet article, quoiqu'il se fasse aussi à Yvetot), les *toiles rayées et à carreaux tout fil*; les *toiles rayées et à carreaux*, *fil et coton*, fabriquées les unes et les autres à Rouen, dans la banlieue de cette ville, et dans le pays de Caux ; les *toiles damassées*, etc., etc.

Quant aux autres toiles ou toileries qui se fabriquent

dans ce département, nous aurons à y revenir, en parlant du tissage du coton.

Dans le département du Calvados, à Caën, et dans plusieurs autres villes, notamment Coutances, Flers, Canisy, Athis, Sainte-Honorine, on fabriquait des *toiles unies*, des *toiles ouvrées* pour nappes et serviettes, des *coutils*, des *toiles bleues*, des *canevas;* à Lisieux et à Vimoutier, des toiles *crétonnes*, toutes en lin. Alençon a joui aussi d'une réputation pour ses toiles qui s'exportaient en Espagne, en Amérique et en divers autres pays.

La Picardie, de même que les pays ci-devant appelés *Hainaut* et *Cambresis*, fabriquent les toiles dites de *mulquinerie*. (On désigne sous cette appellation les batistes et linons. Les ouvriers qui s'occupent de ce genre de fabrication portaient le nom de *mulquiniers*.) Il est à-peu-près établi que la *mulquinerie* a pris naissance à Cambrai, d'autant plus que les toiles dont il est ici question sont connues à l'étranger sous le nom de *toiles de Cambrai*. Ce qu'il y a de certain, c'est que cette branche d'industrie est fort ancienne dans le Hainaut, soit à Cambrai, soit à Douai et à Valenciennes; qu'elle y existait au temps où le Hainaut était gouverné par ses Comtes particuliers, puisque ceux-ci établirent un droit de *deux patards* sur les toiles de mulquinerie. Elle fut apportée en Picardie par des ouvriers protestants persécutés dans les Pays-Bas, à l'époque où cette province secoua le joug de l'Autriche. Ces ouvriers étant venus s'établir sur les frontières de la France, plusieurs d'entre eux passèrent à Saint-Quentin, y furent bien accueillis, et s'y établirent.

C'est depuis lors que cette ville, celles de Guise, de Chauny et leurs environs, se livrèrent à la fabrication des toiles de mulquinerie.

Nous traiterons plus amplement les produits des manufactures de Valenciennes et de Saint-Quentin; constatons seulement ici que si la fabrication des toiles a beaucoup diminué dans la première de ces deux villes, elle a conservé la réputation et la supériorité pour ce qui concerne le blanchiment.

A l'égard des autres espèces de toiles qui se fabriquent en Picardie, elles sont toutes communes et de bas prix, et le commerce en est beaucoup moins important par la nature des objets que par leur multiplicité. Partagé entre Abbeville et Amiens, ce commerce est cependant plus considérable dans la première de ces deux villes. Les principaux genres fabriqués en Picardie, en dehors de la spécialité de Saint-Quentin, sont : 1° les toiles d'étoupes de lin ou de chanvre; 2° les toiles à voiles; 3° les toiles dites *linets;* 4° les toiles à blanchir ; 5° les toiles à carreaux pour matelas; 6° enfin, les toiles ouvrées pour linge de table.

Dans la Bretagne, Rennes et ses environs, Fougères et Vitré, Quimper, Léon et Saint-Malo, fournissent des toiles de diverses espèces; chacune des localités que nous venons de nommer a presque sa spécialité de fabrication. Nous allons les parcourir rapidement.

La fabrique des *toiles à voile* dans les environs de Rennes remonte à une haute antiquité. Ces toiles étaient jadis désignées sous le nom de *caneveaux*. Dans les arrêts et règlements du Conseil de la province, elles étaient appelées *noyales à un, à quatre et à six fils,* pour distinguer leur qualité. Ce nom de *noyales* dérive de la commune de Noyal-sur-Vilaine, située à environ douze kilomètres de Rennes, et dans laquelle il s'est toujours fabriqué beaucoup de ces toiles. Le chanvre, production du pays, est la seule matière employée à la confection de ces toiles, et le principal siége de leur fabrication était à Château-Giron, près de Rennes.

La ville de Fougères et ses environs a de temps immémorial fabriqué des toiles, et cette industrie constituait la principale richesse du pays.

Vitré occupe aussi soit dans la ville même, soit à la campagne, un nombre considérable de métiers au tissage des toiles. Cette fabrique, qui est de date très-ancienne, fournit les différentes espèces de toiles que voici : toiles dites *vitrées,* en fil de chanvre; *hauts brins,* en fil de chanvre; bas brins, *idem; rondelettes fines, idem;* et *peltres*, en fil de lin.

Les communes de la Mézière, Mélesse et autres, entre Rennes et Dinan, fabriquaient des coutils grossiers servant pour coites ou lits de plume.

A Locronan, dans le Finistère, il existe une fabrique de toiles à voiles, mais elle ne remonte qu'à un siècle et demi. Le voisinage de Brest et de Lorient lui a donné son importance. Longtemps la fabrication de Locronan et de ses environs s'est bornée à des toiles dites *ollones* et à d'autres nommées *prélats*.

Dans la ville de Léon, et une foule de communes situées dans un rayon assez étendu autour de cette ville, on fabriquait les toiles dites *crées* (1) connues sous cette dénomination en France et en Espagne. On distinguait les *crées* en *larges, entre-larges, étroites,* et *enveloppes*. Les trois premières espèces fournissent chacune cinq qualités différentes; la quatrième, qui est la plus commune, tirait son nom de l'usage auquel on la destinait. Les toiles *crées* sont composées uniquement de fils de lin du cru du pays. On a établi aussi à Léon et aux environs, des fabriques de *toiles rayées et à carreaux* ; mais sur une bien moins large échelle que le tissage des toiles *crées*.

Dans l'arrondissement de Saint-Brieuc (Côtes-du-Nord) les toiles dites *de Bretagne* étaient l'objet d'un commerce considérable et d'une assez grande exportation en Espagne, en Amérique et ailleurs. L'établissement de cette fabrique est attribué aux Comtes de Laval, qui, étant devenus possesseurs du Comté de Quintin, firent venir de Laval quelques tisserands qui apprirent à ceux de Quintin à fabriquer des toiles fines, au lieu des toiles grossières de lin et de chanvre auxquelles leur industrie s'était bornée jusque là. Cet art s'étendit peu-à-peu au midi de la ville de Quintin, à Uzel, à Loudéac et dans

---

(1) *Crées* vient du mot bas-breton *crés*, qui désignait une sorte de grosse toile à l'usage du peuple.

un grand nombre de communes ; il devint une branche d'industrie assez importante.

Les recherches historiques faites sur la fabrique de toiles de Laval (Mayenne) en attribuent l'établissement à Béatrix de Gaure, fille d'un rheingrave de Morhangé, petite ville de la Lorraine, et qui avait épousé le Seigneur de Laval. Cette Dame fit venir de son pays des graines de lin pour en essayer la récolte dans le Comté de Laval. Cet essai réussit parfaitement. On voulut donc tirer parti de cette culture, et en 1298, Béatrix fit venir de Flandres des tisserands, qui, loin de seconder ses vues, s'habituèrent à faire de fort mauvaises toiles. Ce fut vainement qu'en 1396 un Comte de Laval fit faire, dans une assemblée des principaux habitants et fabricants, un règlement qui fixait les qualités et les différentes largeurs que les toiles devraient avoir. Quatre jurés furent institués pour veiller à l'exécution de ce règlement, et le Comte abandonna gratuitement pour en faire des blanchisseries, quelques prairies situées sur les bords de la rivière. Toutes ces précautions et tous ces soins n'amenèrent aucun résultat fructueux : la fabrique naissante ne fut longtemps connue que dans le pays, et n'était rien comparativement à celle des serges qui y existait de temps immémorial, lorsque des commerçants Espagnols qui vinrent s'établir à Nantes lui donnèrent de l'accroissement en tirant la plus grande partie des toiles qu'elle produisait, pour l'envoyer en Espagne, où les toiles légères ont été préférées de tout temps.

Les sergers, voyant alors qu'il y avait plus de profit à tisser des toiles que des étoffes de laines, se firent tisserands. Cependant il n'y avait encore à Laval, en 1480, que deux blanchisseries, que l'on abandonna, à cause de l'incommodité de leur situation. Les blanchisseurs acquirent du Seigneur des prés plus avantageusement situés, et dans la suite les blanchisseries se multiplièrent à mesure que s'augmenta la fabrique, qui par degrés s'étendit à Mayenne et à Château-Gontier. Les

Seigneurs de Laval ne cessèrent de prendre soin de cette manufacture qu'en 1669, époque où le Conseil jugea convenable de s'en occuper. La fabrique de Laval fit des progrès sensibles jusqu'en 1754, et depuis lors elle s'est soutenue. (1)

La Bretagne, le Maine et l'Anjou fournissent la majeure partie des lins, qui font l'unique matière employée à la fabrication des toiles de Laval; la Flandre fournit le surplus.

Il s'expédie des toiles de Laval, en Espagne, en Amérique, quelque peu dans le Nord, et beaucoup sur tous les points de la France.

Nous avons peu de chose à dire des diverses fabriques de Saint-Mamers et de la Ferté-Bernard, où il se fabriquait des *treillis;* du Mans et de Château-du-Loir, où il se faisait des toiles appelées *rochelles* et des *canevas* d'étoupe; de Beaufort et d'Angers, où l'on tissait des *toiles fortes*, propres aux usages ordinaires, des toiles teintes, des toiles de chasse rayées et à carreaux, enfin, des toiles à voile, connues sous les noms de *six fils*, *quatre fils* et *mêlés doubles* et *simples*.

On ne sait rien de positif sur l'origine des fabriques de toiles dans le Dauphiné; il y a cependant lieu de présumer que leur origine n'est pas très-ancienne, et que Voiron, où existe la plus considérable de toutes ces fabriques, a été leur berceau. Il paraît aussi que leurs progrès ont été fort lents; que l'on se borna longtemps à la fabrication des *toiles de ménage*, dont la consommation ne s'étendait même pas au-delà du pays; qu'enfin Voiron est le premier endroit où l'on a essayé d'en répandre dans le commerce.

Les chanvres employés à la fabrication des toiles du Dauphiné sont tous du crû de la province; la culture

---

(1) Depuis quelque temps elle est entrée dans une nouvelle voie; elle a abordé la fabrication de la nouveauté pour gilets et pantalons. Cette spécialité lui a pleinement réussi et lui a ouvert un nouvel avenir de prospérité.

du chanvre y réussit beaucoup mieux que celle du lin, dont on s'est dégoûté. Nous avons eu déjà occasion de dire que, bien que le chanvre soit cultivé dans la presque universalité des domaines du Dauphiné, les plus beaux se récoltent dans la vallée de Grenoble, dans la plaine de Saint-Marcellin, de Voiron, de Vizille, et dans la vallée du Grésivaudan.

La ville de Crémieu a eu une fabrique de toiles grossières pour emballage, mais elle n'existe plus. Il en est de même de celle de Grenoble, établie sur le modèle de Voiron, mais longtemps après. On avait établi aussi à Saint-Marcellin une fabrique de *toiles unies ordinaires*, dont les produits se distinguaient par le bon usage dont ils étaient susceptibles. On fabriquait aussi des toiles dans plusieurs autres villes ou bourgs du Dauphiné : à Lamure, à Vienne, à Bourgoin, à la Côte-Saint-André, à la Tour-du-Pin, à Vizille, mais ce n'étaient que des toiles grossières, et leur fabrication n'a jamais fait l'objet d'aucun règlement. Ces fabriques sont aujourd'hui tombées.

Quant à la fabrique de Voiron, elle a une grande importance et une haute réputation. Les toiles fines de cette provenance, tissées avec 2600 et jusqu'à 3400 fils de chaîne, approchent beaucoup des toiles ordinaires de Rouen. Les toiles de Voiron s'exportent au loin; il en passe en Espagne, en Piémont, en Allemagne, en Suisse, en Savoie, dans toute la partie méridionale de la France, et même jusqu'en Amérique.

Il y a peu à dire sur l'Auvergne, et cependant la fabrication des toiles dans cette contrée date de très-loin. Il est à présumer qu'elle y est aussi ancienne que la culture du chanvre, qui elle-même, à raison de la merveilleuse appropriation du sol à ce genre de production, doit remonter à une époque très-reculée. Presque tous les cantons de l'Auvergne offrent des terres convenables à la culture du chanvre, surtout celui de la *Limagne*, qui comprend à-peu-près les arrondissements de Clermont, de Rion, de Brioude et d'Issoire. On a tout lieu de penser que le lin croîtrait également bien en Auvergne s'il y était cultivé. Quelques communes des montagnes se livrent à cette culture. Le chanvre de l'Auvergne est de très-bonne qualité; les toiles qu'il sert à fabriquer seraient d'un bon commerce si elles étaient mieux fabriquées; mais leur tissage ne répond pas encore à la bonté de la matière première. On les vend, en grande partie du moins, sous leur couleur naturelle et brute, grises et rousses. Il s'en débite quelque peu dans le Vivarais, la Provence, le haut et bas Languedoc et la Guienne.

On a fabriqué de temps immémorial, dans le Béarn et en Bigorre, des mouchoirs et des toiles, et vers le milieu du dernier siècle cette fabrication avait atteint une grande importance, à raison des envois qui se faisaient en Espagne et en Amérique. Les toiles sont tissées en lin du cru du pays, qui est d'excellente qualité. Toutefois, nous ne dirons rien des diverses espèces de toiles et toileries de la provenance de ces contrées, parce qu'elles ne sont pas de nature à faire une sensation marquée dans la masse de la fabrication du commerce auquel donnent lieu en France les toiles et toileries en général.

La partie du haut Languedoc où l'on récolte le plus de chanvre et de lin est l'Albigeois, où ils sont cultivés depuis des siècles. Les cultivateurs y fabriquèrent longtemps à leur usage exclusif des *sorgues*, étoffe grossière pour vêtement, dont la chaîne était en fil et la trame en laine. Les toiles qui se font dans ces contrées sont en général très-communes.

Les manufactures de Troyes (Aube) méritent une mention spéciale soit pour la variété et la quantité de leurs produits, soit pour leur bonne qualité. Presque toutes les chaînes de toiles et toileries de Troyes sont composées de fils de lin pour les plus fines, et pour les autres de fils de chanvre. Les fils de lin se tirent tout filés, en petites parties, des environs de Troyes, les autres, de la Normandie et de l'Anjou.

Les articles de Troyes sont expédiés en Italie, en Espagne, en Amérique; il s'en vend aussi beaucoup pour la consommation de la France.

Nous ne dirons qu'un mot des fabriques soit de Chaumont, Joinville, Rhétel, soit des campagnes qui avoisinent ces villes; leurs produits, dont la matière première provient de fils de chanvre du cru de la localité, consistent en toiles de ménage, treillis, canevas, etc.

Nous citerons seulement pour mémoire Villefranche (Rhône), où il se fabrique quelques toiles, mais la spécialité du commerce de cette ville étant les toiles de coton, nous aurons à en reparler plus tard. A Thizy, ville de l'arrondissement de Villefranche, il se fait des serviettes damassées. Cette ville a depuis quelques années pris une haute importance commerciale; mais ses manufactures ayant aussi pour objet le tissage des articles coton, nous reviendrons ultérieurement à ce qui concerne cette dernière industrie.

Il nous reste à indiquer les autres états de l'Europe où le tissage des toiles fait l'objet d'une industrie importante.

En Angleterre, c'est dans les comtés de Glocester, Wilt et Sommerset, que l'on fabrique le plus de toiles de chanvre ou de lin; ces toiles, assez fortes, sont généralement communes. Les plus fines se font à Winchester et à Southampton. Il se fabrique aussi des toiles dans presque toute l'Écosse, et, depuis la guerre d'Amérique, les manufactures Écossaises ont acquis un grand développement. A Glascow, on fait des toiles très-fines, même de la batiste. Enfin, l'un des principaux objets des manufactures Irlandaises consiste dans le tissage des toiles pour linge de corps, draps, linge de table, etc. On y fait aussi de la batiste et des linons. Cependant les fabriques d'Irlande, dont les produits ont eu longtemps un écoulement facile, à cause de leur grande blancheur et de leur bas prix, ont bien perdu de leur importance depuis que l'Écosse s'est mise à fabriquer beaucoup plus que par le passé.

Les Pays-Bas, et sous ce nom on comprend toujours les anciennes Provinces-Unies, ont de temps immémorial possédé des fabriques de toiles, dont les produits ont été et sont encore en réputation. Les toiles dites *de Hollande* occupent encore le premier rang à raison de la finesse du grain, de l'uni et de la beauté. Sous le nom de toiles de Hollande, il se vend en assez grande quantité des toiles fabriquées en Flandre et en Brabant, notamment à Ypres, à Menin et à Courtrai. Mais quelque belles que soient les toiles de Flandres, elles n'ont jamais un blanc aussi éclatant que les vraies *Hollande*; toutefois, elles sont d'un prix moins élevé, et il s'en fait une grande consommation soit en Flandre, soit en Allemagne, en France, en Espagne, etc., etc.

Dans l'Allemagne, le Duché de Berg, et la Westphalie, où il se récolte beaucoup de chanvre et de lin, on fabrique des toiles de diverses qualités. Osnabruck et ses environs, Munster et ses alentours, Brunswick, etc., se distinguent en ce genre; on y file beaucoup de lin pour chaînes de toileries, qui se fabriquent en quantité dans le duché de Berg; on y fait et retord beaucoup de fil à coudre; et tous ces objets de main-d'œuvre constituent un commerce important.

La Hesse et ses environs, ainsi que le Hanovre, produisent beaucoup de toiles grossières, et surtout de toiles d'emballage.

La Silésie est un des pays du monde où il se fait le plus de toiles; on y a imité tous les genres. Blanches, et bien apprêtées, les toiles de Silésie sont plus légères qu'aucunes autres, mais elles sont en même temps à plus bas prix, et l'exportation en est considérable.

La partie de la Bohême voisine de la Silésie fabrique aussi beaucoup de toiles, qui peuvent réussir à être vendues sous le nom de toiles de Silésie, lorsqu'elles sont faites dans le genre de celles-ci; mais d'ordinaire elles sont plus communes, et alors leur débit ne s'étend guère au-delà de la Bohême et des contrées voisines.

La Lusace est renommée pour la beauté du linge de table qui sort de ses manufactures.

L'Espagne et le Portugal ne récoltent presque ni lin ni chanvre. On fait quelques toiles de ménage en Galice; le lin qui sert à les fabriquer provient du Nord, d'où l'on tire également tout le chanvre employé dans les carderies de Bilbao et de Féréol. La consommation de toiles est alimentée par les envois considérables que font la Flandre, la France et la Silésie.

Les toiles à voiles et les cordages ont été longtemps deux objets principaux du commerce de la Russie. Cependant ce vaste empire, qui produit beaucoup de lin et de chanvre de bonne qualité, a intérêt à augmenter ses manufactures de toile, qui ont déjà pris beaucoup d'extension.

Nous aurons, comme nous l'avons déjà dit, à ajouter beaucoup de détails à ceux que nous donnons sommairement dans cette introduction. Nous avons dû nous borner à un simple aperçu des matières premières servant aux divers genres de tissage. Les progrès que leur fabrication a subis seront signalés ultérieurement.

DU COTON.

Il est possible que l'usage du coton soit aussi anciennement établi parmi les hommes que celui du chanvre, du lin et autres filaments ligneux; mais comme il est prouvé qu'il a été long-temps moins généralement connu et employé que le lin et le chanvre, nous avons cru devoir ne le placer qu'après ceux-ci.

Le mot *coton* paraît avoir été le terme générique de toutes les espèces de bourres végétales que l'industrie humaine assujettit à la filature, comme on avait appliqué la dénomination de *lin* à tous les filaments tirés des plantes.

Dans la Haute-Egypte, le cotonnier était un arbrisseau; c'est le même que l'on cultive à Malte. Il était

arbre dans l'Inde, et on l'a trouvé ainsi dans l'Amérique méridionale. « Ces arbres, dit Hérodote, portaient;
« au lieu de fruits, de la laine dont le peuple se faisait
« des habits, laquelle était plus belle, et beaucoup meil-
« leure que celle des brebis. » Ailleurs, le cotonnier
était herbacé, comme on en voit beaucoup dans le Levant. Dans l'Arabie, la Perse, l'Inde, le midi de la Chine, et la plupart des îles qui font partie de ces heureuses contrées, toutes ces espèces de coton sont indigènes, et y atteignent la plus grande beauté.

En Grèce, où la culture et l'usage du coton se répandit, et où il était connu sous le nom de *gossipion xylon;* et la toile qui en provenait, sous celui de *toilexyline;* celui de l'île de Cos fut particulièrement estimé, ainsi que les étoffes où il était employé avec beaucoup d'art. On distinguait encore en Grèce, parmi différentes bourres végétales, le lin *orkhomène*, duvet d'un roseau qui croissait sur les bords du lac Copaïs, en Béotie. De semblables roseaux du Nil et des fleuves de la Perse et de l'Inde ont fourni des duvets qu'on filait également. L'apocin, *apocynum majus*, ou *herbe de la Houette*, plusieurs autres plantes, particulièrement des chardons, donnent une sorte de coton qu'on a filé et employé en vêtements.

Il faut ici dire quelques mots de ces diverses bourres végétales, que l'on a prises pour du coton, ou auxquelles on a donné ce nom.

Les naturalistes ont reconnu dix ou douze espèces de *cotonnier*, qui diffèrent par leur grandeur et la forme de leurs feuilles. Les plus grands sont des arbres aussi hauts que le sapin; leur coton est très-fin, mais si court, qu'il n'est pas propre à filer. Il a une couleur luisante, qui approche de la soie écrue, c'est-à-dire d'un blanc jaunâtre ou couleur paille : c'est ce qu'on nomme *capoc* aux Indes, et *ouatte* dans le Levant.

Le *capoc* est en usage dans les Indes-Orientales et parmi les Européens; on en fait des lits, des matelas, des coussins, etc. Il se tire d'une grosse coque ou gousse qui le renferme avec plusieurs grains ou semences de la grosseur du poivre. Ce fruit s'ouvre dans la maturité par le gonflement que cause cette espèce de coton. L'arbre qui le porte est véritablement du genre du *cotonnier;* on le nomme *capoquier;* il croît partout dans les Indes. Le *capoc* est regardé comme une espèce d'ouatte ; mais il paraît que la ouatte tirée d'Egypte diffère de celle des Indes.

Le fruit mûr du *gossampin*, ou *fromager*, arbre des Indes, d'Afrique et d'Amérique, produit une espèce de coton. C'est le *gossampinus* de Pline, l'*arbor lanigera* de Pison, et le *fromager* des possessions françaises. Son nom est dérivé de *gossipium*, coton, et de *pinus*, pin, parce qu'il porte une sorte de coton et a quelque ressemblance avec le pin.

Aux fleurs de cet arbre succède une coque verte de la forme et de la groseur d'un œuf de poule, mais plus pointu à ses extrémités; lorsque le duvet contenu dans la coque est parvenu à sa maturité, la coque éclate avec bruit, et si on ne recueillait soigneusement le duvet, il serait emporté par le vent. Sa couleur varie suivant les localités : elle est grise en quelques endroits, en d'autres brune, et ailleurs, olive; partout le duvet est très-fin, lustré, mais plus court que le coton ordinaire. On prétend qu'on le file et qu'on en fait des bas; mais on l'emploie plus fréquemment à des oreillers, lits de plumes, etc.; il est presque aussi combustible que l'amadou.

Le *coton de Mahot* est plus fin que les deux précédents ; sa couleur est tannée; la soie est moins luisante, mais il est très-doux au toucher, et aussi court que le coton du Gossampin, de sorte qu'on ne peut pas non plus le filer. Il sert aux mêmes usages que le fruit du gossampin.

La *ouatte*, ou apocin (*apocynum majus*). Cette plante vivace est originaire de Syrie. On la trouve aussi en Egypte, dans les endroits humides. Son fruit, appelé en Egypte *beidel-ossor*, est couvert de deux écorces, l'une verte et membraneuse, l'autre mince, polie, et de couleur safranée. Ces écorces contiennent une matière filamenteuse, sous laquelle toute la capacité du fruit, gros comme le poing, est remplie d'une espèce de coton très-fin, très-mollet, d'un beau blanc, et que l'on nomme *ouatte* ou *houette*.

Il y a plusieurs espèces d'*Apocin*, du fruit desquels on peut tirer le même usage; mais on n'emploie guère que celui de Syrie ou du Canada, que l'on appelle aujourd'hui *ouatte soyeuse*. C'est d'Alexandrie qu'on la tire; elle nous arrive par la voie de Marseille.

Le *coton de Silésie*. Aux environs de Hirsenberg, surtout auprès de Grieffenberg, on trouve une espèce de coton qui ne croît point dans une coque comme le vrai coton, mais aux sommités des longues tiges d'un arbrisseau. Le coton sort du milieu de ces sommités en filets très-courts; il est porté sur une semence plus petite que la graine de pavot, et toutes ses parties réunies ressemblent à une souris blanche. Ce coton est aussi fin que la soie, blanc comme la neige, velouté, mais si court, qu'on ne peut le filer. Il convient parfaitement pour faire des ouattes.

Nous ne dirons rien de différentes bourres ou duvets, telles que la *masse d'eau* (*typha*), dont on se sert en quelques pays, de diverses espèces de chardons, etc.; toutes ces bourres resteront des objets de pure curiosité pour nous qui avons le coton, la laine et la soie.

Pour terminer cette nomenclature des espèces de coton ou bourres qui lui ressemblent, nous dirons quelques mots du *byssus*, matière qui a été classée par différents auteurs dans le règne animal, d'autres la font appartenir au règne végétal, d'autres, enfin, la regardent comme étant du règne minéral. Sa véritable nature est encore incertaine pour nous. Quoiqu'il en soit, les auteurs sacrés et profanes parlent du byssus comme servant dans l'antiquité aux plus riches habillements. Beaucoup de naturalistes prétendent que c'est la soie des *pinnes marines*, ou de l'huître perlière, mise en œuvre. Au dire de plusieurs auteurs, notamment de Pline, Pausanias, Leydekker, etc., etc., c'était une étoffe de lin très-fin teinte en pourpre. Il se peut encore que les critiques qui ont disserté sur le byssus n'aient voulu exprimer qu'une matière rare et chère, à quelque règne qu'elle appartint.

On connaissait le byssus des Indes, d'Egypte, de Grèce, etc., et on ne peut douter que les anciens n'aient confondu souvent les ouattes, les cotons, en un mot, tout ce qui se filait, et qui était d'un plus grand prix que la laine. Aristote nomme *byssus* la soie des pinnes marines, dont on a fait des bas, des gants et autres ouvrages, qui auraient pu être recherchés, si la soie eût été plus rare. Quant à la description que fait du byssus *Julien Pollux*, on ne peut l'appliquer qu'au coton.

Nous ne décrirons pas la manière dont se récolte le *coton* ordinaire, ni les préparations qu'on lui fait subir: ces détails seraient trop explicites pour les limites que comporte le cadre de cette introduction. Nous constaterons seulement que cette matière a été ouvrée dès les temps les plus reculés; on a la preuve, par les anciennes momies d'hommes et d'oiseaux dont les bandelettes sont en toile de coton à quelques-unes, et à d'autres, de toile de lin, que les Egyptiens ont travaillé le coton. Les étoffes de coton étant alors plus précieuses que celles de lin, étaient réservées aux gens de distinction; et l'Ecriture nous apprend que ce fut par une robe de coton que Pharaon annonça le haut rang auquel il élevait Joseph.

Nous avons dit que les belles toiles de coton travaillées dans l'île de Cos servaient aux vêtements des dames Romaines, c'était là un objet de luxe que les hommes n'osaient se permettre, dans la crainte d'être accusés de mollesse et d'élégance excessive dans leur habillement.

Quoiqu'il en soit, la flexibilité du coton, sa douceur, et la facilité de le mettre en œuvre, et d'en fabriquer divers tissus, depuis ces toiles que les anciens appelaient des houillards, jusqu'aux voiles des navires, tout a concouru à le faire servir aux matières précédentes, qui ne possédaient pas, à beaucoup près, les mêmes qualités.

Il nous reste à indiquer les lieux principaux d'où l'on tire les diverses espèces et qualités de coton employées dans les manufactures. L'Asie, l'Afrique, l'Amérique et les Antilles fournissent du coton.

Il y a des différences parmi les cotons comme parmi les laines ; elles proviennent surtout de la qualité du sol. Lorsqu'il est fécond et nourrissant, la coque se trouve remplie, le coton serré et chargé de duvet.

On peut diviser d'abord les cotons en *cotons des Iles* et *cotons du Levant*. Les premiers qui se cultivent dans la plupart des îles de l'Amérique se subdivisent en quatre dénominations principales, tirées des localités qui en produisent le plus. On distingue donc : coton de *la Guadeloupe*, coton de *Saint-Domingue*, coton de *Cayenne* et coton de *Maragnan*. On pourrait ajouter à ces dénominations celles de *Saint-Marc*, des *Barbades*, de *Marie-Galante*, de *Sainte-Lucie*, du *Surinam*, d'*Esquebo*, de *Saint-Thomas*, et autres îles de l'Amérique ; mais il en vient beaucoup moins de ces endroits que des autres, et on les confond d'ailleurs fréquemment avec les précédents.

Le *Guadeloupe*, très-inégal, est la plus basse qualité des cotons des Iles ; il est pourtant très-convenable pour la siamoise blanche et de couleur ; le *Saint-Domingue* est mieux suivi en qualité que le *Guadeloupe* ; il est plus fin, plus uni, et mérite la préférence sur celui-ci pour les étoffes fines et rases. Le *Cayenne* l'emporte sur les précédents par la blancheur, la longueur et la douceur. Il est employé avec succès pour les bas et bonnets fins, comme aussi pour les velours de coton. Enfin, le *Maragnan* tient le premier rang parmi les cotons des îles.

Les *cotons du Levant*, désignés sous le nom générique de *Chypres*, sont cultivés dans la plupart des îles du continent de la Turquie d'Europe et de la Turquie d'Asie ; on les distingue sous la dénomination de : *Acre*, pour la

Syrie; *Smyrne*, pour la Natolie, et *Salonique* pour la Turquie d'Europe.

Les plus beaux des cotons du Levant, quoique d'espèces et de qualités très-différentes, sont très-inférieurs aux cotons des îles. Ils sont pourtant d'un blanc assez beau, mais ils sont plus courts, moins nets, et un peu durs et secs.

Le Levant fournit aussi beaucoup de *coton filé*, il en vient sous le nom de *coton de Malte*, *coton de Jérusalem*, et *coton de Gallipoli*. On exige, en général, pour les cotons filés, qu'ils soient blancs, fins, unis, très-secs, et filés aussi également qu'il est possible. Ceux de *Damas*, appelés *cotons d'once*, et ceux de Jérusalem, nommés *bazas*, sont préférables à tous les autres.

Il arrive du Levant jusqu'à trente espèces de coton. Alexandrie en fournit de quatre sortes ; Smyrne neuf ; Seyde, onze ; Alep, cinq, et Chypre deux.

Alexandrie donne le coton fin d'*once*, le *resti*, le *damoudri*, et le *coton en laines*.

Smyrne fournit le *caragach*, le *montassin*, le *josse-lassar*, l'*échelle-neuve*, les *calemberg*, le *genequin*, le *boquiers*, le coton en laine et le coton en laine de Constantinople.

On tire de Seyde : le *coton fin d'once*, trois sortes de *baza* (première sorte, moyenne et ordinaire); le fin et le moyen *Jérusalem*, le moyen *napoulouse*, le fin et le moyen de *rame* et le *coton en laine d'Acre*.

D'Alep il vient : le fin *beledin*, le *coton fin d'once*, l'*escart d'once*, le *villan*, le *cadenax* et le coton de *marmé*.

Enfin, les cotons de Chypre sont : le *coton filé* et le *coton en laine*.

Le nombre prodigieux et la variété infinie des diverses espèces d'étoffes dans lesquelles entre le coton, ferait une nomenclature beaucoup trop longue pour qu'elle puisse trouver ici même une indication sommaire. Nous aurons d'ailleurs occasion de décrire dans le Dictionnaire tous les genres de tissus dans lesquels on emploie le coton, soit isolé, soit mélangé à d'autres matières.

DE LA SOIE.

On ignore à quelle époque les peuples de l'Inde, de la Perse et de la Chine apprirent à connaître l'usage qu'ils pouvaient faire de cette matière si précieuse. Mais il s'écoula bien des siècles avant que les Occidentaux eussent la moindre idée de ce qu'elle était, ni du ver qui la produisait; bien des siècles encore entre l'emploi qu'ils firent de la soie et la connaissance de l'art de la traiter. Quelques-uns des aventuriers, très-peu nombreux en ces temps reculés, qui voyagèrent dans les Indes, en apportèrent des étoffes ; plus tard, d'autres revinrent avec des soies non travaillées, et que longtemps après seulement on s'avisa de mettre en œuvre. C'est à tort que plusieurs auteurs attribuent à Pamphilia, de l'île de Cos, la découverte du parti qu'on pouvait tirer de la soie. Pamphilia paraît avoir vécu plusieurs siècles avant que l'on connût la soie du pays des Sères, ou de l'Inde, c'est-à-dire la véritable soie; le tissu si renommé qui se travaillait dans l'île de Cos n'était qu'un très-beau coton ; nous en avons parlé précédemment. L'histoire romaine parle d'une soie qui, sous l'empereur Adrien, se vendait au poids de l'or; les savants ne se sont jamais accordés sur l'espèce de cette soie. Les naturalistes, les historiens, les Pères de l'église, dissertèrent longuement sur la nature de la soie, et déclamèrent contre son usage. Cependant on l'employait, bien qu'en petite quantité ; mais en dépit de tout ce qu'ont pu en dire Aristote et Pline lui-même, on ne soupçonna ce que c'était que par Pausanias, et l'on ne s'en assura que sous le règne de Justinien. Des moines, qui arrivaient de l'Inde et qui débarquèrent à Constantinople apportèrent à ce prince des œufs du ver qui file la soie, et des mûriers dont la feuille compose sa seule nourriture.

Justinien établit dans les principales villes de la Grèce, notamment à Constantinople, à Corinthe, à Thèbes et à Athènes, les premières manufactures de soie qui aient existé en Europe. Vers l'an 1130 de l'ère chrétienne, Roger, roi de Sicile, ayant, à son retour de la Terre-Sainte, fait la conquête de plusieurs villes de la Grèce, emmena avec lui dans ses Etats un grand nombre de ceux qui fabriquaient la soie, et favorisa leur établissement à Palerme et dans la Calabre, d'où la soie et le mûrier se propagèrent peu-à-peu dans le reste de l'Italie et même en Espagne.

A mesure que l'on sut se procurer une récolte plus abondante de ce précieux duvet que donne le ver à soie ; à mesure que se généralisa le luxe, ou plutôt le goût pour ce qui porte une idée d'opulence et de commodité, les manufactures de soie se multiplièrent. Maîtresse du commerce de la Méditerranée, et en relations avec la Grèce, Venise eut long-temps le monopole du trafic de ces riches étoffes. Pour empêcher qu'il ne s'en fît chez elle une trop grande consommation qui aurait nui à son commerce extérieur, la République de Venise ne permit l'usage des vêtements de soie qu'aux seuls nobles vénitiens. Cette sage politique contribua à rendre les nations étrangères plus curieuses de ces étoffes ; on les jugea très-précieuses, puisqu'un Etat aussi riche et aussi florissant que l'était alors celui de Venise, les regardait comme une parure réservée à la noblesse. Les étoffes de la Grèce ayant attiré l'attention de tous les peuples consommateurs, les Vénitiens s'étaient appliqués à les imiter pour la forme, et en même temps avaient travaillé à donner à celles qu'ils fabriquaient une qualité qui pût les faire regarder comme supérieures, afin d'obtenir une préférence. Ce ne fut que vers la fin du XIIIe siècle, que les vers à soie, les mûriers, et successivement la fabrication de quelques étoffes de soie, s'introduisirent dans le Comtat venaissin. La domination pontificale récemment établie en ce pays lui valut ce surcroît de culture, d'industrie et de commerce, et la résidence des Papes à Avignon multiplia, diversifia, enrichit et embellit les objets de ce genre.

On ne fit primitivement en Avignon qu'une sorte d'étoffe à chaîne de soie et à trame de laine, connue sous le nom de *doucette;* bientôt on se mit à fabriquer des étoffes toutes de soie, unies et façonnées, surtout des *damas*, que les Gênois y vinrent établir. Cette étoffe, apportée en Europe de la ville de Damas, en Syrie, (d'où elle a tiré son nom), bien antérieurement à l'époque où nous la voyons travaillée à Avignon, était en Italie l'objet d'une fabrication considérable, longtemps avant d'être connue en France, autrement que par son usage.

Le XIVe siècle ne rendit pas les Avignonnais célèbres dans les arts ; ils y firent peu de progrès. Quant à la France, on n'y montra quelque envie de connaître ceux de ce genre que vers la fin du XVe siècle (1470). Louis XI et Charles VIII son fils appelèrent des Grecs et des Italiens, Gênois, Vénitiens et Florentins, qu'ils établirent à Tours, et auxquels furent accordés de grands priviléges. Il est certain que Louis XI fit venir à Tours des ouvriers d'Italie, sous la conduite de *François le Calabrais,* auquel il donna une maison dans son parc de Plessis-les-Tours, et telles furent l'origine et l'installation des manufactures de soieries en France. Les préoccupations belliqueuses empêchèrent le nouvel établissement de prendre une grande extension ; il lui arriva même ce qui arrive dans tout ce qui est d'acquis, que l'on va toujours perdant, si l'on n'augmente continuellement ses acquisitions.

A la vérité Henri II, s'inspirant des vues de Louis XI et de Charles VIII, fit planter des mûriers blancs dans les provinces méridionales de ses Etats. Mais les guerres civiles interrompirent les effets des règlements que ce monarque avait pris pour la propagation de la culture du mûrier, et jusqu'à l'avènement de Henri IV, les fabriques de soieries furent complètement négligées. Vainqueur des factions, Henri IV s'occupa d'améliorer la situation agricole et industrielle de la France. Dès les premières années du XVIIe siècle, les terres se défrichent, tous les genres de culture, et spécialement celle du mûrier, reçoivent des encouragements; le goût prend naissance, l'industrie se développe, et chaque établissement prend la forme la plus propre à contribuer aux progrès du commerce, en même temps qu'à la richesse et au bonheur des peuples. La mort vint surprendre Henri IV au milieu des améliorations utiles qu'il avait déjà opérées, et de celles plus importantes qu'il méditait encore. Mais si le règne suivant fit peu de chose pour l'industrie et le commerce, Louis XIV et Colbert continuèrent l'œuvre de Henri IV et de Sully. Les manufactures de tous genres, et notamment celles de soieries, prirent alors une grande extension. Colbert prodigua aux manufacturiers tous les encouragements imaginables; il seconda de tout son pouvoir les entreprises qui se formèrent pour imprimer à l'industrie un brillant et rapide essor.

Ce fut au commencement du XVIIe siècle que la fabrique de Lyon acquit une importance qui l'éleva au premier rang des villes commerçantes et industrieuses. A dater du règne de Louis XIV elle devint célèbre par ses étoffes de soie, qui furent renommées dans le monde entier pour la perfection du travail, l'éclat des couleurs et le choix toujours varié des dessins.

Dès cette époque, Lyon occupa la première place parmi les villes où le tissage de la soie était établi. Les manufactures d'Avignon pendant quelques années avaient essayé de rivaliser avec celles de Lyon, mais celles-ci l'emportaient toujours pour la perfection du dessin des étoffes. La peste, qui décima la population Avignonnaise et y enleva plus de trente mille personnes, en 1722 et 1723, porta un coup mortel à l'industrie de cette malheureuse ville, qui depuis lors a cessé d'être un grand centre producteur. Nîmes et Tours profitèrent des dépouilles de l'ancienne cité des Papes : la première établit la fabrication principale sur les articles inférieurs, la seconde, sur ceux d'un genre plus distingué, mais ni l'une ni l'autre ne réussit à balancer les succès éclatants que Lyon obtint dans tous les genres, et qui lui assurèrent la prééminence au point de vue de la fabrication.

Il est une observation que l'on a faite bien souvent, et qui n'a jamais été contestée : c'est que nulle part on n'a apporté autant de soin qu'à Lyon à la richesse et à l'embellissement des étoffes tissées. Ses dessinateurs ne reconnaissent pour ainsi dire pas de rivaux. Nulle part, comme dans cette ville, il n'est sorti du cerveau des hommes de ces productions qui, par leur variété et leur heureuse imitation de la nature, ont étendu la réputation de la fabrique Lyonnaise, et fait convoiter par toute la terre ses beaux, ses admirables produits. On a vu sortir des mains des Lyonnais les machines les plus ingénieuses pour accélérer et faciliter les opérations de leur art. Citer de La Salle, Vaucanson, Jacquard et Breton, nommer Revel et Bony, c'est parler de célébrités européennes quant à la renommée, mais c'est aussi mentionner des gloires que Lyon peut revendiquer comme lui étant propres, des illustrations dont elle peut s'enorgueillir à juste titre comme étant sorties de son sein.

Les fabriques qui existent en Suisse, en Allemagne et en Russie, doivent leur origine à des Lyonnais ou à des apprentis formés à Lyon. Ce sont des Lyonnais qui ont monté les manufactures de Manheim. La fabrication des velours a été établie en Hollande par un Lyonnais. Ce sont encore des Lyonnais, attirés par Rouillière, qui ont organisé en Espagne la manufacture de Talaveyra-la-Reyna, de même que celle de camelot poil et soie a été organisée à Berlin par un fabricant d'Amiens.

Actuellement la fabrication des étoffes de soies est répandue à-peu-près dans tous les pays de l'Europe. La mécanique Jacquard a puissamment contribué au prodigieux développement que cette industrie a acquis depuis environ un demi-siècle. Plusieurs villes autrefois fameuses par leurs manufactures de soieries, ont cessé aujourd'hui d'être comptées pour des grands centres de production. Ainsi Venise, qui, nous l'avons dit plus haut, a eu au moyen-âge le monopole du commerce de la soie tissée, n'est plus maintenant une ville de fabrique ; à cet égard, comme pour tout le reste, elle est déchue de son ancienne splendeur. Il en est de même d'autres villes Italiennes, Palerme, Milan, Luques, Sienne, Florence et Bologne, qui après avoir pendant plusieurs siècles exporté leurs soieries dans toute l'Europe, n'ont plus aujourd'hui que quelques métiers qui travaillent pour la seule consommation locale. Nous regrettons que les limites dans lesquelles nous devons nous renfermer ne nous permettent pas de suivre les phases ascendantes et descendantes de ces diverses fabriques; mais ces considérations nous conduiraient à faire l'histoire de ces républiques italiennes, et par conséquent nous mèneraient beaucoup trop loin.

Gênes a possédé pendant quelques siècles le privilége de la fabrication des beaux velours, mais ses manufactures, depuis quarante ans environ, sont déchues de leur ancienne prospérité, tandis qu'au contraire la fabrication des velours a acquis en France un prodigieux développement.

Le Piémont, spécialement Turin et ses environs, ont eu quelque temps d'importantes fabriques de soieries. Cet état de choses s'est aujourd'hui modifié, et les manufactures Piémontaises ont perdu une partie de leur activité.

L'Espagne a connu l'industrie de la soie avant la France et avant l'Angleterre. Il y a tout lieu de penser que cette source de richesses leur venait des Maures, qui l'avaient eux-mêmes importée de l'Orient. On trouve à la date de 1478 et 1494, c'est-à-dire sous les règnes de Ferdinand et d'Isabelle, des règlements qui s'appliquaient à la fabrication et vente des brocards de soie. Des fabriques de soieries d'une assez grande importance existaient alors à Séville, à Grenade, à Tolède, à Cordoue, Murcie, Valence, Sarragosse, Burgos, etc., etc.

Aux XVe et XVIe siècles, on ne comptait pas moins

de 16,000 métiers de soie dans Séville et ses environs. Que sont devenues ces riches manufactures? L'émigration dans le Nouveau-Monde a dû contribuer pour beaucoup à leur déclin. A la vérité, il y a bien toujours quelques fabriques en Catalogne et à Valence; mais leurs produits ont été peu importants, depuis de longues années, par suite des guerres civiles et des troubles qui ont agité ce malheureux pays, et le désolent encore au moment où nous écrivons.

Le Portugal a été jadis renommé pour ses fabriques de soieries; on ne peut plus le citer que pour mémoire dans la nomenclature des pays producteurs. Sous le rapport industriel, son présent a conservé à peine une ombre légère de son beau passé.

On ne connaît véritablement que depuis quelques années, c'est-à-dire depuis l'Exposition française de 1851, l'importance qu'ont acquise les fabriques de soieries et de rubans qui existent dans les dépendances de l'empire d'Autriche. Vienne et ses environs comptent un nombre de métiers assez considérable occupés au tissage des étoffes de soie; la plupart des articles *nouveautés* paraissent fidèlement copiés sur les nôtres du même genre. Beaucoup de fabricants Autrichiens ont transféré leurs établissements à Newstadt, à Linz, à Gratz, à Perth, et à Brünn; les fabriques de châles ont quitté Vienne et ses environs pour aller se fixer en Moravie et en Bohème, où la main-d'œuvre est moins coûteuse.

L'origine de l'industrie, en Prusse, remonte à la fatale révocation de l'Edit de Nantes; 20,000 Français se réfugièrent alors dans le Brandebourg, et donnèrent à ce pays les manufactures qui lui avaient manqué jusques là. Frédéric-le-Grand encouragea par des récompenses la culture du mûrier dans ses Etats; il fit construire des moulins à ses frais, et appela du Piémont des ouvriers pour former des élèves dans l'art de filer et de mouliner la soie. En 1773, on fit dans les Etats de ce Prince plus de 3,000 kilogrammes de soie. Cependant, malgré les sacrifices faits par Frédéric-le-Grand et ses successeurs, la culture du mûrier ne s'établit jamais en Prusse d'une manière satisfaisante, le climat et le sol ne la favorisant pas.

Toutefois à Berlin, à Züllichau, à Brandebourg, il existe des fabriques de soieries de quelque importance; il s'en trouve aussi dans les montagnes de la Saxe. Mais les principaux centres producteurs sont dans la Prusse Rhénane, et notamment à Crefeld et Elberfeld.

L'industrie de Crefeld, au point de vue général, date du XVI⁰ siècle; elle dut sa naissance en cette ville à des hommes persécutés pour leurs croyances religieuses. Adolphe *Vender-Leyen*, réfugié du pays de Berg, apporta dans ce pays l'industrie de la soie : un siècle seulement après, on comptait dans Crefeld et ses environs de 4 à 5,000 métiers. Depuis lors le tissage de la soie n'a fait que progresser à Crefeld.

Depuis plusieurs siècles, Elberfeld était renommée pour son industrie; mais les fabriques d'étoffes de soie et de mi-soie ne s'y établirent que dans le courant du XVIII⁰ siècle, elles se développèrent promptement, grâce à l'aide que leur prêtèrent les branches d'industrie déjà existantes.

On savait que, depuis le XVII⁰ siècle, Moscou avait des fabriques de soieries, où l'on travaillait différents genres d'étoffes, mais personne ne soupçonnait avant l'Exposition de 1851 l'essor que ces fabriques avaient pris ; on a donc été étonné de la variété que présentait l'exposition russe, en étoffes de soie de toute espèce, écharpes de tissus légers, robes et riches tentures; en un mot, un assortiment complet. Il est vrai que les articles de *nouveauté* étaient presque tous copiés sur les nôtres, mais les brocarts or et argent pour ornements d'église et pour meubles offraient un caractère frappant d'originalité. Moscou compte aujourd'hui de 15 à 20,000 métiers de soieries ; les fabriques sont dirigées par des hommes aussi habiles que hardis.

La Hollande, où régnait la tolérance en matière de croyances religieuses, fut redevable à des proscrits réfugiés sur son territoire, de l'établissement dans quelques-unes de ses villes des spécialités industrielles qu'elle ne possédait pas encore, et que la France connaissait et exploitait déjà.

Aussi a-t-il existé à Amsterdam, à Harlem, et dans plusieurs autres localités, des fabriques de soieries qui rivalisèrent quelque temps avec les nôtres, même avec celles de Lyon et de Tours. Actuellement les manufactures de soieries ont presque complètement disparu en Hollande; à peine y reste-t-il quelques métiers qui travaillent à-peu-près exclusivement pour la consommation locale. — En Belgique, et particulièrement à Bruxelles et à Loost, il s'est établi depuis quelque temps des fabriques de soieries; cependant la Belgique ne peut pas encore figurer parmi les pays producteurs, quant à l'industrie du tissage de soie.

Les manufactures de soieries de la Suisse marchent immédiatement après celles de France et d'Angleterre, soit comme importance, soit comme perfection. Toutefois *Bâle* et *Zurich* peuvent être considérés comme les deux principaux centres producteurs; chacun de ces deux cantons occupe, soit dans sa propre étendue, soit dans les cantons qui l'avoisinent, savoir: Zurich, 20,000 métiers environ; *Bâle* environ 10,000. La fabrication de Zurich s'applique plus particulièrement aux étoffes, et celle de Bâle, aux rubans. Les articles qui s'y traitent sont remarquables comme fabrication, malgré leur infériorité quant à la valeur. Les ouvriers de ces contrées ne se livrant pas exclusivement au tissage, mais s'adonnant aussi, quoique accessoirement, aux travaux agricoles, il en résulte cette conséquence qu'ils produisent moins que les ouvriers français. De sorte qu'on peut apprécier que les 20,000 métiers qui travaillent pour Zurich, et les 10,000 qui travaillent pour Bâle, donnent ensemble un produit de 50 à 60 millions, tandis qu'à

Lyon et à St-Etienne un nombre pareil de métiers produirait de 80 à 90 millions.

L'introduction en Angleterre de l'industrie de la soie remonte au temps d'Elisabeth, bien qu'on prétende leur assigner le XIVe siècle pour point de départ. Sous le règne de cette Princesse, la fabrication des étoffes de soie prit quelques développements, mais elle n'entra dans une voie véritablement progressive qu'à dater de la Révocation de l'Edit de Nantes, en 1685. Cinquante mille Français environ cherchèrent alors un asile en Angleterre : parmi ces réfugiés se trouvaient d'habiles fabricants, contre-maîtres et ouvriers tant de Lyon, Saint-Etienne, Saint-Chamond, que des provinces méridionales de la France, qui s'établirent à Spitalfields.

A cette époque les soieries étrangères pénétraient librement dans la Grande-Bretagne, et de 1685 à 1701, temps où les fabriques anglaises accomplirent les progrès les plus marqués, l'importation atteignit un chiffre très-élevé. Mais les réfugiés Français obtinrent, par diverses sollicitations, en 1697, la prohibition des soieries provenant non seulement de la France, mais encore de toute l'Europe. En 1701, la prohibition fut étendue à celles de la Chine et des Indes. Loin de se développer par suite de ces mesures, l'industrie des étoffes et des rubans végéta en Angleterre à tel point, que lorsque M. Herskisson fit lever la prohibition en 1824, le nombre des métiers n'était que de 24,000 dans tout le royaume. Cinq ans plus tard il arrivait à 50,000, et on peut l'évaluer aujourd'hui à plus de 100,000, d'après le chiffre des soies importées et consommées ; car actuellement, et après trente ans d'un régime de droits modérés sur les soieries, l'Angleterre importe plus de 70 millions de francs de soieries et rubans, et ses fabriques emploient plus de trois millions de kilogrammes de soie de toute provenance, surtout de la Chine, du Bengale, de l'Italie et du Levant.

Il existe des manufactures de soieries non seulement

à Spitalfields et à Manchester, à Coventry et à Macclesfield, mais aussi dans les environs de Londres, dans le Lancashire, à Congleton, Leek, Derby, Norwick, Yarmouth, Glascow, etc.

Les Anglais ont adopté le tissage à la mécanique, soit à Congleton et à Cowentry pour les rubans, soit aussi à Manchester, à Glascow et à Macclesfield pour les étoffes. Quoiqu'il en soit, les fabriques de soieries et de rubannerie anglaises sont bien loin de pouvoir lutter avec Lyon et Saint-Etienne pour le goût des dessins, l'entente des dispositions et celle des couleurs.

Les Chinois se vantent d'avoir connu et pratiqué l'industrie de la soie 2000 ans avant Jésus-Christ. Il est constant que Rome a pendant bien des siècles tiré de la Chine, à grands frais et avec grande peine, les étoffes de soie nécessaires à sa consommation; nous avons vu plus haut que c'est seulement sous Justinien que l'art de la fabrication a été connu dans l'empire d'Orient.

Les procédés des Chinois ne sont pas les mêmes que les nôtres; ils ne connaissent pas les perfectionnements qui ont simplifié les opérations du tissage : leur législation, leurs mœurs et leurs usages, qui les isolent des autres peuples de l'univers, sont des obstacles à ce qu'ils progressent à cet égard.

Il paraît qu'en Chine la fabrication des soieries est presque aussi considérable que celle du coton en Europe, et que les exportations entrent pour peu de chose dans la somme totale des produits; en revanche, la consommation intérieure doit être immense, si l'on considère la population prodigieuse de ce vaste empire, et si l'on observe que la soie est portée par toutes les classes de la société.

Les Chinois copient avec une rare habileté les articles qui leur sont soumis comme modèles : cet avantage rendrait redoutable leur concurrence, sans la distance qui les sépare des autres pays producteurs, distance qui ne leur permet pas de suivre les changements si rapides qu'amènent les modes et le goût, et qui d'ailleurs sont singulièrement facilités par la mécanique Jacquard, laquelle est inconnue aux Chinois. Aussi les étoffes Chinoises qui ont paru à nos expositions n'offrent-elles pas de variétés; on y a remarqué constamment les mêmes produits; de beaux et économiques damas, d'épais satins, de riches broderies sur châles et écharpes, mais presque pas d'articles ou de dessins nouveaux.

Après avoir indiqué les divers pays où l'on s'occupe du tissage des soies sur une échelle plus ou moins grande, nous reviendrons à la France pour terminer notre aperçu.

Nous avons déjà fait remarquer que Lyon peut être regardé comme le centre principal, la ville par excellence de la fabrication des étoffes de soie. On peut fixer approximativement à près de 100,000 le nombre des métiers qui, travaillant pour la fabrique de Lyon, sont dispersés soit dans l'agglomération Lyonnaise, soit dans le département du Rhône et les départements voisins.

Nîmes fabrique de la bonneterie de soie, des étoffes mélangées de soie et coton; des tapis, des châles et des foulards. La manufacture de Ganges et des environs dans les Cévennes, fabrique une grande quantité de bonneterie justement renommée. Avignon, qui a eu autrefois de l'importance comme ville de fabrique, ne s'est pas relevée du coup terrible que lui a porté la peste de 1722 et 1723. Sa fabrication se borne aujourd'hui aux foulards et aux taffetas. Tours, dont la fabrique date du XVe siècle, n'a plus son ancienne importance manufacturière. La fabrication y est bornée aux damas pour meubles et tentures.

Saint-Etienne est le grand centre de la rubannerie. Autrefois Saint-Chamond pouvait prétendre à rivaliser avec Saint-Etienne; mais depuis trente ans environ la première de ces deux villes n'est plus pour ainsi dire qu'un atelier de la seconde; les efforts de quelques fabricants qui ont voulu rendre à Saint-Chamond son ancienne importance, n'ont pas obtenu de résultat. En revanche et par compensation, Saint-Chamond s'est lancé dans la fabrication des lacets, qui a pris un essor rapide, et cette spécialité qu'elle fabrique seule procure à cette ville un ample dédommagement.

L'origine de l'industrie rubannière remonte, comme celle des étoffes de soie, au XIVe siècle; depuis lors, toutes deux ont suivi à-peu-près les mêmes phases, grandissant avec la paix, restant stagnantes ou rétrogradant aux époques de persécutions religieuses, ou de troubles et agitations politiques.

Aujourd'hui, malgré la rude concurrence que lui font les fabriques d'Angleterre et celles de Bâle, la rubannerie française n'a cessé de grandir et de prospérer. Le chiffre de sa production qui en 1840 atteignait déjà le chiffre de 65 à 70 millions, arrive aujourd'hui à près de 80, dont 50 au moins pour l'exportation.

Nous résumerons donc ce qui concerne l'industrie de la soie en France, en constatant que le nombre des métiers employés au tissage des articles où la soie domine peut être porté à 180,000, répartis à-peu-près ainsi: 100,000 travaillant pour Lyon, soit dans cette ville et ses environs, soit dans diverses localités; 30 à 35,000 travaillant pour Saint-Etienne, soit dans la ville même et les environs, soit dans les montagnes voisines; 8 à 10,000 travaillant pour Nîmes et Avignon; 25 à 30,000 travaillant principalement pour les fabricants de Paris, et répartis dans la Normandie, l'Alsace, la Moselle et la Picardie.

Ici se termine la partie de notre travail qui devait former une sorte d'entrée en matière. Nous ne pouvions donner à cette introduction des proportions plus vastes que celles que comportait son objet, c'est-à-dire l'historique de chacune des matières premières qui entrent dans les diverses espèces de tissage, que nous décrirons successivement.

NOTIONS PRÉLIMINAIRES.

TISSAGE A LA MAIN.

Il serait presque inutile de dire que le tissage à la main est le premier qui ait été usité ; aussi, des combinaisons imparfaites qui ont dirigé ces premiers pas de l'industrie, il a dû résulter nécessairement que le travail fait d'après les conceptions primitives et qui se ressentaient de l'enfance de l'art, était un peu plus fatigant qu'il ne l'est aujourd'hui, par suite des modifications qu'il a dû recevoir, à différentes époques, et qui ont été la conséquence des observations faites par les ouvriers. L'homme a toujours la pensée de simplifier et de perfectionner. De là ont dû venir progressivement les tentatives faites pour faciliter autant que possible les opérations de ce mode de tissage. Ainsi, les anciens tisseurs à la main chaque fois qu'ils lançaient leur navette, se baissaient sur leur métier, et tout leur corps subissant l'impulsion du mouvement qu'ils exécutaient, il en résultait que l'ouvrier accoutumé à se pencher ainsi continuellement en avant, contractait en dehors même de l'atelier l'habitude de se tenir un peu voûté et les bras légèrement arqués. Aussi, pouvait-on alors reconnaître, au premier abord, un ouvrier tisseur, à sa démarche et à sa tournure toute particulière ; on aurait pu, il est vrai, citer quelques exceptions, mais on ne les eût trouvées que parmi des hommes d'une constitution herculéenne, et ces conformations, comme on le sait, ne sont pas ordinaires. Depuis assez long-temps, il s'est introduit à cet égard un perfectionnement sensible ; perfectionnement qui n'est nullement mécanique, mais purement intellectuel. Peu à peu, les ouvriers se sont mieux rendu compte des exigences de leur travail ; ils sont arrivés, tout en obtenant les mêmes résultats pour le tissage, à se tenir sur leur métier dans une position moins pénible, et plus favorable aux conditions voulues pour se conserver une bonne santé. De ce premier progrès, ont découlé, comme conséquences, une foule de modifications avantageuses apportées soit aux petits accessoires du métier, soit aux principes de la fabrication.

Tel qu'il est maintenant, le *tissage à la main* ne peut être comparé, comme célérité de production, aux autres genres de tissage ; il donne pourtant de 50 à 60 coups à la minute, selon le plus ou le moins de dextérité de l'ouvrier. Mais il a sur tous les autres l'avantage incontesté de faciliter plus qu'eux la bonne fabrication dans les gros articles tissés à un grand nombre de bouts, tels que *poult de soie* et autres, parce qu'à raison même de ce que le mouvement est moins prompt, ce grand nombre de bouts de trame s'étend plus facilement et plus régulièrement, la main se prêtant à toutes les exigences que prescrit la fabrication des articles délicats.

TISSAGE AU BOUTON.

Lors de sa création, ce mode de tissage a été appliqué aux étoffes d'une grande largeur, mais on s'est peu à peu habitué à le vulgariser, et aujourd'hui on s'en sert pour le tissage des étoffes de 50 centimètres de large. Il admet, comme le tissage au fouet, les cannettes à défiler, pour les articles *tramés fins;* et les cannettes à dérouler, pour les articles à un certain nombre de bouts.

Le tissage au bouton n'a pas la célérité du tissage au fouet; le travail accéléré au *bouton* ne donne que de 70 à 80 coups à la minute sur un parcours de 60 centimètres d'étoffe; tandis que le *fouet* en donne de 100 à 110.

Toutefois, le système au bouton convient mieux que le fouet aux grosses étoffes, c'est-à-dire aux étoffes fortes, et cela à raison même de ce que ses mouvements sont moins prompts.

Il n'est pas inutile de faire remarquer, à propos de ce genre de tissage, que ce procédé, qui était déjà connu et usité en Angleterre, attira l'attention du célèbre Chaptal, à l'époque où il était ministre de l'intérieur. Persuadé avec raison que les hommes d'Etat ne doivent pas regarder comme au-dessous d'eux de s'occuper de tout ce qui concerne la prospérité industrielle et ses progrès, cet habile et sage ministre fit faire des essais de la *navette volante* ou *à bouton.* Convaincu par l'expérience que ce système de tissage, qui permettait de produire 2/5 de plus dans un temps donné, et offrait encore l'avantage de fatiguer beaucoup moins l'ouvrier, devait avoir pour les manufactures une haute importance, il voulut le propager autant que possible et le faire prévaloir sur la méthode qui avait été usitée jusque-là.

A cet effet, il écrivit aux préfets des départements manufacturiers pour les inviter à envoyer des ouvriers à la fabrique de M. Bawens, près Passy (Seine), où on les instruirait dans l'art de tisser à la *navette volante*. De leur côté, MM. les préfets firent apposer dans les localités qui dépendaient de leur ressort administratif, des affiches dans lesquelles étaient signalés les résultats obtenus par le nouveau mode de tissage; on invitait tous les fabricants à s'élever au-dessus des pratiques défectueuses qui retardaient les progrès de l'industrie, à profiter des leçons de l'expérience, et à adopter immédiatement des moyens qui, tout en procurant des avantages personnels, tourneraient aussi à la gloire et à la prospérité publiques. *C'est par la supériorité de leurs procédés* (portait encore l'affiche que nous avons sous les yeux, signée de M. *Fourier*, préfet de l'Isère, et datée du 9 floréal an 10), *que les fabriques étrangères sont redevables des succès qu'elles ont remportés sur les nôtres; il est temps de rivaliser avec elles et de faire succéder les triomphes des arts à ceux de la guerre.*

De tous les points de la France l'appel fait par le ministre fut entendu, et de toutes parts on y répondit avec empressement. Les ouvriers vinrent en foule aux ateliers de M. Bawens, qui leur avaient été indiqués comme école d'apprentissage. Quelques mois de travail suffirent pour les instruire à travailler d'après le nouveau procédé; ils retournèrent ensuite dans leurs localités respectives, où ils portèrent l'appareil complet du système de tissage à bouton, et vinrent enseigner à d'autres les moyens de s'en servir.

Comme on peut le voir, Chaptal adopta la meilleure marche qui fût possible pour propager une heureuse modification aux anciens procédés. En peu de mois, il opéra plus de bien que n'auraient pu le faire cinquante années d'exemple; car il faut presque toujours forcer la main à la plupart des fabricants et des ouvriers pour leur faire admettre un perfectionnement qui sort de la routine; ce n'est que plus tard qu'ils apprécient les services que leur ont rendus soit l'inventeur, soit l'administrateur actif et vigilant qui remplit son devoir en favorisant le progrès.

TISSAGE AU FOUET. (1)

Le tissage au fouet, *accéléré*, est le plus expéditif de tous les modes de tissage à la main; il donne jusqu'à 100 et même 110 coups à la minute, (en admettant un ouvrier d'une certaine habileté). Sous le rapport de la célérité, il égale le métier mécanique; il lui est supérieur, comme ayant un mouvement plus doux et moins saccadé. On adopte spécialement pour ce genre de tissage des *cannettes à défiler*, c'est-à-dire, d'où la soie se déroule sans effort, quoique la cannette demeure fixe, et sans que la promptitude des mouvements de la navette amène aucune résistance. Mais ce *défilage* des cannettes n'est appliqué qu'aux articles *tramés un bout et deux bouts, au plus;* quant à ceux qui dépasseraient ce nombre de bouts, le défilage présenterait de nombreux inconvénients, dont se rendront compte ceux qui possèdent les plus simples éléments de la fabrication. Il est à propos de remarquer que les cannettes à défiler, contenant quelquefois une quantité de trame trois fois plus considérable que les

---

(1) Dans les fabriques du nord de la France, ce genre de tissage est désigné sous le nom de *Carribari*.

cannettes à dérouler, il en résulte une économie de temps sur le garnissage et le dégarnissage des navettes, ce qui constitue par conséquent un avantage réel.

Nous avons signalé les avantages que présente le tissage au fouet, pour certains articles, comme terme de comparaison avec le tissage au bouton, auquel il est incomparablement supérieur au point de vue de la célérité de production. Or, il est prouvé qu'un tisseur travaillant au fouet fera aisément le quart en plus comme quantité. Ainsi, tel qui tisserait trois mètres au bouton, en tissera quatre au fouet, dans le même espace de temps. On le comprendra facilement, si l'on songe que l'ouvrier qui tisse au bouton est obligé de faire un double mouvement, le premier qui ne fait que préparer le second, et le second qui fait partir la navette et lui imprime son élan; tandis que celui qui tisse au fouet n'a qu'un seul mouvement à faire de gauche à droite, pour que sa navette reçoive l'impulsion.

TISSAGE MÉCANIQUE.

C'est depuis un siècle environ que les Anglais ont fait les premiers essais du métier mécanique, mis en mouvement par la force de l'eau. Il paraît que notre célèbre Vaucanson avait découvert le métier mécanique; mais des obstacles qu'il rencontra dans l'exécution, ou plutôt des considérations politiques, parmi lesquelles aurait figuré la crainte de priver les ouvriers de leur travail, l'empêchèrent de terminer la machine qu'il avait combinée. On peut avec raison présumer que nos voisins s'inspirèrent des idées du grand mécanicien, qui le premier aurait conçu la pensée de substituer aux bras de l'homme une force motrice pour le travail du tissage;

et ce qui tend à faire regarder cette opinion comme vraisemblable, c'est que nous voyons, depuis l'époque où vivait Vaucanson, les Anglais se livrer à des tentatives ayant pour but de remplacer les opérations manuelles dans le tissage par divers systèmes de moteurs.

Nous ne contestons point le mérite du métier mécanique, et nous reconnaissons qu'il a rendu de grands services pour la fabrication des tissus de coton; nos manufactures d'Alsace surtout lui sont redevables d'une grande partie des perfectionnements qu'elles ont atteints, et de la prospérité dont elles jouissent. Mais les fabricants de Lyon n'ont pas été aussi heureux que ceux de l'Alsace dans les essais qu'ils ont pu tenter pour établir des métiers de ce genre. Différentes causes expliquent cet insuccès : d'abord, le petit nombre d'articles auxquels on peut appliquer le métier mécanique, sans que la dépréciation qu'ils subissent soit de quelque importance; ensuite, les dépenses d'établissement d'une manufacture et les frais d'entretien sont énormes, et exigent d'immenses capitaux, qui demeurent improductifs. Or, les négociants en soieries ont à consacrer de bien plus fortes sommes à l'achat de la matière première, que les manufacturiers qui font tisser le coton. Pour ceux-ci, les frais du personnel, état-major, ouvriers, etc., forment la plus grande partie des dépenses; pour ceux-là, il faut ajouter à ces mêmes frais, et au matériel nécessaire aux uns comme aux autres, des avances de fonds beaucoup plus considérables pour les acquisitions de matières premières; car il n'y a aucune proportion entre le prix de la soie et celui du coton.

Ajoutons que, tissée au métier mécanique, la soie subit une dépréciation au point de vue de la couverture du tissu, c'est-à-dire que le tissu garnit moins que par le tissage à la main. Nous parlons ici de certains genres d'étoffes, car il s'en trouve quelques-uns qui ne perdent pas à être tissés au métier mécanique, par exemple : les foulards, les serges en basse qualité, les crêpes, et autres articles courants. Mais la dépréciation que nous signalions tout-à-l'heure est de 3 p. 0/0 environ pour tous les articles délicats, tels que : les taffetas, les serges en belle qualité, et les satins en qualité ordinaire.

Différence existante entre les taffetas tissés sur métiers mécaniques, et ceux tissés sur métiers à la main.

Les métiers mécaniques sont incontestablement supérieurs au tissage à la main, au point de vue de la célérité et de la quantité de production ; parce que ces métiers vont continuellement et sans interruption, tandis que l'homme a besoin de repos ; mais, sous le rapport de la bonne fabrication, ils offrent moins d'avantage que le système du tissage à la main. Avec les métiers mécaniques l'étoffe est plus exposée à *rayer ;* elle aura moins de brillant, et sera d'un toucher beaucoup plus sec. Ajoutons que le tissage mécanique ne permet guère l'emploi des matières inférieures. Tous ces inconvénients que nous signalons résultent de son mouvement brusque et de sa construction. Nous ferons observer en outre, au sujet des matières dans les deux modes de tissage, que, bien souvent, pour faire sur le métier mécanique les mêmes articles qui se tissaient sur le métier à la main, il a fallu employer des soies qui coûtaient dix pour cent de plus.

TISSAGE AU BATTANT-MARCHEUR.

Ce procédé, dont l'usage a été introduit, depuis un certain nombre d'années, dans quelques ateliers de Lyon, consiste dans l'impulsion donnée au *battant* par le moyen de la *marche;* en sorte qu'il suffit à l'ouvrier de tirer le *bouton* pour que le battant avance et recule, le mouvement lui étant imprimé par la marche.

Le tissage opéré à l'aide du battant-marcheur a cet avantage que l'ouvrier ne travaillant que du seul bras droit, qui tire le *bouton,* comme nous le disions tout-à-l'heure, l'autre demeure posé sur son rouleau, et sert en quelque sorte de point d'appui au corps ; ce qui rend le travail plus commode et moins fatigant. Le procédé du battant-marcheur permet au tisseur de voir continuellement la partie d'étoffe qu'il tisse, et que l'on nomme *façure,* parce qu'elle n'est pas masquée par le bras comme dans le système du battant à bouton ; en sorte qu'il est plus à même d'apercevoir les imperfections du tissage au fur et à mesure de fabrication.

MÉTIER-MARCHEUR.

Ce métier est une innovation due à l'heureuse idée d'un ouvrier (1) qui, se trouvant paralysé des deux bras, et obligé cependant de travailler pour vivre, a imaginé une combinaison qui, par le moyen de la *marche* seule correspondant avec la mécanique, fait manœuvrer la navette et son battant.

Toutefois, ce procédé ne peut être appliqué que pour la fabrication d'articles courants, ou *communs,* si l'on veut. Il n'en est pas de même du *battant-marcheur* dont nous parlons plus haut ; ce système est employé avec succès pour les étoffes délicates, notamment pour le beau taffetas.

---

(1) M. Balmont, tisseur lyonnais.

MÉTIER A TISSER EN MÊME TEMPS DEUX PIÈCES SUPERPOSÉES.

Le système dont nous allons dire quelques mots, est encore au début de son application. Il donne 130 coups à la minute, soit 65 pour chaque pièce. Le battant a double navette ; celle de dessous repose comme dans les métiers ordinaires, sur la masse du battant ; celle de dessus a un plafond particulier sur lequel elle fait son parcours. Le peigne a une hauteur double. Pour le renforcer, il existe une soudure au milieu. Par le moyen d'une double *marchure*, le même coup de bouton fait partir les deux navettes simultanément.

Ce mode de tissage peut parfaitement s'appliquer soit aux articles *courants*, soit même, une fois les ouvriers familiarisés avec ce mode de travail, à des articles plus délicats, tels que le *poult de soie;* seulement l'ouvrier est obligé de surveiller son étoffe au fur et à mesure qu'il la tisse, c'est-à-dire coup par coup, afin d'éviter les défauts qui peuvent se produire dans la partie non fabriquée, en voyant l'endroit où ils pourraient se manifester.

Outre les avantages de ce système de fabrication, au point de vue d'une production plus grande, il a celui de présenter une économie par rapport à l'emplacement et au matériel. Il donne un bénéfice d'un tiers de travail en plus que le tissage au bouton ordinaire à pièce simple. (1)

---

(1) Pour prouver que ce procédé est *pratique* et employé avec succès, nous devons mentionner ici que M. *Martin*, fabricant de peluches à Tarare, ainsi que ses confrères qui traitent le même genre d'articles, tissent également deux pièces de peluches superposées, et

sont arrivés à ce que la pièce de dessous réunisse les mêmes conditions de bonne fabrication que celle de dessus, et à ce que les peluches tissées par ce mode atteignent le même degré de perfection que lorsqu'elles étaient fabriquées d'après l'ancien système, c'est-à-dire une seule à la fois.

L'emploi de ce procédé a doublé leurs moyens de production, bien qu'il fût cependant plus difficile de fabriquer deux pièces de peluches simultanément qu'un autre genre de tissu, à raison de la précision qu'il a fallu donner au *pince* destiné à couper le poil qui sépare les deux corps de pièces.

DICTIONNAIRE
GÉNÉRAL
DES
TISSUS ANCIENS ET MODERNES.

TAFFETAS.

1. Le *Taffetas* est une étoffe de soie dont le tissu ne varie jamais comme fabrication, mais seulement comme aspect. C'est le plus simple de tous les tissus. On peut dire que c'est le tissu primitif ; il nous vient des Chinois. Dès que l'on conçut l'idée de renfermer une *trame* en travers d'autres brins que nous nommons *chaîne*, ce ne put être que du taffetas.

Ainsi, sous quelque nom que l'on désigne une étoffe fabriquée comme le taffetas, quelque soit le pays d'où elle provienne, ce sera toujours du taffetas. L'étoffe ne changera de dénomination qu'à raison de la quantité de trame ou de chaîne que l'on emploiera pour la tisser. Ces diverses dénominations varieront ainsi qu'il suit : *Marceline, Florence, Taffetas, Gros de Naples, Poult de soie, Gros des Indes, Gros d'Afrique*, etc.

DE LA FABRICATION DU TAFFETAS UNI.

Cet article, quoique simple comme moyen de fabrication, demande cependant une expérience étendue et raisonnée. Depuis trente ans, ses perfectionnements ont acquis, dans quelques-unes de nos bonnes manufactures, de grands développements qui méritent quelques détails. Ces développements sont dûs, en grande partie, à l'intelligence de nos habiles tisseurs ; à nos fabricants, comme entente de matières ; à nos teinturiers, comme perfectionnement de nuances et de brillant. Nous citerons en outre diverses modifications avantageuses ; par exemple : l'ourdissage par petites musettes de 20 fils ; les nouveaux procédés usités pour le pliage (1) ; enfin, le cylindrage que l'on fait subir aux taffetas fabriqués.

Toutes ces améliorations réunies, et qui sont aujourd'hui indispensables, ont amené ce genre de tissu à la perfection. Nous allons maintenant indiquer la manière de monter cet article, les ustensiles qu'exige son tissage, les conditions où ces ustensiles doivent se trouver, et les procédés dont l'emploi peut seul faire arriver à sa bonne fabrication.

Le taffetas est un tissu qui ne peut supporter aucune imperfection comme rayure de chaîne, ni aucune irrégularité dans le battage. Il est donc indispensable, d'abord, que le métier sur lequel on veut faire le taffetas réunisse une force suffisante à la précision voulue, pour que la fabrication s'opère régulièrement ; il faut aussi un *battant* juste et d'un poids assez fort pour que l'ouvrier ne soit pas obligé de forcer la main, ou de le retenir. Ce travail se fait ordinairement *à baisse et lève*.

Le *peigne* doit être d'une régularité parfaite.

Pour le *remisse*, on doit employer de préférence la

---

(1) S'il était possible de plier les taffetas par fils, sans augmenter les frais de pliage et d'éviter la perte de temps que le pliage par fils entraînerait, la tension de la chaîne serait plus régulière, et on obtiendrait des résultats aussi satisfaisants que les produisent les petites musettes comparées aux grosses.

soie, ou le coton en belle qualité. Il faut que la construction en soit bien soignée; qu'il ne s'y trouve aucune partie lâche; qu'il ait une hauteur suffisante, c'est-à-dire, de 55 centimètres. De cette manière, on fatiguera moins le remisse, et il tombera parfaitement en largeur avec l'étoffe; il importe, en outre, de ne pas faire entrer dans la construction du remisse des matières trop grosses, afin de diminuer le frottement.

Les *rouleaux* doivent être posés de niveau, c'est-à-dire à hauteur égale; cependant il convient que le rouleau de derrière se trouve un peu plus élevé que celui de devant et monté sur pivot; tout ce qui sert à adoucir les mouvements d'un métier rendant le travail plus facile, et contribuant à donner plus de brillant à l'étoffe.

Les *cordes de bascule* doivent être en fil et d'une grosseur ordinaire, afin que chaque côté du rouleau soit enroulé de quatre tours. (1)

La bonne fabrication du taffetas dépend surtout de la plus grande régularité possible dans le travail. On se sert aujourd'hui de navettes qui ont sur le devant un demi-cercle, au centre duquel se trouve un second *allinet*. Ce procédé offre l'avantage de rapprocher la trame du corps de l'étoffe, et d'éviter les petites *arbalètes*, c'est-à-dire, ces petits bouchons de chaîne qui retiennent la trame; par conséquent, il permet de faire l'étoffe beaucoup plus unie. Il faut aussi que l'ouvrier amène son coup de battant aussitôt que la trame a joint son corps d'étoffe.

La *pointiselle* doit être d'une tension régulière, et en

---

(1) Les cordes étant en fil subissent moins l'influence du temps que celles de chanvre, et par conséquent donnent plus de régularité dans la tension de la chaîne.

rapport avec la grosseur de la trame, pour que la résistance soit telle qu'elle doit être.

La confection des *cannettes* réclame les plus grands soins : il faut qu'elles soient toutes fermes, régulières, égales en longueur et en grosseur. L'une des opérations à laquelle l'ouvrier tisseur doit apporter beaucoup d'attention, c'est à la manière de mener ses *verges;* il doit éviter, en les dégageant de faire faire un effort à la soie, c'est-à-dire que dans le dégagement des verges il faut mettre beaucoup de délicatesse, afin de ne pas *forcer;* parce que lorsque ces petites *tenues* ont éprouvé une certaine résistance, elles font lâcher des parties de soie qui forment de petites rayures, lorsque l'ouvrier recommence à tisser, jusqu'à ce qu'elles aient repris leur tension habituelle. L'ouvrier doit aussi être très-attentif et soigneux à nettoyer sa chaîne ; il faut qu'il en change tous les fils trop gros ou trop fins, ainsi que les *écorchures,* et qu'il refasse les nœuds mal faits.

Quant à l'opération du *pincettage,* elle exige encore beaucoup de délicatesse et de soins. L'ouvrier, en extrayant avec ses pincettes les bouchons ou bouts de trame doubles, doit les tirer dans leur sens, afin d'éviter des *arrachures* qui produisent un très-mauvais effet. Pour prévenir ces inconvénients, il faut que l'ouvrier fasse remonder ses cannettes, ou bien qu'il enlève de dessus, avec la pointe de ses pincettes, ces nœuds de trame, au fur et à mesure du tissage. Par ce moyen, il évitera les *écarts* que produirait la place du nœud ou du bouchon, écarts qui ne peuvent s'effacer que difficilement.

Les meilleures conditions de bonne fabrication pour un tisseur en taffetas unis, consistent dans un travail suivi, doux et régulier. En suivant ces errements, il arrivera à faire une très-forte journée, comme aussi à se garantir dans son tissage d'une foule de petits accidents, tels que *piqûres, fils cassés,* etc.; enfin il rendra son travail moins pénible, en même temps que plus parfait. Aussi, bon nombre de tisseurs qui se conforment aux principes que nous indiquons, rendent de l'étoffe où il serait impossible de trouver le plus léger défaut, la plus petite imperfection; lors même qu'ils ont travaillé sur des matières inférieures, qui, par conséquent, nécessitaient de leur part un redoublement de soins et d'attention.

Autrefois, les taffetas se faisaient sur des comptes de peigne de 20 dents au centimètre, et à fil double dans les qualités fortes. Aujourd'hui, on les fait à peu près généralement à fil simple et sur des peignes qui vont jusqu'à 40 dents au centimètre. Cette différence de procédés, qui constitue un progrès, donne des tissus bien plus fins, plus moëlleux et infiniment supérieurs.

Le taffetas se fait sur 4, 6, ou 8 lisses, et *lève* par moitié, et passé au remisse suivant.

Conditions requises dans les matières employées pour Taffetas.

Chaque tissu, pour être sagement entendu, exige l'emploi de matières spéciales. Un Supplément qui sera imprimé à la suite de cet ouvrage, dont il fera partie intégrante, indiquera le genre de matières qui convient à chaque espèce de tissu. Nous y ferons connaître l'apprêt ou torsion que doivent avoir pour taffetas, soit les trames, soit les organsins, suivant le titre. Nous consignerons toutefois, dès à présent, une remarque assez importante; c'est que les maisons qui traitent l'article taffetas, font elles-mêmes monter leurs trames par leurs mouliniers particuliers, afin de maintenir constamment le même degré de régularité dans la torsion.

TAFFETAS GLACÉS.

2. Les taffetas glacés se font en chaîne simple comme en chaîne double ; seulement il faut proportionner la quantité de chaîne qui couvre la trame à l'effet que l'on veut obtenir, pour rendre le glacé plus ou moins saillant. Les nuances que l'on emploie d'ordinaire pour le glacé doivent être vives et soutenues, pour produire un reflet et une opposition avec le corps d'étoffe. Dans les glacés *chaîne noire trame en couleur,* les teintes noires légèrement bleutées sont celles qui ont le plus de fraîcheur.

Il importe beaucoup que les trames soient régulières et n'aient aucun duvet.

TAFFETAS CHANGEANTS OU CAMÉLÉONS.

3. Ce genre de tissu est composé d'une chaîne de couleur et de deux trames de couleurs opposées, mais tissées ensemble et sur le même coup, au moyen d'une navette à deux cannettes, chacune de couleur différente; la trame d'une des deux cannettes sort sur le devant de la navette par l'*allinet;* celle de l'autre sort par l'allinet opposé qui se trouve sur le derrière de la navette ; de sorte que lorsque l'ouvrier lance sa navette, la trame fournie par le devant de la navette est nécessairement la première qui vient se joindre au corps d'étoffe, et celle que fournit le derrière de cette même navette se place naturellement à côté de l'autre, sur le même pas et par le même coup de battant.

Il y a cette différence entre le *glacé* et le *caméléon,* que le premier donne toujours la même teinte de glacé, et que le caméléon en donne deux. Dans un sens, c'est la première des deux trames qui domine, et dans l'autre c'est la seconde.

Les navettes destinées à tisser des taffetas *caméléons*, ont un avancement qui doit présenter une distance de 7 centimètres du devant au derrière de la navette.

GROS DE NAPLES.

4. Le gros de Naples diffère du taffetas, en ce que le grain y est plus marqué, et par conséquent en plus forte qualité. Ce tissu est l'intermédiaire entre le taffetas et le poult de soie.

POULT DE SOIE.

5. Le grain de ce tissu est encore plus saillant que celui du gros de Naples. Il y a entre la grosseur du grain du poult de soie et de celui du taffetas une différence considérable; elle est quelquefois des deux tiers en plus, c'est-à-dire que si un taffetas a 45 coups au centimètre, le poult de soie en aura 15. Cette différence peut varier en plus, dans la proportion. Le poult de soie se fait en chaîne double et triple, et va de 120 à 160 fils au centimètre. Ce genre d'étoffe est ordinairement fait pour être moiré, par conséquent il exige une régularité parfaite dans le battage, pour que le *moirage* puisse bien réussir; et cette réussite dépend de la régularité du grain. Les *compensateurs* ainsi que les métiers qui tissent deux pièces à la fois, ou *pièces jumelles,* ont facilité considérablement la régularité du tissage de ce genre d'étoffe.

MOIRAGE.

Puisque nous sommes arrivés à parler du moirage, il convient de dire en quoi consiste cette manipulation qui donne aux étoffes un cachet tout particulier, et a pour résultat de produire des effets ondulés.

TAFFETAS.

Les tissus les plus susceptibles de recevoir la *moire*, sont ceux dont le grain est le plus prononcé, principalement s'il est continu ; par exemple, les *poults de soie, gros de Tours*, etc., et même aussi les articles chaîne soie tramés coton. On peut également appliquer le moirage aux gros grains lamés or, et à une foule de tissus jaspés, ondés, etc. L'opération du moirage aplatissant le *grain* qui se produit par le croisement, le couche par parties en sens inverse les unes des autres, ce qui fait paraître sur l'étoffe une multitude d'ondulations diverses, qui ont leur cause principale dans les reflets de la lumière.

La machine à moirer, ou *calandre*, consiste en une grande et forte caisse d'une longueur de 3 mètres environ, sur 1 m. 60 c. de haut et 1 m. 30 c. de large ; de forts plateaux parfaitement unis en dessous en forment le fond. La plate-forme sur laquelle agit la machine est solidement assise sur le sol ; le poids de la caisse qui, selon les exigences du tissu, va jusqu'à 40 et même 50 mille kilos, est déterminé par les matériaux quelconques tassés dans l'encaissement. Quant à l'opération, voici comme elle se pratique.

On plie l'étoffe en deux dans toute sa longueur, et l'on rapporte les deux lisières l'une sur l'autre ; pour que leur superposition soit conservée régulièrement, on les maintient sur toute la longueur par des points faits à l'aiguille, distants les uns des autres de 25 cent. environ. Ainsi doublée l'étoffe est repliée plis sur plis par longueur de 60 centimètres. On place ensuite la pièce ainsi préparée sur une forte toile, et de telle sorte que la totalité des plis forme un angle de 45 degrés ; c'est-à-dire, qu'au lieu d'être superposées verticalement, les extrémités de chaque pli doivent rentrer d'un côté, et de l'autre dépasser d'autant ; de cette manière, les deux côtés du pli de l'étoffe forment une gradation insensible, terminée par l'épaisseur d'un seul pli.

Lorsque l'étoffe se trouve disposée comme nous venons de le dire, on l'enroule en masse sur un cylindre fait de bois de gaïac, d'un diamètre de 15 à 18 centim., et on la recouvre de plusieurs tours de forte toile, qu'on fixe par des ficelles sur les deux bords; puis on place transversalement ce cylindre sous la caisse que l'on ne charge que de la moitié de son poids pour cette première opération, et que l'on amarre au moyen d'une forte corde qui, passant sur des poulies de renvoi, va s'enrouler autour d'un treuil vertical que commande l'axe d'un manège; de sorte que la caisse fait un mouvement de va-et-vient qui produit la moire par l'effet seul de la pression.

Après cette opération, dont la durée est à-peu-près d'un quart-d'heure, on dégage le cylindre, afin de juger de la disposition de la moire; alors, si les ondulations ne sont pas marquées convenablement, on replace ce cylindre. Si, au contraire, ces ondulations sont reconnues assez sensibles et bien dirigées, on change les plis de l'étoffe en plaçant au milieu ceux qui précédemment étaient sur les extrémités, mais en adoptant toujours le procédé angulaire; ensuite on remet le cylindre sous la calandre que l'on charge alors de la totalité de son poids. Ce changement dans la disposition des plis a pour but de rendre le moirage égal.

On reconnaît pour la moire la plus belle et ayant le mieux réussi, celle qui présente de grandes ondes terminées par deux filets déliés, et qui ne forment pas ce qu'on appelle des *barrages*.

Le système de machine à moirer que nous venons de décrire est usité, bien que très-ancien, et présentant divers inconvénients, parmi lesquels il faut placer la forme gigantesque de la machine, les difficultés que l'on éprouve pour la faire fonctionner, enfin et surtout la perte de temps qu'occasionnent soit la vérification du moirage, soit la mise en train. Aussi, ces inconvénients reconnus avaient déterminé beaucoup de manufacturiers à délaisser cette machine de proportions énormes, et à adopter de préférence la calandre cylindrique que l'on doit à Vaucanson. Mais l'ancien système a été remis en usage depuis quelques années, sous l'influence de la mode, qui a ramené la *moire antique*, laquelle ne s'obtient que par le procédé que nous venons de citer. La machine de Vaucanson ne produit que la *moire ronde*. Nous allons en dire quelques mots.

La calandre de Vaucanson est établie en forme de laminoir muni de deux cylindres métalliques de première force. Ici, la pression mutuelle des cylindres s'effectue au moyen de leviers de différents genres, la disposition de ces leviers permet d'atteindre une pression qui équivaut aux charges de la caisse dont nous avons parlé en expliquant le système ancien. Par le procédé de Vaucanson, rien de plus facile que d'augmenter et de diminuer sur le champ la pression de la machine.

Le pliage de l'étoffe diffère aussi du procédé expliqué plus haut, en ce que, dans celui que nous décrivons actuellement, l'étoffe est pliée dans toute sa largeur, tête sur tête, c'est-à-dire que la moitié de la pièce est repliée et doublée sur l'autre. C'est ainsi qu'on la place sur le cylindre inférieur. Une fois la machine mise en mouvement, il ne faut qu'appuyer sur une détente pour que les cylindres marchent à retour, et de cette manière s'exécute le mouvement de va-et-vient.

Lorsqu'il y a eu de dix à douze passées, on relève le coin de la toile afin de vérifier la première impression, pour laquelle on n'a dû mettre qu'une charge équivalente à 3,000 kilogrammes environ; elle est produite par le propre poids des leviers et par leur disposition. Aussitôt que l'on a pu remarquer que les ondes sont disposées comme elles doivent l'être, on poursuit l'opération en augmentant la charge à l'aide d'un poids de 25 kilogrammes; lequel, à raison de la combinaison des leviers, produit une charge cent fois plus forte, c'est-à-dire de 2,500 kilos en sus; on continue ainsi progressivement, et de telle sorte que la sixième charge soit à-peu-près de 40,000 kilos; puis, afin que la surface entière de l'étoffe reçoive également le moirage, les plis doivent être changés de place; pour cette seconde opération, les charges doivent être données et augmentées graduellement comme pour la première.

Afin de pouvoir placer et déplacer l'étoffe sur le cylindre inférieur aussi promptement qu'aisément, on fait usage d'une tablette placée vis-à-vis la jonction des cylindres, et assise d'une manière solide, et des leviers qui sont disposés exprès pour servir à l'élévation du cylindre supérieur.

Moire antique, dite Moire anglaise.

Nous croyons devoir donner ici, comme suite et complément nécessaire aux procédés du moirage, l'indication de ceux qui sont usités pour obtenir la *moire antique*, appelée aussi *moire anglaise*.

On commence par doubler l'étoffe dans toute sa longueur, de manière à ce que les deux lisières se rencontrent parfaitement. Ensuite on coud les lisières l'une sur l'autre, au moyen de points distancés de 35 centimètres, afin que l'endroit de l'étoffe se trouve en dedans, et l'envers en dehors.

Si l'une des deux lisières se trouvait plus longue que l'autre, — ce qui pourrait empêcher d'obtenir de belle moire, — on fait emboire la plus longue, à mesure qu'on les coud, pour que le même fil de trame se rencontre lorsque l'étoffe est doublée. Car il arrive parfois, dans ces étoffes façonnées, que le dessin ne se rencontre pas exactement en pliant l'étoffe comme il est dit plus haut. Dans ce cas, on fera courir l'une des lisières autant qu'il faudra pour que le *façonné* se rencontre bien.

On donne ensuite sur toute la longueur de la pièce, et sur les deux lisières cousues ensemble, de légers coups de ciseaux, non pas dans le sens de la trame, mais, obliquement, parce que les lisières étant quelquefois plus *tirantes* que le milieu de l'étoffe, produiraient un mauvais effet pour le moirage.

L'étoffe étant ainsi doublée, ajustée et cousue, on la plie en baguettes sur une table où sont fixés quatre morceaux de bois posés perpendiculairement pour retenir les baguettes sur la table. La distance à observer pour la longueur doit être de 57 à 58 centimètres; le plateau attenant à la table sur laquelle on plie, et qui doit être percé de plusieurs trous pour y introduire les morceaux de bois qui retiennent les baguettes, a plus ou moins de distance, suivant la longueur de l'étoffe qu'il faudra plier.

La pièce d'étoffe étant pliée par plis de 57 à 58 centimètres de longueur, on la met sur une toile *cordat*, fine et serrée, ayant 11 mètres de long à peu près, et de 75 à 80 centimètres de large. On place au dessous et contre la toile, la partie de l'étoffe qui est la plus forte, parce qu'elle risque plus de se froisser que la partie qui est étendue la dernière. On mettra aussi en tête de l'étoffe des morceaux de toile, de même qualité que la grande toile dont on vient de parler, et ayant

40 à 50 centimètres de hauteur; ils sont destinés, tant à garantir l'étoffe de l'action de la pierre, du fer et du bois, entre lesquels elle se trouvera pressée, qu'à grossir le rouleau, lorsque l'on n'a pas à moirer une grande quantité d'étoffe.

Lorsque la toile est neuve, il convient de la tremper dans l'eau avant de s'en servir, de la faire sécher et de la placer environ une heure sous la calandre, seule, c'est-à-dire sans étoffe, mais avec les autres morceaux ou lanières de toile dont il a été aussi question. Cette précaution a pour objet de rendre ces toiles plus unies, et d'empêcher que le grain ne s'imprime sur les étoffes.

Quand la toile a été préparée, on coupe les lisières obliquement comme on l'a fait pour les étoffes, parce qu'elles ne s'étendent pas, la pression n'étant pas aussi forte pour elles que pour le milieu de l'étoffe.

Placée sur la toile, l'étoffe y est tendue pli par pli, entre chacun desquels on laisse un intervalle de 5 centimètres. On peut placer de la sorte 80 à 100 mètres d'étoffe à la fois : mais il faut avoir soin de mettre entre une pièce et l'autre une lanière de toile lisse, ou même quelquefois une feuille d'un papier un peu fort, afin de faciliter le glissage de l'étoffe et d'empêcher qu'il s'y forme des plis.

On plie l'étoffe en longueur dans la toile, dans la largeur de celle-ci, les lisières étant maintenues du côté du haut de cette même toile. (On désignera toujours dans cette description, par *côté du haut*, celui qui est opposé au rouleau sur lequel la toile est pliée pour être mise sous la calandre.)

Ainsi préparée, la toile est enroulée autour d'un rouleau de bois, bien serrée au moyen d'une manivelle, et placée sous la calandre dans sa partie supérieure, et sur une pierre polie. Il est essentiel que le rouleau soit mis sous la calandre parfaitement d'équerre; sans cette précaution, la toile et les étoffes se froisseraient et s'endommageraient. Au moyen des tables et poulies adaptées à son mécanisme, la calandre allant et venant fait faire au rouleau environ deux tiers de tour d'un côté et autant de l'autre, la pression ayant lieu sur toute la circonférence du rouleau.

L'opération s'exécute pendant une demi-heure; après ce temps, on lève le rouleau pour examiner si les toiles et les étoffes ne sont pas dérangées ou froissées : ce qui arrive fréquemment. Si l'on y trouve des plis, on les efface en passant l'ongle dessus; on met des morceaux de papier superposés aux plis; ces morceaux de papier rendent la couche plus épaisse où ils se trouvent, par conséquent la pression plus forte, ce qui amène la disparition des plis. Lorsque le bout est bien arrangé, on place de nouveau la toile et son contenu autour du rouleau que l'on remet sous la calandre, où il roule encore une demi-heure. Ce temps expiré, on lève le rouleau, on plie une seconde fois les pièces qui se trouvent dessus, en ayant la précaution de changer les plis, afin que ceux déjà formés sur la pièce ne se trouvent pas au même endroit sur la toile, mais bien au milieu de celle-ci.

Les pièces repliées, on les met de nouveau dans la toile, et on fait passer le rouleau sous la calandre pendant une demi-heure; puis on le lève, on le visite, on replace le tout bien en ordre, ensuite on remet le rouleau sous la calandre pour la quatrième fois, et toujours pendant 1$\frac{1}{2}$ heure. Enfin, après ce quatrième passage du rouleau sous la calandre, on enlève les pièces et on les replie une troisième fois, mais avec plus de soins et de précautions que dans les pliages précédents.

Ce dernier pliage est appelé *pliage pour finir, pour ren-*

dre au marchand. Il est indispensable que tous les plis soient égaux, que l'étoffe soit bien dressée et que les plis soient effacés. Pour ce cinquième tour de calandre, à moins que le marchand n'ait recommandé de tenir son étoffe très-souple, on mouille légèrement au moyen d'une éponge imbibée d'eau, la partie de la toile nécessaire pour y placer les étoffes qui ont passé déjà quatre fois sous la calandre; si l'on a d'autres étoffes qui n'aient pas encore été travaillées, ou qui n'aient passé que deux fois sous la calandre, on les placera en tête de celles qu'on veut finir, mais on ne mouille pas la place où on les met.

Le rouleau, pour les cinquième et sixième calandrages, doit passer sous la calandre, une demi-heure chaque fois. La manière de procéder est du reste absolument la même que pour les quatre premières soumissions à la calandre; mais comme l'étoffe ne doit pas être ensuite repliée, il convient d'apporter de plus grands soins soit pour l'étendre, soit pour faire disparaître les plis qui auraient pu s'y former.

Il arrive parfois que, même après qu'elles ont passé six fois sous la calandre, on trouve encore des plis aux étoffes. Il faut alors les effacer, y mettre des papiers, et replacer le rouleau sous la calandre pendant 10 ou 15 minutes, afin que ces plis disparaissent totalement.

Puis on sort du rouleau les pièces qui sont finies; on les met sur une table, de manière que le côté qui flatte davantage l'œil se trouve dessous. On prend ensuite tous les plis les uns après les autres pour les placer dans un sens opposé et les égaliser parfaitement. C'est là ce qu'on nomme *tourner la pièce;* on la met en presse quelques heures, et après cette opération, elle peut être rendue au marchand.

Tout ce qui vient d'être dit s'applique en général à

toutes les étoffes destinées au moirage ; mais il existe une autre préparation spéciale pour les étoffes légères, et qui consiste à les apprêter quand elles ont passé quatre fois sous la calandre. Pour cela on met dans un litre d'eau 170 grammes de colle de Flandre, ou de gélatine blanche et bien claire ; on laisse dissoudre la colle quelques heures, et on la fait bouillir jusqu'à ce qu'elle monte. Lorsqu'elle a monté trois fois, on la passe dans un tamis de soie bien fin, puis on l'étend avec une éponge sur les deux côtés de l'étoffe, à l'envers. Si l'on opère sur des couleurs tendres ou sur du lamé or, il faut que l'eau d'apprêt n'ait qu'un degré de chaleur peu élevé, parce que si l'eau était trop chaude, on risquerait de faire changer les nuances ou de rougir le lamé.

Les pièces étant apprêtées de cette sorte, on les met sécher, en évitant de les exposer à des courants d'air ; on doit aussi éviter de trop les approcher du feu, car l'apprêt tomberait et l'opération se trouverait annihilée.

Quand la pièce est bien sèche, on la plie, comme on l'a fait pour les premières, on la fait passer une demi-heure sous la calandre ; et on la replie enfin une quatrième fois, *pour finir,* ainsi qu'il a été expliqué plus haut.

Il convient d'observer que les pièces ainsi apprêtées laissent dans la toile où elles sont mises, et par l'effet de la pression, une partie de leur apprêt, ce qui donne à cette toile de la fermeté, la rend lisse, par conséquent plus propice au travail, parce que les étoffes glissent plus aisément et sont moins sujettes à se froisser. Si l'on passe quelque temps sans apprêter des étoffes, et si la toile est devenue trop molle, on y remédie en faisant une eau d'apprêt, comme on l'a indiqué ci-dessus ; mais elle devra être moins forte, c'est-à-dire qu'on n'emploiera que 50 à 60 grammes de colle par litre d'eau.

On étend cet apprêt sur la partie de la toile qui est destinée à recevoir les pièces; on fait ensuite sécher la toile, et avant d'y mettre des étoffes, on la soumet à la calandre pendant une demi-heure.

TAFFETAS CHINÉS.

Préparation de la chaîne pour faire le Taffetas chiné.

6. Le *chiné* est une manière de faire des dessins sur une chaîne avant qu'elle soit fabriquée; les dessins se font sur la chaîne après son ourdissage par le procédé de la teinture.

Lorsqu'on veut obtenir un *chiné*, le dessin doit être peint sur papier réglé d'une grandeur égale à celle qu'il doit avoir sur l'étoffe. Pour compter un chiné, on compare le dessin par les cordes en largeur, avec les dents du peigne qui servira à faire l'étoffe. Pour chiner un taffetas à 4 fils par dent, il faut mesurer la largeur du dessin sur le peigne, comme nous venons de l'indiquer. Si vingt cordes du dessin comportent la largeur de 40 dents du peigne, on comptera 8 fils par corde, et 6 seulement si les vingt cordes ne portent que 30 dents.

Cette explication fait assez connaître la proportion qu'il convient d'observer pour compter un dessin de chiné. Nous ajouterons cependant que, s'il s'agit de chiner un satin à 8 fils par dent, on devra compter 16 fils par corde, si la corde porte deux dents; 14, pour une dent et 3/4, et 12 pour une dent et demie. On aura soin de suivre toujours ces proportions, et ne pas perdre de vue que le dessin doit se faire en étoffe de la même grandeur qu'il se trouve sur le papier réglé.

Ourdissage.

L'ourdissage pour *chiné* doit être fait par petites parties, et non par portées de 80 fils comme les autres chaînes. Si l'on ourdissait par grosses parties, la chaîne lâcherait en plusieurs endroits et dérangerait le dessin; cela se nomme *fouetter*. Il y a encore un autre motif d'ourdir par petites parties; le dessin étant compté par 8 fils pour taffetas et 16 pour satins, ou par toute autre quantité déterminée, la chaîne doit toujours être comptée et ourdie avec les mêmes nombres tant à l'ourdissage qu'au chinage; cette conformité dans les nombres facilite le chineur dans la formation de ses *branches*.

Les chineurs n'emploient pas les mêmes termes que les fabricants; ainsi, ils ne diront pas : un *dessin de 20 cordes*, mais un dessin de 20 *branches*. Au lieu de dire : un dessin compté à 8 fils, ils diront : un *dessin tiré à 8 fils par branche*.

Montage des branches.

Quand le chineur veut exécuter un dessin, il place la chaîne sur un moulin que l'on nomme *cage*, ou *aspe*, et dont les ailes s'allongent ou se raccourcissent à volonté suivant les exigences du dessin. On mesure d'abord la hauteur du dessin sur la circonférence de la cage, c'est-à-dire qu'il faut que la hauteur du dessin se rencontre par nombres plus ou moins multipliés, mais toujours justes sur la circonférence de la cage. Ensuite, il faut autant de *flottes* (que l'on désigne sous la dénomination de branches) qu'il y a de cordes au dessin; c'est pour cela que l'on dit : un dessin tire à 8 ou 16 fils par branche. Donc, si le dessin a 40 branches tirées à 8 fils par branche, et que ce dessin soit en vingt chemins, chaque branche sera de 160 fils, et la chaîne aura un total de 80 portées, ou de 800 petites portées de 8 fils, ce que l'on appelle *musette*. Le chineur doit faire autant de petites parties que le dessin comporte de cordes ou branches.

Ces branches sont montées sur la cage, ajustées comme nous l'avons indiqué ci-dessus, et on les place toutes à distance suffisante, afin d'éviter qu'elles se mêlent les unes avec les autres.

Tracé du dessin sur les branches.

Pour cette opération, on fait autant de bandes de papier qu'il y a de branches au dessin, et on emploie à cet effet du papier semblable à celui sur lequel est peint le *dessin*. Ces bandes de papier ont la largeur d'environ 5 à 6 cordes; et leur longueur doit être assez grande pour faire le tour de la cage sur laquelle est placée la chaîne. On numérote ensuite toutes ces bandes, et on met en tête de chaque branche les numéros qui sont inscrits sur les bandes de papier réglé. Ces numéros servent à reconnaître les branches, lorsqu'elles ont pris toutes les couleurs qu'elles doivent recevoir pour faire le dessin; ils évitent par conséquent qu'on puisse se tromper, lorsqu'il s'agit d'assembler les branches pour former le dessin. Après avoir placé ces numéros sur les branches et les bandes, on peint celles-ci, en commençant par la première corde du dessin et le numéro 1 des bandes de papier; on peint, disons-nous, la première bande de papier dans toute sa largeur, conformément à la première corde du dessin, en conservant les mêmes distances, et en répétant autant de fois qu'il est nécessaire pour faire le tour de la cage sur laquelle est placée la chaîne; on continue ainsi jusqu'à la fin du dessin.

Cette opération une fois terminée, on pose la première bande de papier sur la première branche, et l'on fait des marques par un trait noir transversal sur la branche, en ligne de toutes les extrémités de chaque couleur marquée sur les bandes de papier, mais en observant de commencer toutes les branches sur une même ligne. Lorsque toutes les branches sont marquées d'après ces indications, on pose sur toutes, — entre les lignes qui renferment l'espace destiné à recevoir de la couleur ou à être teint, — de la couleur semblable à celle que les branches doivent recevoir. Avant de les marquer ainsi, on a soin de les lier en deux ou trois endroits, pour qu'elles ne puissent se déranger. Puis, quand elles sont marquées, on les place sur des roulettes tenues par des chevilles adaptées à des traverses, en forme de glissants, de manière à éloigner ou rapprocher ces roulettes suivant la grandeur de la branche. (On pose les branches sur les roulettes pour pouvoir les tourner au fur et à mesure qu'on les lie.) Lorsqu'une branche est ainsi placée, on coupe des morceaux de parchemin que l'on met autour, ne laissant à découvert que la partie qui doit recevoir la couleur. Mais comme le parchemin est apprêté à la chaux, et qu'il en conserve toujours quelques parcelles, qui suffiraient pour endommager la soie, on doit avoir soin de mettre du papier sous le parchemin. Ces bandes de parchemin sont coupées juste à la mesure de l'espace qu'elles doivent couvrir; on recouvre aussi le parchemin avec des ficelles, pour que la couleur ne pénètre pas au-dessous et ne prenne pas sur la partie de soie qui reste à découvert.

Avant de teindre les branches, on les fait tremper dans l'eau, afin d'amollir le parchemin, de manière à ce qu'il ne coupe pas la soie. Cette opération se répète autant de fois que les branches reçoivent de couleurs, parce que chaque fois on place de nouveaux parchemins. La branche une fois liée, la partie qui reste à découvert est appelée *bouton*. Ainsi, suivant que cette partie sera longue ou courte, on dira : *le bouton est long ou court.*

Assemblage des branches.

Lorsqu'on a fini de teindre les branches, on les délie, on les place les unes à côté des autres, par ordre de numéros; on reprend les envergures, et l'on replace, par le nombre des chemins que comporte le dessin, le nombre de fils comptés par branche. On conduit l'envergure d'une extrémité à l'autre de la pièce; on ajuste et on conduit le dessin de la même manière, en ayant soin de lier la chaîne de deux mètres et demi en deux mètres et demi environ, pour éviter que le dessin se dérange, parce que la soie, bien qu'étant de la même qualité, prête cependant plus ou moins en quelques endroits qu'en certains autres.

Ourdissage et Dévidage.

Le dévidage pour *chiné* mérite beaucoup plus de soin que celui des autres étoffes; il faut donc faire dévider la soie toute d'un même dévidage, c'est-à-dire que les roquets aient tous même forme, même grandeur et même grosseur; car, supposons les tours plus précipités d'un petit roquet à côté d'un roquet plus gros, qui tournerait par conséquent moins vite, et ferait moins tirer son bout que les petits, la chaîne ourdie de cette manière aurait des parties plus *tirantes* les unes que les autres, ce qui contribuerait à faire déranger le dessin.

On fera aussi dévider à la même mécanique, (1)

---

(1) On ne devra employer que des mécaniques qui étirent peu la soie.

toute la soie qui devra être employée à une pièce chinée.

Il est donc essentiel de n'avoir qu'un même dévidage, des roquets uniformes et de moyenne grosseur.

L'ourdisseuse, en faisant son travail, doit avoir soin de changer les roquets qui sont presque à leur fin, pour conduire son ourdissage de telle sorte que les roquets qui se trouvent à la cantre soient presque constamment de la même grosseur. Il importe de plus qu'elle ait d'attention de changer fréquemment le chien de son ourdissoir, afin d'éviter que la soie se mette toujours à la même place sur les ailes de l'ourdissoir; car, si la soie venait toujours se placer au même endroit, il en résulterait une élévation qui ferait lâcher les dernières parties ourdies.

Proportions de grosseur que les branches doivent avoir.

Pour tirer un parti avantageux d'une opération de *chinés*, et pour qu'elle ne coûte pas trop cher, il faut calculer le poids de la branche, de façon qu'elle ne soit ni trop petite ni trop grosse. Autrement, voici ce qui arriverait : trop grosse, elle ne pourrait s'exécuter; trop petite, elle ne serait pas facile à lier; d'autre part, les frais de chiné seraient trop élevés, eu égard au métrage peu considérable de la pièce, attendu qu'il n'en coûte pas plus pour chiner 120 mètres que 10. Si cependant la branche était trop grosse, elle ne pourrait prendre la couleur jusqu'au fond du *bouton*. (Nous avons dit qu'on donnait ce nom à la partie de soie qui reste à découvert une fois la branche liée).

Afin de prévenir les inconvénients que nous venons de signaler, il faut garder une proportion convenable. Il est reconnu que la branche pesant de 14 à 16 deniers, poids de marc, et montée sur 1 m. 80 c. de tour, ne peut avoir des boutons ou *réserves,* au-dessous de 5 cordes, papier 10 en 10 n. 2. Cet aperçu suffit pour calculer toutes les autres proportions à observer. Remarquons cependant encore que, lorsque les branches sont petites, et que, par suite de l'arrangement du dessin, il se rencontre plusieurs branches ayant même couleur et même forme, le chineur en place deux sur la même liure pour simplifier son opération.

Chiné irrégulier.

Notre énumération de procédés relatifs au *chinage*, paraîtrait sans doute incomplète, si nous oubliions de parler de ce qu'on appelle le *chiné irrégulier*.

C'est le plus facile de tous ; il consiste simplement à lier fortement et partiellement tous les écheveaux avec de petites ficelles, sous lesquelles on place préalablement des bandelettes de papier. La longueur de chacune des ligatures est tout-à-fait arbitraire, et la longueur que l'on se propose de donner au chiné décide seule de l'écartement que ces ligatures devront avoir de l'une à l'autre. Supposons, par exemple, qu'un écheveau d'une circonférence d'un mètre, contienne vingt *liens* ou *ligatures*, chaque ligature pourra recouvrir soit 1, soit 2, soit 3 centim. On soumet à la teinture les écheveaux disposés de la sorte, et les parties qui sont liées ne prennent aucune teinte dans cette opération.

Après la teinture, et lorsque les écheveaux sont parfaitement secs, on délie toutes les ligatures, et leurs emplacements étant demeurés intacts, seront susceptibles de recevoir une autre teinte. On recommencera l'opération que nous venons d'indiquer, avec cette différence que cette fois on liera les parties de l'écheveau déjà teintes. Ce procédé empêche la seconde teinte de détériorer la première. Lorsque la dernière a été donnée, on enlève tous les liens. Par suite de ces deux opérations, l'écheveau reçoit deux couleurs ou deux nuances diverses. Il est facile de comprendre que l'on peut procéder, d'après ces errements, soit pour la chaîne, soit pour la trame, et qu'on peut aussi l'appliquer à plus de deux teintes.

Il existe encore un autre mode usité pour la teinture des matières destinées aux articles chinés. Voici comment on procède :

Les ligatures sont ici remplacées par de petites presses partielles, disposées de telle sorte qu'elles opèrent sur un grand nombre d'écheveaux à la fois. On soumet ces presses au bain de la teinture, comme les matières elles-mêmes, et on ne les desserre que lorsque les écheveaux ont atteint une complète siccité. Toutefois, il convient de faire remarquer que, si l'on veut employer avec succès ces sortes de presses, on doit éviter que les teintes soient renouvelées ; autrement, il faudrait tenir exactement cachées, lors du second teint, toutes les parties qui auraient reçu la couleur du premier ; de plus, que l'on disposât la machine de manière à presser l'écheveau par égales distances.

Après la teinture des écheveaux, soit par l'un soit par l'autre des deux procédés que nous avons décrits, les diverses opérations auxquelles sont ensuite soumises les matières ; le *dévidage*, le *bobinage* et l'*ourdissage* opèrent sur le *chinage* une variété telle, qu'au moyen des différentes couleurs ou nuances, le tissage produit un beau et magnifique coup d'œil ; ce résultat sera d'autant plus satisfaisant, selon que le mélange aura été plus habilement combiné.

Les tissus chinés peuvent être obtenus pour toutes les matières susceptibles de recevoir la teinture ; nous croyons, pourtant devoir faire observer que les soieries et les draperies-nouveautés sont les tissus où l'emploi du chiné présente les avantages les plus réels.

Accompagnage.

Lorsque, à raison de l'arrangement du dessin ou de la disposition de l'étoffe, il se rencontre des parties de soie qui ne doivent pas être chinées, on ne fait alors ourdir que celles destinées au *chinage;* le surplus, que l'on nomme *accompagnage,* sera ourdi séparément, et on le marquera par des attaches du côté qui, au moment où l'on pliera la pièce, sera posé le premier sur le rouleau : ce côté est désigné sous la dénomination de *talon.* Les attaches sont mises de manière à séparer aussi entre elles toutes les parties de l'accompagnage qui doivent être séparées du chiné. Ainsi, l'on ne remet au chineur que la partie de soie ou chaîne réservée au chinage, et on donne à celui qui met la pièce sur le rouleau, soit la partie chinée, soit l'accompagnage. Lorsque le plieur met la pièce au *rasteau,* ou *gros-peigne* avec lequel il conduit la pièce pour la plier, il sépare toutes les parties de l'accompagnage au moyen des attaches qui y ont été mises, ainsi que nous l'avons dit tout à l'heure; il sépare également les parties du chiné, et met chaque partie à sa place respective; puis, quand la pièce est pliée, il en fait autant à l'envergure en suivant le même ordre et les mêmes errements qu'au commencement de la pièce.

Chinage du velours.

Pour chiner le velours, on peint le dessin en esquisse sur du papier réglé, petit, 10 en 10; les velours se faisant d'ordinaire avec des peignes de 22 portées, 880 dents en 11ȶ24, ou autres largeurs, dont la réduction du peigne se rapporte à celle de 22 portées en 11ȶ24, la corde du papier petit 10 en 10, fait la largeur d'une dent du peigne; par conséquent, 40 cordes de ce papier doivent être égales à 40 dents de peigne. Dès lors, si l'on veut faire un dessin de velours chiné pour une largeur autre que celle de 11ȶ24, la réduction du peigne devra être proportionnée à celle que nous indiquons ci-dessous.

La fabrication d'un *velours coupé* prend ordinairement 7 m. 20 c. de poil pour 1 m. 20 c. d'étoffe fabriquée, quand le velours est réduit de manière à bien couvrir. Il suit de là que le dessin chiné sur le poil doit avoir six fois la hauteur qu'il aura en étoffe fabriquée. C'est pour cela qu'après avoir peint le dessin sur du papier petit 10 en 10 n° 1, on le translate sur du papier grand 10 en 10 n° 3, lequel a une grandeur double de celle du petit 10 en 10 n° 1, et on peint sur le grand papier trois cordes pour une petite. Le chineur prend ses dimensions sur ce translatage; et comme on peut en juger par cette explication, le dessin aura six fois plus de hauteur avant qu'après la fabrication.

Les poils pour velours ne sont ordinairement qu'à deux fils par dent; on ne compte donc que deux fils par cordes du dessin peint sur le petit 10 en 10. Ainsi, un dessin de 40 cordes petit 10 en 10, donnera, lorsqu'il aura été translaté, 120 cordes du grand 10 en 10. Ces 120 cordes ne représenteront que 40 branches, lorsqu'il s'agira de compter l'ourdissage; et chaque fil devra être double ou triple suivant la grosseur de l'organsin, ou selon la couverture que l'on voudra donner au velours. On emploie fréquemment pour ces genres d'étoffes des organsins montés à 4 bouts, parce que le nombre de bouts étant moins considérable, le chiné est moins sujet à se déranger ; et aussi parce que le brin étant plus gros, la soie résiste mieux à la quantité de couleurs que l'on met aux dessins de velours.

Il faut observer aussi qu'un poil de velours fait avec de l'organsin monté à 4 bouts et à fil simple, ne fera pas un velours aussi bien couvert que si ce même poil est fait avec un organsin à 2 bouts et à fil triple ; la raison en est que ce dernier se divisera mieux à la coupe et fera mieux couvrir.

Ourdissage de diverses couleurs, pour chiné.

Si un dessin doit être sur fond noir, pour satin, taffetas, et si les couleurs du dessin ne s'entrecroisent pas en largeur les unes avec les autres, on fera ourdir la chaîne dans les mêmes couleurs que celles qui se trouvent sur le dessin ; le chineur n'aura alors qu'à mettre le noir ; et il en résultera une diminution des frais de chinage et de teinture.

Tissus qui peuvent être employés pour chinés.

On ne peut employer du façonné avec du chiné, ensemble et par la même chaîne, attendu que la partie de la chaîne qui produirait un effet différent de celui qui serait produit par une autre, pourrait apporter au dessin un dérangement considérable, surtout si ce même dessin se trouvait bien découpé. Ainsi, on ne peut faire avec du chiné que des tissus unis, tels que : taffetas, gros de Tours, gros de Naples, Florences chaîne double, serges, Lévantines, Virginie, satins; ou, en un mot, tel autre tissu dans lequel le travail des fils de chaîne est le même pour tous. Mais c'est le satin qui convient le mieux.

TAFFETAS.

Travail des étoffes chinées.

L'ouvrier qui tisse une étoffe chinée doit apporter une grande attention à ne pas tenir la chaîne trop *tirante*, pour éviter que les efforts qu'elle fait à mesure que les lisses lèvent pour passer la navette, n'amènent un dérangement du dessin. C'est aussi, dans le but de ne pas s'exposer à cet inconvénient, qu'il faut prendre garde que les lisses ne fassent pas un mouvement trop grand, qui aurait pour conséquence de faire trop ouvrir le pas, de trop étirer la soie, et contribuerait à déranger le dessin. Par conséquent, l'emploi des mécaniques *baisse et lève* est indispensable pour le travail des chinés et pour les impressions. (1)

TAFFETAS IMPRIMÉ SUR CHAÎNE.

7. La chaîne de ce tissu exige les mêmes soins d'ourdissage et de dévidage que celle du *chiné*. Elle s'ourdit d'abord, et ensuite se tisse par intervalles de 25 centimètres, c'est-à-dire que l'on passe 40 ou 50 coups. Ces parties d'étoffe tissées de distance en distance servent à contenir la chaîne dans sa place respective, pour que, à l'impression, l'application de la planche puisse être régulière. Le tisseur devra nettoyer la chaîne.

Il est indispensable, 1° que les organsins employés pour les chaînes d'étoffes destinées à être imprimées,

---

(1) Bien que nous n'ayons à cet égard aucune donnée positive, il y a tout lieu de croire que les procédés dont nous venons de faire la description ont été importés de la Chine. Tout semble, en effet, l'indiquer : d'une part, la dénomination de *chinage;* de l'autre, les opérations compliquées de ce genre de travail, qui par les détails minutieux qu'elles comportent, ont dû être imaginées par des hommes d'un caractère lent et patient, tels que sont les Chinois.

soient de bonne qualité, puisque ces chaînes doivent supporter une double manipulation ; d'abord la teinture, puis le travail de l'impression ; — 2° que les chaînes soient teintes d'un blanc vif. Préparée comme nous venons de le dire, la pièce est remise à l'imprimeur, pliée sur rouleau, avec une quantité de papier presque égale à celle de l'étoffe, pour que la tension de la chaîne ne subisse aucun dérangement.

Lorsque l'ouvrier tisseur remet pour la seconde fois sa pièce sur le métier, il doit placer le rouleau qui porte la chaîne à la distance de 50 centimètres de son corps de lisses, et défaire au fur et à mesure de fabrication les premières parties tissées.

On procède comme nous venons de l'indiquer, afin d'éviter que le dessin ne soit pas dérangé, et pour en conserver toute la précision.

Les taffetas imprimés ont dû leur création à MM. Revillot et Girodon. Les *taffetas chinés*, poils *chinés*, ont dû l'essor qu'ils ont pris à M. Beauvais, négociant lyonnais (1).

TAFFETAS PEINT.

8. Cette application de la peinture sur étoffe unie nous vient des Chinois et des Indiens. Le bas prix du

---

(1) En 1806, lors du passage à Lyon de S. M. Napoléon Ier, M. Beauvais, qui avait alors 22 ans, fut désigné à l'Empereur comme l'un des principaux manufacturiers de Lyon. Il dirigeait, en effet, l'une des plus importantes maisons de fabrique de notre ville, dont elle continua longtemps d'être l'une des gloires. M. Beauvais eut l'honneur d'être présenté à Napoléon, qui lui-même le présenta à l'Impératrice Joséphine. La décoration de la Légion-d'Honneur fut accordée à M. Beauvais par l'Empereur, qui savait si bien reconnaître et récompenser tous les genres de mérite. M. Beauvais fut nommé, bien des années après, directeur d'une magnanerie qui travaillait pour le compte du Gouvernement. Il est mort à Paris, il y a quelques années.

salaire accordé aux ouvriers qui se livrent à ce genre de travail est pour cette industrie, dans ces contrées, un élément de succès qu'elle ne peut obtenir ni chez nous ni en Angleterre, où son exploitation serait d'un prix trop élevé. Cependant, quelques essais ont eu lieu, et ils avaient même parfaitement réussi ; mais ces tentatives sont demeurées sans résultats positifs, et la peinture sur étoffe unie, notamment sur taffetas, n'a pas eu de grands développements, quant à la consommation.

MARABOUT.

9. Il existe beaucoup de rapport entre la confection du marabout et celle du *crêpe ;* cependant la *réduction* du premier de ces deux tissus est plus forte, soit en chaîne, soit en trame. Aussi la matière employée pour le *marabout*, laquelle porte cette dénomination, est bien supérieure à celle que l'on emploie pour le crêpe, tant en qualité qu'en blancheur, en finesse et en torsion.

Le marabout pour l'article ruban n'a été employé qu'à fil simple ; mais, ourdi fil double, et disposé par *bandes*, ou *carreaux écossais*, avec de l'organsin cuit et de couleur, il produit une opposition du mat au brillant, d'où résulte un très-heureux effet. Les parties marabout font alors un nouveau tissu, qui est d'un bon emploi soit pour robes, soit pour cravattes. (1)

---

(1) Nous donnons ici, d'après M. Ennemond Richard, les documents qui suivent, relatifs à la création du marabout, et aux phases diverses que parcourut ce genre de fabrication.

En 1815, M. Bancel, de St-Chamond, créa un nouveau ruban, désigné sous la dénomination de *ruban marabout*. C'était un ruban gaze, et la gaze s'obtenait avec de l'organsin teint en écru et mouliné après teinture à 16 tors au centimètre. L'organsin ayant déjà, par son apprêt, 5 tors au centimètre, cet apprêt énorme de 20 à 21 tors au cen-

TAFFETAS CHAÎNE SOIE, TRAMÉ CRINS.

10. Avant de pouvoir employer le crin, il faut d'abord le préparer. On lui fait subir une espèce de *débouilli*, afin de le dégraisser. Cette opération doit se répéter à plusieurs reprises, en ayant le soin de renouveler l'eau chaque fois, jusqu'à ce que le crin soit complètement dégraissé.

Cette opération est indispensable, parce que le crin recèle une sorte de moëlle qui doit être extraite, et qu'alors il devient plus léger.

Avant de procéder au débouilli, on attache ensemble les paquets de crins, afin qu'ils ne se mêlent pas et que les têtes restent du même côté. Toutefois, cette précaution est inutile pour les crins *mêlés*, c'est-à-dire ceux dont les têtes et les queues se trouvent mélangées alternati-

---

timètre, donnait à la soie la fermeté et l'âcreté nécessaires pour maintenir la gaze des rubans. Cette invention, en même temps qu'elle fit la fortune de son auteur (1821 à 1830), lui valut la décoration de la Légion-d'Honneur, qui lui fut accordée le 5 janvier 1832. M. Bancel mourut le 20 août 1842, et ses deux fils habitent aujourd'hui St-Étienne.

Pendant quinze ans, l'énorme quantité d'organsin teint en écru, qui fut moulinée à 16 tors au centimètre, fournit de l'occupation à toutes les fabriques de moulinage de St-Chamond et même de 20 kilomètres aux alentours. Cette torsion après teinture se payait en 1815, 12 fr. le kilogramme; en 1820, 10 fr.; en 1824, 8 fr.; et après 1830, 6 fr.

En 1830, la fabrique de lacets d'Izieux avait 1000 fuseaux de moulinage occupés nuit et jour au retordage de la soie pour marabouts. La moitié de ces moulins, après six ans d'inactivité, fut détruite; elle est remplacée actuellement par des métiers à lacets.

Cinq autres fabriques de moulinage de marabouts, également dépourvues d'ouvrage, ont été aussi converties en fabriques de lacets. Car c'est ainsi qu'une industrie qui prospère absorbe celle qui est à son déclin.

vement. On passe et repasse dans les mains les crins tièdes, afin d'en exprimer toute la moëlle.

Pour être propre au tissage, le crin doit être employé à l'état de moiteur, c'est-à-dire être trempé la veille pour être utilisé le lendemain; de plus, il faut que l'ouvrier ait soin de le tenir dans un linge mouillé. Lorsqu'il s'agit d'articles délicats, le tisseur a deux paquets de crins attachés l'un et l'autre à la lame de son battant; sur le devant et à gauche, la tête de l'un opposée à celle de l'autre, afin qu'il ait la facilité de prendre ses crins tantôt par le côté fin, tantôt par le côté gros, comme il convient pour la régularité du tissu.

Voici maintenant comment s'effectue le *passage* du crin. Le tisseur passe avec la main droite la lamette de bois sous les fils de la chaîne, lorsqu'il a marché son pas. Lorsque la tête de la lamette, tête qui est en crochet, a traversé l'étoffe et l'a dépassée à gauche d'environ 2 centimètres et 1/2, l'enfant qui donne les crins en descend un immédiatement avec la main droite, l'engage dans l'ouverture du crochet, mais sans le quitter, et le tient contre le cordon de l'étoffe et un peu en dedans, jusqu'à ce que le tisseur, qui retire alors la lamette, ait fait faire au crin la traversée de l'étoffe (1). La traversée doit se faire à pas clos, afin d'éviter le rebouchage de cette matière animale. Cette opération étant d'une grande délicatesse, il faut que la lamette qui prend le crin et le retire soit parfaitement lisse et unie; comme aussi que la tête du crochet soit au dedans arrondie en pointe, pour éviter d'accrocher la soie.

Lorsque le passage du crin est effectué, on donne le coup de battant et on recommence. (2)

---

(1) Les crins doivent avoir de 7 à 8 centimètres de plus que la largeur de l'étoffe.

(2) Lorsqu'au lieu d'un taffetas c'est un satin que l'on tisse chaîne

Nous croyons à propos de décrire ici la lamette de bois dont nous avons parlé plus haut :

Sa longueur doit être de 72 centimètres; sa largeur, de 16 millimètres du côté qui sert de manche, et de 8 millimètres du côté de la tête. Du bout servant de manche au tube de verre sur lequel glisse le crin, il doit y avoir 70 centimètres et 2 millimètres. La tête de la lamette aura la configuration d'une amande; elle doit aussi avoir un petit tube de verre incrusté, tournant sur son axe. Ces diverses conditions sont essentielles à la lamette, afin que le crin ne se coupe pas.

TAFFETAS CHAÎNE GRÈGE, ET TRAME GRÈGE.

11. Pour ce tissu, on ourdit la chaîne grège à fil double; il se trame à deux bouts également en grège. Sa fabrication exige des matières de premier ordre, du titre de 12 à 13 deniers; il doit être fait sur un compte de peigne très-réduit, et même il faut que la réduction soit un peu forcée.

Ce genre de tissu se cuit et se teint en pièce; il produit un taffetas supérieur en brillant aux taffetas ordinaires, et d'un toucher très-fin; mais il a besoin d'un léger apprêt. Il est indispensable aussi que la grège ait, comme trame, une parfaite régularité. Pour qu'il soit bien entendu et bien réussi, il doit être traité d'après les indications ci-dessus.

Cette application de grège teinte en pièce peut convenir aussi à d'autres tissus moins délicats.

---

soie et *tramé* crin, il est essentiel d'y joindre une toile taffetas, pour préserver le satin de s'érailler et pour qu'il ne badine pas sur les crins; ce qui pourrait facilement arriver avec une trame de cette nature. Cette toile doit être de 2 fils simples taffetas par dent de peigne, ou tous les quatre fils.

TAFFETAS CHAÎNE ORGANSIN CUIT, TRAMÉ MARABOUT.

12. Ce tissu produit une espèce de *glacé*, et donne un toucher tout particulier et élastique, à raison de l'opposition de la trame avec la chaîne, comme matière.

13. TAFFETAS CHAÎNE ORGANSIN CUIT, TRAMÉ GRENADINE.

14. TAFFETAS CHAÎNE ET TRAME GRENADINE.

15. TAFFETAS CHAÎNE ORGANSIN, TRAMÉ ONDÉ.

GROS DES INDES.

16. Cette espèce de taffetas se forme au moyen de deux chaînes de soie, l'une simple, l'autre double ou même triple; et aussi de deux trames, l'une d'un seul bout et très-fine, l'autre ayant de 8 à 10 brins pour un seul.

Pour faire ce genre de tissu, on passe au remettage les deux chaînes, de manière que toutes les lisses, paires, par exemple, lèvent ensemble et à la fois la chaîne ourdie à fil double ou triple, tandis que les lisses impaires lèveront la chaîne simple, ou *vice versâ*.

On passe alternativement les deux navettes, ou, si l'on aime mieux, les deux trames, en sorte que du côté qui est pris pour l'endroit de l'étoffe, la trame fine soit recouverte par la chaîne simple, et la grosse trame par la chaîne la plus fournie. Il résulte de cette combinaison que le tissu appelé *gros des Indes* forme de petites côtes transversales qui produisent un effet velouté.

Il prendra le nom de *velours simulé*, si le coup de trame à plusieurs brins est remplacé par une seule duite de gros coton retors.

Si l'on veut éviter à ce tissu, tout en lui conservant l'éclat nécessaire, le moirage dont le rend susceptible son croisement taffetas, il est essentiel d'enrouler en même temps que l'étoffe, dans toute sa largeur, et ce sans interruption, des feuilles de papier lisse, qui interdiront tout contact à la *superposition* du tissu.

Le *gros des Indes* se fait également *glacé*, sous le pas fin, c'est-à-dire la navette à un bout.

GROS D'AFRIQUE.

17. C'est une étoffe dont la chaîne est ourdie par un fil simple, cru, et un fil double, cuit, et quelquefois triple au lieu d'être double. Ce tissu a le même aspect que le *gros des Indes;* il existe toutefois entre les deux cette différence que le *gros des Indes* n'a pas d'envers, et que le *gros d'Afrique* en a un. Cela résulte du pas simple et du pas triple. En effet, sur le pas triple, une navette est passée à un grand nombre de bouts, tandis que, sur le pas simple, on ne passe la navette qu'à un bout.

Le tissu dont nous parlons en ce moment tient le milieu, pour l'aspect, entre le velours frisé et le taffetas.

GROS D'AFRIQUE CORDÉ.

18. Ce n'est qu'une modification de l'article traité ci-dessus, avec cette différence que le *gros d'Afrique cordé* est tramé en gros coup coton légèrement monté; le coup fin est également en coton. La chaîne est aussi beaucoup moins fournie que dans le *gros d'Afrique* proprement dit; le grain du *cordé* est à-peu-près le double que celui du gros d'Afrique, c'est-à-dire que s'il y a

dans ce dernier 40 passées au centimètre, il y en a 20 au *cordé*.

Cet article s'apprête, et s'emploie pour modes.

TAFFETAS A DEUX PAS.

19. On appelle ainsi un genre de taffetas ourdi à un fil d'une couleur, et à un fil de l'autre. On le désigne aussi sous le nom de *taffetas à deux chaînes*.

Cet article se fait pour robes, pour gilets, comme aussi pour *moire* et poult de soie, selon la qualité.

VELOURS FRANÇAIS.

20. Cette étoffe est également ourdie à deux chaînes, par un fil simple d'une couleur et un fil triple d'une autre couleur, et se trame en trame cuite, à deux navettes, chacune desquelles a la couleur de son pas. La *réduction* est de 10 coups au centimètre.

Ce tissu est appliqué aux modes ; il est soumis à l'apprêt.

TAFFETAS CAMÉLÉON A DEUX CHAÎNES.

21. Ce tissu se fait comme le caméléon à une chaîne.

FOULARD.

22. Ce tissu, toujours genre de taffetas, s'emploie pour robes et mouchoirs appelés *foulards*. Il est susceptible de grandes variations, non pas comme figure de tissu; mais comme qualité. Pour sa fabrication on emploie les soies de Chine, de Perse, dans les titres de 40 à 50 deniers.

Ce genre d'étoffe est toujours soumis à l'apprêt.

TAFFETAS CUIT TRAMÉ LAITON.

23. Ce tissu se fabrique pour robes de bals et de soirées ; il se fait aussi en gaze.

TAFFETAS A DEUX CHAÎNES.

24. Ce tissu est ourdi à deux fils, chacun d'une couleur ; la trame est d'une seule couleur : il forme, par conséquent, un grain d'une couleur et un grain de l'autre.

CAMÉLÉON A DEUX CHAÎNES.

25. Ce genre d'étoffe est, comme le précédent, ourdi à deux fils de différentes couleurs, et tissé, du reste, au moyen d'une navette à deux cannettes, comme le caméléon ordinaire dont nous avons parlé antérieurement, et dans les mêmes conditions.

26. TAFFETAS POULT DE SOIE TRAMÉ COTON.

27. TAFFETAS POULT DE SOIE TRAMÉ JASPÉ SOIE ET COTON.

TAFFETAS POULT DE SOIE TRAMÉ LAINE MONTÉE, OU LAINE ANGLAISE.

28. Ce tissu est appelé *popeline*.

NOTICE

SUR LES ANCIENS TAFFETAS, AVEC LEURS DÉNOMINATIONS (1) DE L'ÉPOQUE.

Les Taffetas se font de toutes couleurs. Il y en a de pleins ou d'unis, de glacés, de changeants, de rayés à raies d'or, d'argent et de soie; il y en a aussi à flammes, à carreaux, à fleurs, à point de Chine ou de Hongrie; beaucoup d'autres, enfin, auxquels la mode ou le caprice des fabricants ont donné des noms si bizarres qu'il serait aussi difficile qu'inutile de les rappeler, outre que leur durée est rarement allée au-delà de l'année qui les a vu naître.

Les anciennes dénominations des Taffetas, qu'on leur a toujours conservées en France, sont: Taffetas de Lyon, de Tours, d'Espagne, d'Angleterre, de Florence, d'Avignon; Taffetas *à la Bonne-Femme*, et Taffetas Armoisins.

Les Taffetas qui portent encore les noms des pays étrangers d'où ils étaient autrefois apportés en France, se fabriquent néanmoins chez nous, pour la plupart, surtout à Lyon et à Tours. Ce qui vient du dehors est très-peu considérable, comparativement à la quantité qui s'en fabrique dans ces deux villes, si célèbres par leurs manufactures d'étoffes d'or, d'argent et de soie.

La plus grande consommation des Taffetas a lieu pour des vêtements d'été à l'usage des dames, comme aussi pour doublures, écharpes, housses de lits ou de chaises, rideaux de fenêtres, courte-pointes et autres meubles.

Trois choses contribuent essentiellement à la beauté des Taffetas : la soie, l'eau et le feu. Non seulement la

---

(1) Ces dénominations sont telles que les donne le *Dictionnaire de Commerce* de Savary, imprimé à Genève en 1750.

TAFFETAS.

soie doit être très-fine et de première qualité, mais il faut encore que les fabricants la fassent manier longtemps et beaucoup avant de l'employer. L'eau, qui doit toujours être donnée à propos et légèrement, semble ne devoir produire un beau lustre que par une espèce de propriété naturelle qui ne se rencontre pas dans toutes les eaux.

On pense communément que Lyon est redevable aux eaux de la Saône de ce brillant et de cet éclat qui distinguent ses taffetas de tous les autres, particulièrement les noirs ; enfin, le feu qu'on fait courir par dessous pour sécher l'eau qu'on y a donnée, a aussi sa manière propre spéciale d'être appliqué convenablement, et de cette application résulte le plus ou le moins de beauté des taffetas.

On prétend qu'*Octavio-Mey* fut l'auteur de la fabrique des taffetas lustrés. De Lyon, son invention aurait passé à Tours et dans toutes les autres villes manufacturières soit de la France soit de l'étranger. Il existe même à ce sujet une tradition, qui mêle à cette découverte d'*Octavio-Mey*, une aventure dont on peut révoquer l'authenticité en doute, bien que le fait n'excède pas les limites de la vraisemblance, et qu'au fond elle puisse être véritable.

Ce négociant se trouvant, dit-on, assez mal dans ses affaires, et ne pouvant les rétablir par la fabrication des taffetas tels qu'on les faisait alors, rêvait à ses malheurs, et tout en y rêvant, il mâchait quelques brins de soie que, par hasard, il avait dans la bouche. Une fois sa rêverie dissipée, la soie mâchée qu'il voulut cracher lui sembla brillante, et cette circonstance attira son attention. Les réflexions suivirent de près l'observation, et après avoir médité, il arriva à conclure que l'état de cette soie provenait : 1° de ce qu'elle avait été pressée avec les dents ;

2° de ce qu'elle avait été humectée de salive, qui renferme quelque chose de gluant ; 3° de ce qu'elle avait été réchauffée par la chaleur naturelle de la bouche ; car il l'y avait gardée quelque temps. Il exécuta donc à-peu-près ses observations sur les premiers taffetas qu'il fabriqua : il en résulta pour lui d'immenses richesses, et la ville de Lyon conquit la réputation qu'elle a toujours conservée depuis, de donner un lustre aux taffetas mieux qu'on ne le faisait partout ailleurs.

Il est utile de joindre à cette donnée sur la découverte d'*Octavio-Mey* la description des procédés qu'il employa pour lustrer ses taffetas, en y joignant la manière de leur donner le lustre, et en disant la composition de l'eau dont il se servait pour les lustrer. (1)

La machine à lustrer ressemblait assez au métier sur lequel se fabriquent les toiles de soie, avec cette différence, qu'au lieu de se servir de pointes de fer, on y mettait des aiguilles un peu courbées en dehors, afin d'empêcher que le taffetas glissât. Aux deux extrémités se trouvaient deux ensubles, sur l'une desquelles se roulait le taffetas qui devait recevoir le lustre, et sur l'autre le même taffetas à mesure qu'il l'avait reçu. La première ensuble était maintenue ferme par un poids d'environ 180 kilogrammes ; l'autre se tournait au moyen d'un petit levier passé par les mortaises qui étaient à l'un des bouts. Plus le taffetas était bandé fortement, plus il acquérait un beau lustre. Cependant il convenait, en procédant à cette opération, de s'assurer jusqu'à quel point l'étoffe pouvait souffrir le bandage.

L'habileté du donneur de lustre consistait encore à

---

(1) Nous avons indiqué les procédés d'*Octavio-Mey*, afin de compléter autant que possible cette notice sur les anciens taffetas et leur mode de fabrication ; car tous les détails que l'on va lire sont ceux d'un procédé qui n'est plus usité aujourd'hui.

proportionner les portées du taffetas qu'il voulait lustrer à la largeur des taffetas même.

Outre cette première machine pour tenir le taffetas tendu, il en fallait une seconde pour donner le feu. C'était une sorte de brasier de tôle de forme parallélogramme et de la largeur du taffetas à lustrer. Ce brasier était supporté par un pied, garni de roulettes, afin de pouvoir être aisément conduit sous le taffetas.

Le charbon destiné à alimenter le feu devait être de bois sec et ne produisant pas de fumée.

Ces deux machines étant préparées et le taffetas monté, on y mettait le lustre à l'aide d'un peloton de lisière de drap fin ; ce qui devait s'effectuer très-légèrement, à mesure que l'étoffe se roulait d'une ensuble sur l'autre, le brasier étant conduit en même temps par dessous pour la sécher. Aussitôt qu'une pièce était lustrée, on la mettait sur de nouvelles ensubles pour y être tirée pendant un jour ou deux; plus cette dernière façon était réitérée, plus elle augmentait l'éclat du lustre.

Pour les taffetas noirs, l'apprêt qui servait à donner le lustre se faisait avec de la bière double et du jus d'orange ; on employait aussi du citron au lieu d'orange, mais le jus de ce fruit était moins convenable, étant sujet à blanchir. Pour les taffetas de couleur on employait de l'eau de courge ou calebasse, distillée dans un alambic.

Dénominations et emplois des Taffetas anciens, suivant les usages de l'époque.

TAFFETAS NOIRS.

29. Quelques noms que portassent ces taffetas, ils étaient étroits ou larges, ou lustrés, ou sans lustre.

64   TAFFETAS.

Les taffetas blancs et ceux de couleur avaient aussi des largeurs ou des qualités distinctives.

TAFFETAS DITS BONNE-FEMME, NOIR ET LARGE.

30. Ce taffetas était d'une qualité supérieure à tous les autres. Cette désignation de *bonne-femme* lui avait été donnée comme un nom de distinction et pour ainsi dire de prééminence. Il n'avait pas de lustre; il s'en fabriquait aussi sans apprêt. On en faisait de différentes forces, distinguées par le nombre des portées de soie qui y entraient. Son principal emploi était pour coiffes et écharpes.

Le taffetas *bonne-femme*, noir et étroit, était tissé sur une même longueur, mais sur une moindre largeur que le précédent; il réunissait d'ailleurs les mêmes qualités. On l'employait pour les coiffes.

TAFFETAS D'ESPAGNE.

31. On en distinguait trois sortes : l'un *noir* et *large*, l'autre *noir* et *étroit*; un autre enfin, *blanc* et *étroit*. Le taffetas d'Espagne *noir* et *large* était lustré, moins fort que le taffetas *bonne-femme*; aussi, et à cause de sa légèreté, était-il une étoffe d'été plutôt que d'hiver. Ses largeur et longueur étaient les mêmes que celles du *bonne-femme*, large. Il était destiné aux mêmes usages, et malgré sa dénomination de *Taffetas d'Espagne*, il se fabriquait ordinairement à Lyon.

Le Taffetas d'Espagne *noir* et *étroit* était lustré comme le large, et il s'en faisait de même force et de même qualité.

Enfin, le *Taffetas d'Espagne* blanc et étroit. On le nommait ainsi, parce qu'il était de même qualité que le

Taffetas d'Espagne noir. Il se faisait aussi à Lyon. Ce tissu ne recevait point d'apprêt ; il n'avait d'autre lustre que celui que possède ordinairement une belle soie. On l'employait pour coëffes d'enfant.

TAFFETAS D'ANGLETERRE.

32. On en connaissait aussi trois sortes : le *noir large*, le *noir étroit*, et celui de *couleur*. Malgré la dénomination de *Taffetas d'Angleterre*, cette étoffe se fabriquait à Lyon.

Le *noir large*, de même que le *noir étroit*, entre lesquels il n'existait autre différence qu'une plus ou moins grande largeur, étaient très-forts et très-lustrés, mais l'apprêt qu'on leur donnait pour en augmenter l'éclat et la force, les rendait secs et sujets à se casser. L'usage auquel on les employait le plus ordinairement était pour écharpes et coëffes.

Le *Taffetas d'Angleterre* de couleur, qui était très-fort, servait le plus souvent pour vêtements de dame, pour doublures, meubles et rideaux. Il s'en faisait de toutes sortes de couleurs, de pleins, de glacés, de rayés.

TAFFETAS DE TOURS.

33. On distinguait aussi le *noir large* et le *noir étroit*. L'un et l'autre réunissaient des qualités identiques ; le plus ou le moins de largeur constituait la seule différence qui existât entre eux. Cependant l'*étroit* ne se fabriquait et ne se consommait qu'en petite quantité, parce qu'il ne pouvait s'approprier à tous les usages, à raison de son peu de largeur.

Le *Taffetas de Tours*, qui se fabriquait dans la ville qui lui a donné son nom, n'avait pas de lustre, quoiqu'il fût apprêté. Il s'en faisait de différentes forces, que l'on distinguait par les portées de soie. On l'employait pour écharpes et doublures d'habits.

TAFFETAS DE FLORENCE.

34. Ce taffetas, qui se fabriquait à Lyon, était très-mince et d'une médiocre qualité. On en faisait de toutes couleurs. Les demi-Florence, étaient encore inférieurs aux Florence. Les uns et les autres s'employaient pour doublures et vêtements de femme.

TAFFETAS D'AVIGNON.

35. Ce genre de tissu était encore plus mince que les Florence, et même que les demi-Florence. Il s'en faisait de toutes les couleurs, et aussi de noirs; mais ceux-ci n'avaient de force que par l'apprêt. Sa destination principale consistait dans les doublures d'habits, dans les meubles et rideaux. Il se fabriquait à Lyon et à Avignon.

TAFFETAS ARMOISINS.

36. Les taffetas désignés sous cette appellation étaient les moindres de tous, les demi-armoisins surtout. On en faisait de toutes sortes de couleurs, et leur emploi était le même que celui affecté aux taffetas d'Avignon.

Il nous reste à dire quelques mots des taffetas de la Chine et des Indes, qui se fabriquaient autrefois.

TAFFETAS DES INDES. — L'Indoustan fournissait quantité de taffetas, mais tous peu soyeux, d'une fabrication assez faible. Il y en avait d'unis et de façonnés, de rayés d'or et d'argent, de mouchetés, d'autres à chaînettes, d'autres à fleurs ou à carreaux. Les *Calquiers* étaient des taffetas à flammes, nommés ordinairement *Point de Hongrie* ou *à la Turque*. Les *Longuis* étaient tous à carreaux. Les *Arains* tenaient beaucoup des *Armoisins*, dont nous avons parlé plus haut. Les *Kemeas* étaient des taffetas à fleurs de soie. Les *Taffetas d'herbe* ou *d'Aredas* constituaient seuls une spécialité curieuse. Cette espèce de taffetas, d'une qualité assez commune, se fabriquait aux Indes, avec une sorte de soie ou fil doux et lustré, qu'on tirait de certaines herbes qui croissaient dans l'Indoustan et dans quelques endroits de la Chine.

TAFFETAS DE LA CHINE. — On en comptait aussi une multitude de sortes; il s'en faisait de toutes couleurs, de larges, d'étroits, de rayés, à fleurs de soie et à fleurs d'or. Quelques-uns de ces taffetas étaient désignés dans les factures des commis de la Compagnie de la Chine, les uns sous la dénomination de *Taffetas d'Angleterre*, les autres sous celle de *Gros de Tours;* sans doute à cause de quelque ressemblance que l'on avait remarquée entre ces étoffes et celles dont on leur faisait prendre le nom.

Nous allons indiquer sommairement ici les diverses espèces de Taffetas qui se fabriquent en Chine (1).

37. *Sou-sse-Tcheou*, foulard écru, en soie de vers sauvages du Ssé-Tchuen; la largeur de cette étoffe est de 48 centimètres; le mètre pèse 58 grammes. La pièce de

---

(1) Nous empruntons la nomenclature suivante à l'ouvrage publié par M. Isidore *Hedde* (1848, Saint-Etienne, imprimerie de Théolier), intitulé : *Description méthodique des produits divers recueillis dans un voyage en Chine*. M. Hedde, qui a été fabricant de rubans à Saint-Etienne, fut délégué du Ministère du Commerce, de 1843 à 1846, pour étudier les soies et les soieries dans la mission en Chine. Il avait été désigné au choix du Gouvernement par la Chambre de Commerce de Saint-Etienne.

18 mètres se vend 4 dollars, soit 1 fr. 22 cent. le mètre et 21 fr. le kilogramme.

Il se fabrique aussi des *Sou-sse-Tcheou* en 49 centimètres de largeur, et du poids de 60 grammes le mètre. Ceux-là se vendent à raison de 3 dollars et 3/4 la pièce de 18 mètres, soit 1 fr. 15 cent. le mètre, et 19 fr. le kilogramme.

Depuis longtemps le commerce désire un article qui soit un intermédiaire entre le coton et la soie. Cette lacune pourrait être remplie par les tissus en soie de vers sauvages provenant de la Chine et des Indes; il y a d'autant plus raison de le conjecturer, que des essais qui ont eu lieu pour la teinture de ces tissus ont donné de bons résultats.

38. *Sou-Sha*. Gaze lisse écrue pour tamis; largeur 54 centimètres; poids 22 grammes le mètre. Prix de la pièce 2 dollars, ce qui équivaut à 1 fr. 55 cent. le mètre et à 70 fr. le kilogramme.

39. *Seng-fang-Tcheou*, taffetas écru blanc, apprêté, de 40 grammes le mètre. Il se vend 6 dollars les 15 mètres 1/2, soit 2 fr. 12 cent. le mètre, et 53 fr. le kilogr. Cette espèce de tissu, qui se fabrique principalement à Hang-Tchou, est remarquable par la régularité soit de la matière, soit du battage. Il est employé pour les peintures de tapisserie.

(De même que celui que nous allons citer immédiatement après, cet article mérite de fixer l'attention des fabricants.)

40. *Seng-fang-Tcheou*, taffetas écru apprêté. Sa largeur est de 49 centimètres, et son poids de 46 grammes le mètre. La pièce de 18 mètres se vend 6 dollars, soit 2 fr. 50 cent. le mètre, et 53 fr. le kilogramme.

TAFFETAS. 69

41. *Tchong-Kuen,* taffetas léger écru (première qualité), employé pour parapluies ; sa largeur est de 68 centimètres, sa longueur de 44 *covids* de Canton, et son poids de 14 taëls. Il se vend 7 dollars, soit 2 fr. 35 cent. le mètre, et 67 fr. le kilogramme.

Il se fait des *Tchong-Kuen* (2me qualité) pour la même destination et en mêmes largeur et longueur que celui que nous venons de décrire. Il y a seulement une différence dans le poids qui n'est que de 13 *taëls,* au lieu de 14 ; et dans le prix qui est de 6 dollars, soit 2 fr. le mètre de 30 grammes.

42. *Tchong-Kuen.* Taffetas léger écru, aussi pour parapluies. La largeur et la longueur sont les mêmes que celles des deux tissus du même nom qui viennent d'être décrits. Le poids de celui-ci est de 14 taëls, et son prix de 6 dollars, soit 2 fr. le mètre de 32 grammes, et 62 fr. le kilogramme.

Enfin, un autre taffetas, aussi appelé *Tchong-Kuen,* et employé aussi pour parapluies, à une largeur de 62 centimètres, une longueur de 44 *covids* de Canton, et un poids de 12 *taëls.* Celui-ci se vend 2 fr. le mètre de 32 grammes, et 72 fr. le kilogramme.

43. Nous n'avons parlé jusqu'ici que des étoffes unies, dont la soie compose seule la matière première (1) ; il nous paraît convenable de mentionner ici une sorte de gros de Naples uni, appelé en Chinois *yu-tuun,* et en Anglais *wollen-comlets.* Ce tissu, qui se fabrique à Canton, se traite en grande et en petite largeur. Il est employé pour vêtement d'hiver, et réservé à la consommation locale.

---

(1) Ici nous discontinuons de puiser dans les documents fournis par M. Isidore Hedde.

TAFFETAS.

Ce genre d'étoffe est tissé chaîne soie et trame laine. Il coûte fort cher, à cause de l'insuffisance des importations de laine. Jusqu'à ce jour, on ne l'a pas vu figurer à l'exportation.

Au Japon, il se fait des *popelines unies*, en chaîne soie grège, tramée coton.

Il s'y fabrique aussi 1° des *taffetas crêpe*, imprimés de plusieurs couleurs, chaîne grège et trame simple, bout tordu (1);

2° Des *taffetas crêpe*, dits de *Chine*. La chaîne de cette étoffe est grège et la trame crêpe, par 2 coups tors à droite, 2 coups tors à gauche. La qualité de ce tissu a

---

(1) Ce tissu n'a aucun similaire ni en Europe, ni en Chine. On a fait pourtant à Lyon un tissu appelé *crépon*, chaîne et soie, tramé coton ondé, au prix de 2 fr. le fichu carré de 75 cent. de côté, et qui offrait quelque analogie avec le taffetas crêpe du Japon. La collection rapportée de la Chine contenait plusieurs échantillons ou pièces du même genre, achetés à Chang-Haï, qui les tirait de Tcha-pou. Ces tissus, de 42 à 45 centimètres de large, sont pliés de deux manières différentes : les uns, par 44 *covids* de 35 centimètres, soit 15 mètres et demi, les autres, par 50 *covids*, soit 18 mètres, et renfermés dans des boîtes à cet usage. Les pièces sont garnies à l'intérieur d'un papier mou cotonneux, que l'on prétend être fait avec des cocons de soie gâtés.

Le tissu dont nous parlons *(taffetas crêpe)* pèse de 21 à 22 grammes le mètre. Il se vend, à Chang-Haï, 5 à 7 dollars, soit de 30 à 40 fr. la pièce de 15 mètres 1/2 à 18 mètres.

Les impressions de ce tissu, souvent très-variées, sont probablement faites à la réserve et finies au pinceau. La manière dont les couleurs sont mélangées a fait supposer que les Japonais possédaient des connaissances assez profondes en chimie. Ils sont d'ailleurs très-supérieurs aux Chinois dans l'art de la teinture et dans celui du dessin. Ils excellent surtout dans les impressions, et on en trouve la preuve dans les échantillons que nous avons cités.

Ces tissus, de 2 fr. à 2 fr. 20 cent. le mètre, sont jusqu'ici les seuls connus qui puissent être importés avantageusement sur les marchés européens, à raison de la modicité de leur prix, de leur variété et de la vivacité de leurs couleurs.

paru inférieure aux produits ordinaires Chinois. Sa couleur (ponceau) est magnifique; elle provient des fleurs d'une espèce de safran sauvage, de la famille des chardons. Cette plante s'appelle dans la langue Japonaise le *hong-hoa-tsaé;* elle est représentée dans la Flore japonaise déposée au Jardin-des-Plantes de Paris. On a tout lieu de penser que c'est le *Carthamus tinctoria*.

TISSUS CHINOIS DAMASSÉS, ETC.

(M. Isidore HÉDDE, *Description des produits de son recueil à la Chine.*)

44. *Hwa-mien-Tcheou*, popeline coton. Largeur 49 centimètres, longueur 7 mètres 1/2; poids 300 gram.; prix : 2 dollars et 1/2, soit 1 fr. 95 cent. le mètre de 40 grammes, et 46 fr. le kilogramme.

Autre tissu du même nom, de la fabrique de *Tchang-Tchou*, de la largeur de 50 centimètres, longueur 9 mètres; poids 890 grammes. Prix : 1 dollar 1/2, soit 80 cent. le mètre de 45 grammes, et 21 fr. le kilogramme.

45. *Hwa-yu-twan*, popeline laine, de fabrique cantonaise. Largeur 82 centimètres, longueur 2 mètres, poids 340 grammes. Prix : 2 dollars 3/4, soit 7 fr. 55 cent. le mètre de 170 gram., et 44 fr. le kilogramme.

46. *Hwa-sièn-tscou*, gros de Naples ondé, largeur 63 centimètres, longueur 40 covids de Shang-Haï (le covid équivalant à 35 centimètres, les 40 covids donnent 14 mètres), poids 28 taëls. Prix : 18 dollars, soit 7 fr. le mètre de 75 grammes, et 93 fr. le kilogramme.

Autre tissu du même nom, également gros de Naples. Largeur 61 centimètres, longueur 1 mètre 3/4; poids 130 grammes. Prix : 2 dollars, soit 6 fr. 50 cent. le mètre de 76 grammes, et 80 fr. le kilogramme.

Ces magnifiques tissus, des fabriques de Sou-Tchou et de Hang-Tchou, méritent une attention spéciale. Avant 1846, on n'en avait signalé aucun de ce genre sur les marchés de Canton et de Londres. Ils sont remarquables surtout en ce qu'ils sont moëlleux et ne craignent pas d'être froissés, comme tous les tissus cartenx de ce genre, déjà essayés en France.

47. *Hwa-Tcheou*, gros de Naples, apprêté. Largeur 61 centimètres, longueur 44 covids de Canton, poids 34 taëls. Prix : 16 dollars 1/2, soit 5 fr. 50 cent. le mètre de 78 grammes, et 70 fr. le kilogramme.

Cet article, de la fabrique de Canton, est fait en matière ordinaire du pays. La chaîne est organsin et la trame grège à six bouts. Il ressemble à nos gros de Naples de fabrication européenne, mais n'a pas de rapport avec les articles précédents qui se rapprochent du genre crêpe.

48. *Sou-ning-tcheou*, sergé uni. Largeur 80 centimètres, longueur 1 mètre 3/4; poids 195 grammes. Prix : 2 dollars 1/4; poids du mètre 111 grammes, soit 7 fr. le mètre, et 64 fr. le kilogramme.

Il y a d'autres *Sou-ning-tcheou* de la largeur de 81 centimètres et de la longueur de 44 covids de Canton; poids 50 taëls. Prix : 30 dollars, soit 10 fr. le mètre de 115 grammes, et 87 fr. le kilogramme.

D'autres, enfin, de 80 centimètres de largeur et de 5 mètres 1/4. Prix : 9 dollars, soit 9 fr. 52 cent. le mètre de 84 grammes 1/2, et 111 fr. le kilogramme.

Ces divers articles sont des sergés de 2 lies le 3. Le dernier est particulièrement de la fabrique de Hang-Tchou. Il est très-recherché des Anglais et des Hollandais, qui lui donnent le nom de *satin-lévantine*. La fabrique de Sou-Tchou en fait également de tramés souples, lesquels n'ont pas plus que les tramés cuits l'inconvénient de *cirer*, inconvénient signalé aux tissus de même armure fabriqués avec d'autres soies que celle de la Chine.

49. *Ho-mien-tcheou*, toile fantaisie, produit de cocons percés du Tché-Kiang. Sa largeur est de 57 centimètres. Elle est vendue 1 *mace* le *covid*.

50. *Sou-po-Kuen-Kin*, taffetas pour mouchoirs, carrés de 90 centimètres de côté; poids 75 grammes. Prix : 2 fr. 75 centimes le mouchoir, et 37 fr. le kilogramme.

Ce tissu, en pièce, est appelé vulgairement à Canton *lutestring*, ou *lustring*, par corruption du premier mot, suivant Webster.

51. *Kien-tcheou*, foulard gauffré. Largeur 40 centim., longueur 25 mètres 1/4, poids 35 *taëls* 1|2. Prix : 14 dollars, soit 2 fr. 85 centimes le mètre de 49 grammes, et 58 fr. le kilogramme (1).

Cet article se fait dans les mêmes dimensions de longueur et largeur, mais avec une différence dans le poids (33 thaëls au lieu de 35 1/2). Il se vend 12 dollars, soit 2 fr. 70 cent. le mètre de 45 grammes, et 57 fr. le kilogramme.

52. *Hong-Tcheou*, foulard uni. Largeur 72 centimèt., longueur 26 mètres, poids 11 thaëls. Prix : 8 dollars la pièce, soit 1 fr. 70 cent. le mètre de 33 grammes, et 52 fr. le kilogramme.

Teint en pièce, cet article est employé pour servir

---

(1) Ce tissu est le produit de cocons percés et gâtés. Il y a toute probabilité que le gauffrage a été opéré par compression.

d'enveloppe aux châles de crêpe blanc brodés, lorsqu'ils sont livrés à la vente.

53. *Pou-youen-tcheou*, foulard appelé *pongi*, en langage Cantonais, décrué. On en distingue de deux qualités : la première qualité se fabrique sur une largeur de 80 centimètres, une longueur de 27 mètres 3/4, et le poids est de 1075 grammes. Prix : 8 dollars, soit 1 fr. 25 cent. le mètre, et 42 fr. le kilogramme.

La deuxième qualité a une largeur de 75 centimèt., une longueur de 26 mètres, un poids de 850 grammes, et se vend 7 dollars, soit 1 fr. 45 cent. le mètre de 33 grammes, et 45 fr. le kilogramme.

54. *Pou-youen-theou-kin*, mouchoir foulard, aussi appelé *pongi*, décrué. Il y en a deux qualités : pour la première, le carré est de 75 centimètres de côté, la pièce de 10 mouchoirs, et le poids de 350 grammes. Prix : 4 dollars, soit 2 fr. 50 cent. le mouchoir de 42 grammes, et 63 fr. le kilogramme. Pour la deuxième qualité le carré est de 70 centimètres de côté; pièce, 20 mouchoirs, poids 520 grammes. Prix : 4 dollars, soit 10 fr. le mouchoir, et 42 fr. le kilogramme.

Les *Pou-youn-tcheou* et les *Pou-youen-tcheou-Kin* sont décrués après le tissage. Ils se fabriquent à Taï-Sha, district de Non-Haï, près Canton. On en compte généralement à Canton le prix marchand à 25 cent. le thaël. Les façonnés coûtent un peu plus cher.

55. *Fang-tcheou*, foulard décrué, première qualité, de Hang-Tchou. Cet article a une largeur de 55 centimètres et une longueur de 16 mètres. Son poids est de 650 grammes. Le prix en est de 5 dollars, soit 1 fr. 75 cent. le mètre de 40 grammes, et 44 fr. le kilogr.

TAFFETAS.

Ce tissu, vraiment digne d'être remarqué, forme l'intermédiaire entre les foulards dits *pongi* et les crêpes. Une observation très-juste a été faite, et nous croyons devoir la consigner ici : c'est que les étoffes Chinoises présentent une échelle de tissus depuis la simple toile de soie jusqu'aux crêpes, sans transition presque sensible. L'étoffe appelée *Fong-tcheou* a provoqué l'attention et l'admiration de tous les connaisseurs, soit à l'égard de la fabrication, soit par rapport à la modicité de son prix.

56. *Sou-sien-tseou*, gros de Naples ondé, uni. Largeur 62 centimètres, longueur 7 mètres ; poids 530 grammes. Prix : 7 dollars, soit 5 fr. 5 cent. le mètre de 76 gram., et 73 fr. le kilogramme (1).

TAFFETAS OMBRÉ PAR LA TRAME.

57. Disons d'abord que ce genre d'article se fait rarement. Le taffetas ombré par la trame se tisse en dispo-

---

(1) Le Sou-sien-tseou est une étoffe unie qui n'a pas de similaire dans la fabrique française. On l'exécute en chaîne organsin et trame mi-grenade, passée à 4 fils doubles en dents, battue à 27 coups au centimètres (soit 67 au pouce). Il y a dans son aspect quelque chose d'irisé et de chatoyant, et qui n'est pas seulement produit par le tors donné à la trame, mais qui résulte de la matière : la preuve en est dans les tissus de même genre déjà essayés, et qui n'ont pas réussi. Ce n'est ni un pou-de-soie, ni un crêpe, ni un glacé, ni un moiré. Cette étoffe donnera peut-être un jour le sujet d'une nouvelle division des effets d'optique que présentent les tissus ; effets qui, dans le *Sou-tien-tseou*, correspondent à un système de cylindres coniques, dirigés dans le sens de la vis d'Archimède.

On peut appliquer la remarque que nous faisons pour ce tissu à beaucoup d'autres tissus Chinois, qui chacun dans leur genre présentent des effets différents de ceux que l'on peut observer dans nos tissus ordinaires.

sant les navettes de manière à les faire suivre les unes les autres selon le nombre des tons.

Il est très-important, pour éviter que l'ouvrier se trompe, que chaque navette porte son numéro.

TAFFETAS OMBRÉ PAR LE PEIGNE.

58. Ce genre d'ombré s'obtient par le peigne seul. Ainsi, la réduction du peigne doit commencer par être claire, et finir par être serrée : c'est-à-dire, que si dans la première ligne il se trouve six dents, il y en aura huit à la seconde, dix à la troisième, et ainsi de suite en augmentant de deux dents jusqu'à la partie la plus serrée.

Il n'est pas besoin d'ajouter que ce genre de peigne est un travail très-délicat.

TAFFETAS OMBRÉ PAR LA CHAÎNE.

59. C'est un taffetas ordinaire, dont tout l'effet se produit par la teinture et par l'ourdissage. Il se fait des taffetas ombrés qui varient jusqu'à soixante *tons* différents du *clair* au *foncé*, dans la même nuance; d'autres, dont la différence ne s'établit que sur dix tons, toujours du *clair* au *foncé*.

Les teinturiers de Saint-Etienne (Loire) excellent dans ce genre de travail, et la supériorité qu'ils ont à cet égard provient sans doute de ce qu'ils traitent beaucoup plus cette spécialité que leurs confrères de Lyon.

On fait également des taffetas ombrés du *noir* au *blanc*. Ainsi, supposons que le milieu de la bande soit *grenat*, les tons iront au *noir* sur la droite, et au *blanc* sur la gauche.

Enfin, il se fait des *ombrés à retour*, qui commencent par le foncé, arrivent aux tons clairs et finissent par le foncé, ou *vice-versâ;* c'est-à-dire, qui en commençant par le *clair* arrivent aux tons foncés, pour revenir et finir par le *clair.*

Pour que l'*ombré* soit bien réussi, le point essentiel consiste à ce que les tons se fondent graduellement l'un dans l'autre. Il est indispensable que chaque partie mise à la teinture porte son numéro, pour qu'au dévidage et à l'ourdissage chacune de ces parties conserve ce même numéro; à défaut de quoi les divers tons pourraient se mélanger, et il en résulterait des *ombrés brouillés.*

Dans les *ombrés* à *chaîne double* on peut, pour faciliter la transition d'un ton à l'autre et la rendre moins sensible, mettre à l'ourdissage dans la même boucle un fil du ton n° 1 et un fil du ton n° 2, à la jonction des nuances. Les *ombrés* peuvent se faire non seulement sur les taffetas, mais encore sur toute autre espèce de tissus, tels que les satins, armures et façonnés.

TAFFETAS GAUFFRÉ.

60. L'art du gauffrage est très-ancien, car on trouve dans *Hérodote* que les peuples des environs de la mer Caspienne imprimaient sur leurs étoffes des dessins d'animaux ou de fleurs, dont la couleur ne s'effaçait jamais et durait aussi longtemps que la laine qui servait au tissage de ces vêtements.

Le gauffrage s'exécute à l'aide de différentes plaques de métal, figurées comme le sont les fers où l'on façonne les gauffres. Pour gauffrer une étoffe, on fait chauffer la plaque dont on veut se servir, puis on l'applique fortement sur l'étoffe au moyen d'une presse. De cette compression, aidée de la chaleur, il résulte que toutes les parties de l'étoffe qui répondent aux endroits creux de la plaque s'y enfoncent et en prennent la forme, tandis qu'au contraire, toutes les parties de l'étoffe qui répondent aux endroits de la plaque qui n'ont point été évidés se catissent et s'enfoncent par l'effet de la compression; de sorte que tous les dessins qui étaient tracés en creux dans la plaque se trouvent exécutés en relief sur l'étoffe. Ces dessins peuvent même, par suite de l'opération du gauffrage, se trouver colorés d'une autre nuance que le fond de l'étoffe.

Pour produire cet effet, on enduit la plaque toute chaude de matières propres à être teintes, ensuite on l'essuie bien, jusqu'à ce qu'il ne reste plus de teinture que dans les creux; de sorte que lorsqu'on vient à appliquer la plaque, les parties de l'étoffe qui entrent dans les creux en prennent en même temps la forme et la teinture.

La gauffrure des étoffes peut être classée au rang de ces modes qui ont une durée plus ou moins longue, et qui reviennent de temps à autre. Quoique le brillant donné à ce qu'on gauffre se dissipe facilement et ne soit pas d'un long usage, l'imagination des ouvriers n'en a pas moins travaillé à trouver un moyen plus prompt et plus aisé de gauffrer les rubans. Ce fut en 1680 que parurent en France les premiers rubans gauffrés. Comme ils obtinrent une très-grande vogue, et que le procédé qui consistait dans l'application successive des plaques d'acier chargées de divers ornements, entraînait des longueurs excessives, un sieur *Chandelier*, marchand rubanier à Paris, las d'une opération qui occasionnait une perte de temps considérable, imagina une machine en forme de *laminoir*, assez semblable aux laminoirs dont on se sert pour aplatir les lames des métaux, mais beaucoup plus simple. Cette machine se composait de deux cylindres sur lesquels étaient gravées les figures qu'il voulait imprimer sur les rubans. Ces deux pièces principales étaient posées l'une sur l'autre entre deux autres pièces de fer plates, d'environ 50 à 60 centimètres de hauteur, placées perpendiculairement, et attachées sur un banc de bois très-fort et très-pesant, qui soutenait toute la machine. Chaque cylindre tournant sur ses tourillons, avait du même côté, et à son extrémité, une roue à dents, laquelle en s'engrenant dans les dents de l'autre, recevait le mouvement au moyen d'une forte manivelle attachée à l'une de ces deux roues. Lorsque le sieur Chandelier voulait se servir de sa machine, il donnait une chaleur convenable à ses cylindres, plaçait son ruban dans l'espace qui se trouvait entre eux, resserrait ensuite ce même espace au moyen d'une vis qui pressait le cylindre supérieur, tirait le ruban du côté opposé à celui par lequel il l'avait mis; puis, à l'aide de la manivelle qui faisait tourner les cylindres, il gauffrait une pièce entière de ruban en beaucoup moins de temps que d'autres n'en auraient gauffré un mètre en employant l'ancienne méthode. De sorte que le grand débit de ses rubans gauffrés procura au sieur Chandelier une fortune considérable.

Le procédé du gauffrage ne s'applique pas seulement aux rubans, mais encore à toutes les étoffes unies.

Les Chinois connaissent le gauffrage, mais nous ne savons pas s'ils emploient la méthode ancienne ou la nouvelle que nous venons d'indiquer.

TAFFETAS PIQUÉ OU A JOURS, IMITANT LA DENTELLE.

61. Ce genre de tissu, imitant la dentelle, s'emploie pour articles fichus, modes et rubans. Le dessin s'obtient au moyen d'une plaque de cuivre, sur laquelle sont fixées des aiguilles de cuivre poli, lesquelles re-

présentent les différentes parties du dessin. Ces aiguilles doivent être de la grosseur des *jours* que l'on veut obtenir, c'est-à-dire fines dans quelques parties et grosses en d'autres.

La plaque de cuivre s'adapte à une autre plus forte, qui est en fonte, laquelle est destinée à contenir les aiguilles.

Pour piquer ce tissu, on place l'étoffe sur les aiguilles; puis, avec un maillet de poil de sanglier, et de la grosseur d'un gros pinceau, on fait traverser les aiguilles dans l'étoffe. Il faut avoir soin de garnir la plaque de cuivre d'un morceau d'étoffe, afin d'empêcher que le tissu se coupe. Pour humecter le maillet, on se sert d'un certain apprêt; ce qui a pour but de fixer les jours de l'étoffe, ainsi que de détacher le tissu de la planche à aiguilles.

Ce mode d'*application* des *jours* ou de la dentelle, est employé avec succès dans tous les genres de tissus unis, d'une grande réduction.

TAFFETAS DIT CRÊPE.

62. Le crêpe est un tissu taffetas, très-clair et très-léger, fait en forme de gaze, et dont la chaîne et la trame sont en soie *grège*.

L'invention des crêpes vient de Bologne, en Italie; elle fut importée en France vers l'année 1667 par le nommé *Bourgeu*; ou, comme d'autres le prétendent, par un Lyonnais appelé Jacques *Dupuis*, qui le premier en fit fabriquer dans sa ville natale, en conséquence d'un privilège exclusif qu'il avait obtenu du Roi pour un temps limité. Après l'expiration de ce privilège, il fut permis à tous les ouvriers en draps d'or, d'argent et de soie, non seulement de Lyon, mais de toutes les autres villes du royaume, de fabriquer du crêpe ; toutefois, Lyon est demeuré le centre principal de cette fabrication.

Il y a deux sortes de crêpes ; les *crêpes crêpés*, ou crêpes doubles, et les *crêpes lisses*, qui sont unis. La soie destinée pour les premiers est toujours beaucoup plus torse que pour les seconds, parce qu'il n'y a que le plus ou le moins de retors de la soie de la chaîne qui produise le crêpage, lequel s'obtient lorsqu'au sortir du métier on trempe l'étoffe dans l'eau claire, et qu'on la frotte avec un morceau de cire préparé *ad hoc*; c'est ce qui s'appelle lui donner le crêpe, ou la crêper.

Les crêpes, soit lisses, soit crêpés, se blanchissent ou se teignent en noir à froid, et s'apprêtent ensuite avec de l'eau gommée.

Les crêpés sont consacrés au grand deuil, et les lisses au petit deuil ; les blancs ne s'emploient que pour les jeunes personnes vouées à la sainte Vierge, ce qu'on appelle *être vouées au blanc*.

Les crêpes doubles sont ordinairement très-larges, et servent à faire des voiles, des coëffes, etc., etc., pour les femmes qui portent le grand deuil. En Italie, on les vendait au poids avant d'être teints ou blanchis, crêpés et gommés. En France, on les vend après leur préparation sur le premier métrage qui a été fait dans la manufacture, et qui est marqué sur un petit plomb à l'un des bouts de la pièce, avec le numéro, le nom et la marque du fabricant.

CRÊPES DE CHINE.

63. Ce tissu, qui, comme son nom l'indique, est originaire de la Chine, a été longtemps un sujet d'études et une sorte de problème pour nos manufacturiers. Le nœud de la difficulté consistait dans la torsion à donner

aux deux fils de la trame, ainsi que nous l'expliquerons tout-à-l'heure. Le secret de ce procédé a été trouvé par MM. Dugas de Saint-Chamond.

Dans la fabrication de l'étoffe appelée *crêpe de Chine*, il faut employer pour chaîne une soie grège, et pour trame deux fils de soie grège à un seul bout, tous deux exactement de la même grosseur. L'un de ces fils doit tordre ou apprêter à droite, l'autre à gauche; sur chacun de ces coups de trame on donne deux coups de navette: c'est ainsi qu'on obtient cette étoffe grège, qui, *décreusée*, fait exactement le crêpe de Chine.

Nous venons de dire que le procédé de la torsion des fils en sens contraire avait été découvert par MM. Dugas de St-Chamond; il convient d'ajouter que l'on est aussi redevable à ces Messieurs d'une meilleure ouvraison destinée à la fabrication du crêpe en soie grège ou cuite, ou teinte en couleur, jaspé en cru ou cuit, ou avec brins crus et brins cuits, depuis un jusqu'à vingt. Quelques détails sont nécessaires au sujet de ce perfectionnement. Il consiste à remplacer les bobines qui reçoivent la soie par de petits guindres ou *asples* de 13 à 16 centimètres de diamètre sur 22 à 24 centimètres de long. Trois de ces guindres sont enfilés sur le même axe en bois, tournant sur des pivots de fer; chaque guindre répond à six bobines; ils tournent toujours d'un mouvement égal et régulier, et reçoivent la soie toujours également tendue, parce que l'écheveau qui s'y forme n'augmente pas en diamètre d'une manière sensible.

Une fois les guindres suffisamment garnis, on les enlève ou on les remplace par d'autres, et l'on fait repasser la soie sur des bobines. Il est vrai que ce travail nécessite une opération de plus, mais on trouve un ample dédommagement dans la perfection donnée à l'apprêt de la soie.

Les soies qui sortent du cocon et les soies ouvrées pour crêpes ont trop d'apprêt pour pouvoir se disposer en teinture. Si l'on veut employer les soies ouvrées pour crêpes, on est obligé de fabriquer l'étoffe avant de teindre la soie, laquelle n'est mise en couleur que lorsque l'étoffe est fabriquée; il en résulte que l'on n'a jamais pu obtenir d'étoffe fabriquée avec cette soie que dans une seule couleur.

La méthode de M. Bancel, de Paris, donne le moyen de réunir l'opération des deux ouvraisons déjà connues, mais qui n'ont jamais été employées ensemble sur la même soie.

Voici en quoi consiste ce procédé :

La soie sortant du cocon est ouvrée en organsin, en trames, ou en poil; puis on la dispose en teinture, et on la fait ouvrer en soie pour crêpe. Par cette manière de réunir l'ouvraison dite organsin, trame ou poil, et celle dite ouvraison pour crêpe, on peut obtenir les crêpes en plusieurs couleurs mariées ensemble. Ce même procédé procure également l'avantage d'obtenir des gazes à plusieurs couleurs ou à une seule.

En assemblant un fil seulement teint avec un ou plusieurs fils décrués ou teints, on rendra le tissu plus fort et plus brillant.

TAFFETAS DE FLORENCE.

64. Ce tissu est un taffetas en compte léger, dans la réduction d'environ 30 à 40 fils au centimètre (chaîne simple); la réduction en trame est à-peu-près la même, c'est-à-dire que la réduction est *carrée*. Il se trame à un ou deux bouts. Le Florence est la plus légère étoffe qui se fabrique en taffetas. On l'emploie ordinairement pour doublures; il se fait avec des matières courantes.

TAFFETAS DIT MARCELINE.

65. La marceline est aussi un taffetas dont la réduction pour chaîne est la même que celle du Florence, avec cette différence toutefois que la marceline se fait en chaîne double, et se trame à deux ou trois bouts.

Ce tissu est très-doux et très-moëlleux; il a d'ordinaire beaucoup de brillant, et est employé pour robes.

TAFFETAS DIT LOUISINE.

66. Ce tissu se fait sur 4, 6 et 8 lisses. Il est passé au remisse, deux fils sur la lisse n° 1, deux sur la lisse n° 2, deux sur la lisse n° 3, en continuant ainsi jusqu'à la fin du cours, et en recommençant sur les mêmes errements. On le travaille par *lève* et *baisse* comme le taffetas ordinaire. Il est tramé habituellement à 3 ou 4 brins. La réduction de la chaîne doit être d'environ 60 à 68 fils doubles au centimètre, et celle de la trame de 30 à 34 coups au centimètre; de sorte que par le passage des deux fils sur la même lisse cette réduction se trouve être carrée.

La *Louisine* ne possède pas comme toucher les qualités du taffetas ordinaire, mais elle a plus de brillant. On emploie généralement de la trame cuite pour la fabrication de ce genre de tissu, qui presque toujours est soumis à un léger apprêt.

Le taffetas *Louisine* se fait très-souvent en glacé. Sa destination habituelle, en uni, est principalement pour *modes*.

POULT DE SOIE MOIRÉ INÉRAILLABLE, C'EST-A-DIRE QUI N'EST PAS SUJET A S'ÉRAILLER.

67. Cet article, qui a été créé, en 1843, par M. Ti-

gnat, fabricant à Lyon, a l'apparence de la moire ordinaire ; mais il y a entre les deux cette différence, que celui dont nous parlons en ce moment est un composé de deux corps d'étoffes l'un dans l'autre, ce qui le rend très-convenable et parfaitement approprié aux articles qui doivent être brodés.

Le tissu désigné sous le nom de *moire inéraillable*, a le grand avantage de ne pas se froisser; il possède une grande solidité.

On pourrait l'employer *moiré* ou *non moiré*, soit pour meubles, soit pour vêtements.

Ce tissu se fabrique sur deux rouleaux, l'un (n° 1) de 80 portées doubles, ou 6,400 fils doubles; l'autre (n° 2) de 20 portées, soit 1,600 fils simples; passé au remisse; lisse n° 1, rouleau n° 1; lisse n° 2, rouleau n° 2; lisse n° 9, rouleau n° 2; lisse n° 3, rouleau n° 1; lisse n° 4, rouleau n° 1; lisse n° 5, rouleau n° 1; lisse n° 6, rouleau n° 1; lisse n° 10, rouleau n° 2; lisse n° 7, rouleau n° 1; lisse n° 8, rouleau n° 1, et ainsi de suite.

Armure sur 8 coups; 1er coup : lisses n°s 8, 6, 4 et 2 (tramé *dix bouts*); 2me coup : lisses n°s 8, 10, 6, 4, 9 et 2 (tramé dix bouts); 3me coup : lisses n°s 8, 10, 6, 4 et 2 (tramé un bout); 4me coup : lisses n°s 8, 6, 4, 9 et 2 (tramé un bout); 5me coup : lisses n°s 7, 5, 3 et 1 (tramé dix bouts); 6me coup : lisses n°s 7, 10, 5, 3, 9 et 1 (tramé dix bouts); 7me coup : lisses n°s 7, 10, 5, 3 et 1 (tramé un bout); 8me coup : lisses n°s 7, 5, 3, 9 et 1 (tramé un bout).

GAZE DROITÉ.

68. C'est un tissu léger et transparent, qui se traite en plusieurs qualités de réduction, et qui varie de 25 à 80 fils au centimètre. La chaîne et la trame y sont de même nature, et la réduction de l'une et l'autre est la même.

TAFFETAS A DOUBLE FACE, A UNE SEULE TRAME.

69. La chaîne de ce tissu est ourdie par un fil d'une couleur et un fil de l'autre; la trame est d'une seule couleur. Remisse suivi sur 8, 10 ou 12 lisses.

A la première *duite* ou *passée* de trame, toutes les lisses des fils de la même couleur lèvent; à la seconde, toutes les lisses lèvent par moitié de chaque couleur. La troisième s'effectue de même que la première; la quatrième est l'inverse de la seconde.

De sorte que tous les fils du dessus et du dessous le tissu flottent chacun à leur tour, et c'est aux *passées* du milieu que s'opère le *liage* par un fil de chaque couleur.

Cette combinaison de taffetas à double face est d'un emploi fréquent dans les articles façonnés; mais elle convient peu aux articles unis.

TAFFETAS A DOUBLE FACE, A DEUX TRAMES.

70. Le taffetas à double face et à deux trames a pour base la superposition de deux tissus de différentes couleurs, lesquels tissus se lient ensemble de manière à ne former qu'un seul corps d'étoffe, dont la confection nécessite par conséquent deux chaînes et deux trames. L'une des chaînes est à fil double ou triple, l'autre à fil simple. Selon le plus ou moins de force que l'on veut donner au tissu, l'amalgame des deux chaînes sera de un, deux ou trois fils doubles pour un fil simple. L'insertion des deux trames s'effectue successivement; l'une de ces trames a d'ordinaire deux à trois brins, tandis que l'autre n'en a qu'un seul.

A la première insertion, il y a évolution de la moitié des fils simples, et la trame à deux ou trois brins est insérée ; à la seconde, il y a évolution encore de la moitié des fils simples, et aussi de la moitié de la chaîne double ; la trame à un brin, est insérée. Deux autres insertions qui ont lieu successivement pratiquent l'envergure avec les deux premières : de sorte que de deux en deux insertions, la chaîne à fil simple fait gros de tours, et la chaîne à fil double ou triple fait taffetas. Cet ordre d'évolutions produit une superposition de trames, laquelle permet de donner pour chaque corps d'étoffe la réduction voulue pour le taffetas ordinaire.

Le taffetas à double face et à deux trames s'emploie plutôt pour façonnés que pour unis. Il convient aux articles *écharpes unies,* aux *rubans,* etc.

Il est essentiel que ce tissu soit fabriqué avec des comptes de peigne fins et réduits. Il faut aussi que la chaîne soit tenue lâche, pour faciliter la couverture de chacun des côtés du tissu.

FOULARD ÉCRU.

71. Ce tissu, qui se compose d'une chaîne grège et d'une trame *décrouée* ou *décreusée,* subit, étant fabriqué, l'opération de la *cuite,* pour être teint en pièce et passer ensuite à l'impression.

Il est employé pour robes ou mouchoirs appelés *foulards.*

TAFFETAS FLEURET.

72. C'est un tissu dont la réduction en trame et en chaîne est égale, et de 28 fils au centimètre. Il tire son nom de ce que la matière qui le compose est formée de déchets de soie cordés et montés en fleurets très-retors. Ces soies se montent aux environs de Lyon ;

on les nommait autrefois *galettes;* mais elles n'ont pas le brillant des *galettes* proprement dites, que l'on tire aujourd'hui de la Suisse. On les emploie dans la passementerie pour servir de chaine aux galons d'or et d'argent.

On ne fait presque plus de taffetas fleuret ; cet article, qui jadis était d'un assez grand usage, est pour ainsi dire abandonné, et les femmes de la campagne en font seules quelque emploi aujourd'hui.

TAFFETAS ARC-EN-CIEL OU PRISMATIQUE.

73. Le tissu désigné sous la dénomination ci-dessus se fait sur un peigne de 40 dents au centimètre, à deux fils par dent. Il est ourdi par quatre fils *orange*, quatre *lilas*, quatre *verts*, toujours à trois nuances, et ainsi de suite en recommençant dans le même ordre. Il faut que les nuances conservent la même hauteur comme *tons*.

Cette étoffe, lorsqu'elle est seulement tissée, ressemble à un *petit rayé;* mais après qu'elle a passé sur un cylindre chaud et à cannelures, qui lui laisse un sillon régulier de la largeur des trois couleurs réunies, il en résulte des effets de prisme, lesquels sont véritablement remarquables et très-curieux.

La trame est presque toujours blanche, et cependant on peut varier les nuances presque à l'infini.

Cet article réussit très-bien, soit pour *modes*, soit pour rubans.

TAFFETAS FERRANDINE, OU BURAIL.

74. La *Ferrandine*, que l'on appelle aussi *Burail*, est une étoffe légère dont la chaîne est de soie, mais dont la trame est de laine, de poil, de fil ou de coton. C'est une sorte de petite moire ou de poult de soie.

La soie employée pour fabriquer ce genre de tissu doit être ou toute de soie crue, ou toute de soie cuite, sans mélange de l'une et de l'autre.

Autrefois, les fabricants et les marchands de ferrandine constituaient une corporation. A la vérité, les règlements de 1667 pour les manufactures de soie ne mettaient aucune différence entre les ferrandiniers et les autres ouvriers en draps d'or, d'argent ou de soie. Il existait cependant à Paris une communauté de maîtres ferrandiniers-gaziers, qui semblaient faire un corps à part, et poursuivaient des statuts particuliers, sous le nom de *marchands-fabricants*. Ils étaient divisés en deux catégories : dans la première se trouvaient compris ceux qui retenaient la dénomination de ferrandiniers, et qui ne faisaient que des ferrandines et des grisettes ou autres étoffes légères mêlées de soie, de laine, de fil, de poil et de coton; dans la seconde, se rangeaient ceux qui ne fabriquaient que des gazes, et se faisaient appeler *gaziers* ou *gazetiers*. Aujourd'hui l'étoffe désignée sous les noms de *ferrandine* ou *burail* ne figure presque que comme mémoire dans la nomenclature des tissus.

Cet article se fabrique très-peu maintenant, et il est abandonné à la campagne. Mais la dénomination de *ferrandiniers* a joué un certain rôle dans ces dernières années, et nos lecteurs seront satisfaits sans doute de connaître l'origine de cette appellation.

GRISETTES.

75. C'étaient de petites étoffes légères, ordinairement mêlées de soie, de laine, de fil, de poil ou de coton, et quelquefois toutes de laine, qui servaient dans l'origine aux vêtements de la classe ouvrière, et furent adoptées plus tard par des personnes du premier rang.

Les étoffes appelées grisettes étaient *grises* primitivement, et c'est sans doute ce qui avait déterminé le nom qu'elles portaient ; depuis, on en fit de toutes couleurs et façons, de pleines, de rayées, à fleurs, etc. ; mais la dénomination première se conserva néanmoins toujours.

Les grisettes fabriquées et vendues par les Ferrandiniers étaient pour la plupart des espèces de ferrandines. Il s'en faisait pourtant dans le genre des étamines.

SIAMOISE.

76. On désigne sous ce nom une étoffe mêlée de soie et de coton qui parut pour la première fois en France, lorsque les Ambassadeurs du Roi de Siam vinrent à Versailles, sous le règne de Louis XIV. A cette époque, on fabriqua dans les manufactures françaises des étoffes toutes de soie, auxquelles on donna le nom de *Siamoises*, nom qui était alors fort à la mode, à cause de la singularité de l'ambassade, et de la magnificence avec laquelle les envoyés de Siam furent accueillis. Mais la fabrication des siamoises toutes de soie a été depuis longtemps abandonnée, ou plutôt les tissus qui avaient reçu cette dénomination ne tardèrent pas à se ranger, comme auparavant, parmi les satins façonnés.

Quant aux siamoises mêlées de soie et de coton, et c'est de celles-là que nous avons à nous occuper en ce moment, on les a classées parmi les mousselines, et dans ce genre elles forment une espèce à part.

Le tissu dont nous parlons se fait avec un remisse sur quatre lisses, les six premiers fils suivis sur les lisses n° 1 et n° 2, six autres fils suivis sur les lisses n° 3 et n° 4 ; la première passée de trame a lieu sur les lisses n°s 1, 3 et 4 ; la deuxième, sur les lisses n°s 1 et 4 ; la troisième sur les n°s 1 et 3 ; la quatrième sur les n°s 2 et 3, et ainsi de suite.

L'ourdissage se fait à une seule chaîne simple ou double.

ALLEGEAS OU ALLEGIAS (1).

77. On donne ce nom à des étoffes unies fabriquées aux Indes-Orientales. Il y en a de plusieurs sortes. Les unes sont de soie, d'autres de coton, d'autres enfin de diverses espèces d'herbes qui se filent comme le chanvre et le lin.

ARMOISINS DES INDES.

78. Nous avons parlé des taffetas armoisins et demi-armoisins, qui se fabriquaient les premiers en Italie et à Lyon, et les seconds à Avignon. Bien que les armoisins d'Europe fussent généralement assez médiocres, comme qualité, ils étaient cependant supérieurs à ceux qui se font aux Indes. Les couleurs de ces derniers sont ordinairement fausses, surtout le rouge et le cramoisi. Ces tissus ont peu de lustre et point de brillant.

On distingue deux sortes d'armoisins des Indes : les *Arains*, qui sont des taffetas rayés ou à carreaux, et les *Damaras*, qui sont des taffetas à fleurs.

Le mot *Armoisin* dérive, dit-on, de l'Italien *Armesino;* d'autres prétendent que cette désignation aurait été donnée à cette espèce d'étoffe, parce que l'on mettait des armoiries sur la toile qui lui servait d'enveloppe.

---

(1) Nous avons indiqué déjà bon nombre d'étoffes unies de la Chine et des Indes. Bien qu'il soit presque impossible de donner une nomenclature complète des tissus fabriqués dans ces contrées, car les variétés consistent dans l'emploi de la matière plutôt que dans le mode de tissage, nous allons cependant citer encore plusieurs noms de tissus Indiens ou Chinois.

BELELACS.

79. Sous cette dénomination on désigne une espèce de taffetas fabriqué au Bengale. Les Anglais en envoyaient beaucoup autrefois de Madras aux îles Manilles.

CHUQUELAS.

80. Étoffes de soie et de coton, fabriquées aux Indes-Orientales. Tous les *Chuquelas* sont rayés, et ne diffèrent que parce qu'il y en a à grandes et à petites raies. Leur longueur varie de 8 à 9 mètres jusqu'à 19 ou 20.

CHERCOLÉES OU CHERCONNÉES.

81. Ce ne sont, à peu de chose près, que des Chuquelas, car la matière est la même; la seule différence qui existe et qui est peu considérable, c'est qu'il y a des chercolées à carreaux, tandis que les véritables chuquelas sont toujours rayés.

CIRSAKAS OU SERSUKERS.

82. Étoffe composée en grande partie de coton, et d'une petite quantité de soie. Il y a tout lieu de présumer que cette étoffe est la même que les Hollandais de Batavia tiraient du Bengale sous le nom de *sirsake*.

GILHAMS.

83. Sorte d'étoffe de soie fabriquée à la Chine, et qui est propre soit pour l'usage du pays, soit pour l'importation. Les *Gilhams* qui se font dans la province de Nankin sont vendus par assortiment pour être envoyés au Japon, où ils sont assez recherchés.

KEMEAS.

84. Nous ne pouvons que répéter ce que nous avons dit déjà sur ce tissu, qui est un taffetas à fleurs de soie.

LINTHÉES.

85. Cette espèce de tissu se fabrique à la Chine, dans la province de Nankin; il fait partie des assortiments d'étoffes que l'on destine pour le Japon.

MAAYPOOSTEN.

86. On donne ce nom à une sorte d'étoffe de soie fabriquée aux Indes-Orientales.

MONTICHICOURS.

87. Tissus mélangés de coton et de soie, fabriqués aux Indes-Orientales.

PANG-FILS.

88. Cette étoffe de soie, qui se fait en Chine, principalement dans la province de Nankin, se vend par assortiment, soit pour la consommation du pays, soit pour le Japon.

PATOLES.

89. Ce sont des pièces de soie colorées et bordées, de diverses façons, de figures peintes ou imprimées; la longueur de chacune est d'environ 5 mètres, et la largeur de 90 centimètres. On les fabrique aux Indes et dans les environs de Surate. Elles sont destinées pour

les îles de la Sonde, mais plus spécialement pour les Javanais, qui s'en parent comme d'un vêtement précieux qui ne couvre que depuis la ceinture jusqu'en bas. Toute la pièce d'étoffe s'emploie à faire plusieurs tours au haut de la ceinture suivant sa longueur, et sa largeur couvre le bas du corps en façon de jupe très-étroite. Les riches Javanais en portent tous. Le prix de cette étoffe est assez élevé; cependant il est susceptible de varier, suivant qu'elle est plus ou moins bien confectionnée.

PELINGS, PELAINS OU PELANGS.

90. On donne indifféremment ces trois noms à des sortes d'étoffe de soie qui se fabriquent à la Chine. Il y en a de blanches, de couleurs, de simples, de demi-doubles et de triples.

Les tissus désignés sous ces dénominations entrent dans les assortiments destinés au Japon. Les pelings composaient aussi la plus grande partie des étoffes de soie de fabrication Chinoise importées en Europe par les Hollandais.

PINASSES ET BIAMBONNÉES.

91. Ce sont des étoffes fabriquées aux Indes, de l'écorce d'un arbre qui se file comme le chanvre. Les longs filaments que l'on tire de cette écorce après qu'elle a été battue puis rouïe dans l'eau, composent un fil qui tient en quelque sorte le milieu entre la soie et le fil ordinaire; car il n'est ni aussi doux et aussi lustré que la soie, ni aussi dur et aussi mat que le chanvre.

On mêle de la soie au fil d'écorce pour fabriquer quelques-unes de ces étoffes; celles-là sont les *guingans*, les *nillas*, les *cherquemolles*.

Les *fotalongées* sont aussi partie écorce et partie soie, et ne diffèrent des autres que parce qu'elles sont rayées.

Quant aux *pinasses* et aux *biambonnées*, elles sont faites seulement d'écorce.

Toutes ces étoffes ont une longueur de 9 à 10 mètres sur 90 centimètres ou un mètre de largeur. Les *cherquemolles* n'ont que 5 mètres de longueur environ.

SHAUB OU BAFFETAS.

92. On désigne sous l'une et l'autre de ces deux appellations des étoffes fabriquées aux Indes, mêlées de soie et de coton, et de diverses couleurs. Elles comportent une longueur d'environ 8 à 9 mètres sur 90 centimètres de largeur.

SOIES.

93. Les étoffes qu'en Chine on nomme simplement des *soies*, sont de petits taffetas fabriqués à Canton.

SUSCES.

94. Ce sont des espèces de taffetas qui se font au Bengale. Madras en expédiait une assez grande quantité aux îles Manilles.

TEPIS.

95. Etoffe de soie et de coton que l'on fabrique aux Indes-Orientales; mais il y entre fort peu de soie; aussi est-ce l'une des plus communes de celles qui sont importées en Europe. Les tepis ont depuis 6 jusqu'à 8 mètres de longueur, et 80 centimètres de largeur.

TONQUIN BLANC.

96. Etoffe de soie ordinairement blanche, qui vient de la Chine. Selon toute apparence, elle fut primitivement fabriquée dans le Tonquin, d'où elle a pris le nom qu'elle porte, et qu'elle a conservé dans les manufactures Chinoises. On sait que depuis sept ou huit siècles, et par suite d'une révolte des Tonquinois, ce pays qui auparavant était une province de la Chine, forme aujourd'hui un Etat séparé, dont les habitants paient seulement un modique tribut annuel à l'Empereur de la Chine, ancien souverain du Tonquin.

MODÈNE.

97. On nommait de ce nom, probablement parce qu'elle se fabriquait dans la ville de Modène en Italie, une petite étoffe mêlée de fleuret, de poil, de fil, de laine ou de coton.

PAPELINE.

98. Selon toute vraisemblance, ce tissu tirait sa dénomination de ce qu'il fut primitivement fabriqué à Avignon et en d'autres endroits du Comtat-Venaissin, appelé autrefois *terre papale*, parce que, comme on le sait, il a appartenu aux Souverains Pontifes jusqu'en 1789.

La papeline était une étoffe légère, dont la chaîne était de soie et la trame de fleuret ou filoselle. Il s'en faisait de plaines, de figurées, et de toutes couleurs. Les étoffes appelées grisettes, et dont nous avons parlé plus haut, tenaient beaucoup des papelines.

Les papelines se faisaient à deux, à quatre fils par dent, et même à un plus grand nombre; mais à quelque nombre de fils qu'elles fussent travaillées, toutes devaient avoir de 60 à 80 centimètres de largeur; et pour les distinguer des étoffes de fine et pure soie, elles devaient avoir d'un seul côté une lisière de couleur différente de celle de la chaîne.

On fabriquait aussi quelques papelines à Genève, mais des plus belles se tiraient de Gênes.

SAMIS OU SAMILIS.

99. Ancienne étoffe très-riche, tramée de lames d'or, de manufacture vénitienne. Depuis fort longtemps, on en a abandonné la fabrication. Une tradition, dont nous ne prétendons pas garantir l'authenticité, dit que le fameux oriflamme que nos rois allaient prendre solennellement à l'abbaye St-Denis, lorsqu'ils se préparaient à entrer en campagne, était d'étoffe *samis* ou *samilis*.

Il y avait des samis tout soie; d'autres où il n'entrait pas de soie.

Les tarifs de la Douane de Lyon, de 1632, mentionnent quatre sortes de samis : les samis de Florence, de Bologne et de Naples, et les samis sans soie.

TABIS.

100. On donnait ce nom à une sorte de gros taffetas ondé, qui se fabriquait comme le taffetas ordinaire, avec cette différence qu'il était plus fort en chaîne et en trame. Les tabis étaient ondés par leur soumission à la calandre.

Les *tabis plains*, ainsi que les désignait le règlement de 1667, devaient avoir une largeur équivalente de 60 à 75 centimètres entre les deux lisières; cette largeur pouvait même être augmentée proportionnellement, en

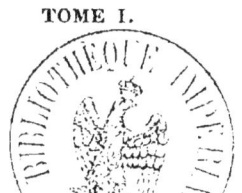

augmentant aussi les portées dans les peignes, soit de 4, soit de 6, de 8 ou de 12 fils par dent.

D'après ce même règlement, les tabis, de quelque largeur qu'ils fussent, devaient être faits en deux ou trois fils pour chaque dent de peigne; leurs chaînes devaient être d'organsin filé et tordu au moulin, et leurs trames doublées et montées aussi au moulin. Le tout de fine et pure soie cuite; on ne devait y employer ni fleuret, ni galette, ni bourre de soie. Pour les distinguer, les tabis à trois fils avaient une lisière à chaînette de différentes couleurs.

TOILES DE SOIE.

101. Sous cette dénomination, on désigne une petite étoffe très-claire, très-légère et non croisée, employée pour fichus de femme et mouchoirs de cou. D'après le règlement de 1667, les toiles de soie fabriquées à Paris, à Lyon et à Tours, devaient être de bonne et pure soie, tant en chaîne qu'en trame.

Il se faisait aussi, à Saint-Quentin et dans quelques autres localités de la Picardie, une sorte de toile de soie très-claire, propre à passer des liqueurs ou à faire des tamis.

MONCAHIARD OU MOCAYAR.

102. On donnait aussi les noms de *Burat*, ou *Burail*, à cette sorte d'étoffe très-fine, ordinairement noire, composée d'une chaîne de soie et d'une trame de fil de laine de layette. Ce tissu se fabriquait en Flandre, particulièrement à Lille, à Roubaix et à Tourcoing. Il se faisait des moncahiards simples ou lisses, d'autres croisés; à ceux-ci on donnait habituellement le nom de serge de Rome.

On a fabriqué autrefois ce genre de tissu à Anvers, mais en petite quantité.

BOMBASIN DE SOIE.

103. Cette étoffe se fabriqua d'abord à Milan, et plus tard dans quelques villes de la France. Il se faisait des étoffes de coton appelées aussi *Bombasin*. Il ne se fait plus actuellement de bombasins de soie, et nous n'en parlons que pour mémoire. C'est au même titre que nous mentionnerons divers autres genres de tissus unis, et notamment celui qui vient ci-après.

CANABASSETE.

104. Dans les Tarifs de la Douane de Lyon, de 1632, il est question de cette espèce d'étoffe. On distinguait deux sortes de Canabassete; l'une qui était rayée de soie, et l'autre dans laquelle on ne faisait entrer aucune partie de soie.

VELOURS SIMULÉ.

105. Ce tissu est celui qui, par sa conformation, se rapproche le plus du *gros d'Afrique*. Toutefois, la chaîne du velours simulé est sur deux rouleaux : le rouleau simple doit être beaucoup plus tendu que le rouleau double; par conséquent, le pas simple doit être ourdi séparément. La chaîne du pas double doit avoir un tiers de plus en longueur que celle du pas simple. Si, par exemple, la chaîne simple a 40 mètres de longueur, la chaîne double devra en avoir 60. Les fils simples étant beaucoup plus tendus que les doubles, contribuent à former le relevé au passage du *gros coup coton*, qui a

lieu sur le pas double, tandis que le coup fin en *trame* s'effectue sous le pas simple.

On emploie ordinairement des cotons *câblés*, c'est-à-dire très-retors, afin de donner le plus possible à l'étoffe l'aspect d'un velours frisé.

GROS DE TOURS.

106. C'est un tissu qui a l'aspect du *poult de soie*; car le grain en est le même, et le rapport s'effectue sur quatre coups; les mêmes lisses relèvent deux fois; par conséquent, deux coups de trame ne forment qu'un grain. L'ourdissage se fait sur une seule chaîne, dans la même proportion que les poult de soie. Remisse suivi sur 6 ou 8 lisses.

Cette combinaison de tissage vient faciliter une réduction plus forte aux parties à bande satin et gros de Tours, dans les étoffes d'une grande réduction, où la partie satin aura par exemple 48 coups au centimètre, tandis que la partie gros de Tours, poult de soie, n'en représentera que 24.

GROS D'ORLÉANS.

107. Le gros d'Orléans résulte d'un ourdissage combiné, dont la disposition se fait ainsi : 7 fils sont ourdis par un fil triple et un fil simple, puis deux fils ourdis double; sept fils ourdis comme les premiers, mais en sens inverse, par un fil simple, un fil triple; enfin encore deux fils doubles.

Ce mode d'ourdissage est susceptible de varier plus ou moins, mais toujours dans l'ordre que nous venons d'indiquer.

Ce tissu se fait, remisse suivi, sur huit lisses ordinairement et à deux navettes, l'une de la même couleur que celle de la chaîne, l'autre de nuance glacée. Le gros d'Orléans a l'aspect d'un petit *jaspé* régulier, par l'effet de la trame glacée, qui ressort plus ou moins.

VELOURS D'ITALIE, OU VELOURS A LA REINE.

108. Ce tissu se fait sur huit lisses; remisse suivi; réduction de 60 à 80 fils au centimètre; tramé deux coups fins et un coup gros. Le premier coup fin lève les lisses n°s 1, 3, 4, 7 et 8; le deuxième lève les lisses n°s 1, 2, 4, 5, 6 et 8. Le coup tramé gros lève les lisses n°s 2, 4, 6 et 8. Le quatrième coup, qui est tramé fin, lève les lisses n°s 2, 3 et 4; 6, 7 et 8. Le cinquième coup, les lisses n°s 2, 3, 5, 6 et 7. Le sixième, qui est tramé gros, lève les lisses n°s 1, 3, 5 et 7.

Le velours d'Italie, autrement dit velours à la Reine, se rapproche du velours simulé et a le même aspect que celui-ci; la différence entre le tissage de l'un et de l'autre est que, pour celui dont nous nous occupons maintenant, il y a deux coups fins pour un coup gros.

L'ourdissage de ce tissu se fait sur une seule chaîne et à fil double.

GROS D'ÉTÉ.

109. Le *gros d'été* a certains rapports avec le velours simulé; il est tissé aussi avec deux chaînes; mais la trame est uniforme, et ordinairement à deux ou trois bouts. Comme pour le velours simulé, le rouleau *simple* est plus tendu que le *double*, et celui qui a le moins de tension sert à donner le relief au grain. Le pas double s'ourdit quelquefois en triple, et même en quatruple; la réduction, y compris les deux chaînes, est

ordinairement de 60 à 80 fils au centimètre. Ce tissu est destiné à subir un apprêt.

GROS DE LYON.

110. La chaîne de ce tissu est dans les mêmes conditions que celle du *poult de soie ;* avec cette différence qu'elle est ourdie sur deux rouleaux ; 1/3 sur un et 2/3 sur l'autre. Par conséquent, passée aux lisses, deux fils suivis, un fil sur la lisse n° 1 et un fil sur la lisse n° 2. Le rouleau n° 2, un fil passé sur la lisse n° 3. Le rouleau n° 1, un fil sur la lisse n° 4, et un sur la lisse n° 5. Le sixième fil est pris sur le rouleau n° 2, et passé sur la lisse n° 6.

Ce genre d'étoffe se travaille en taffetas; seulement, on attache les deux lisses n° 1 et n° 2 à la lisse n° 3 ; la lisse n° 4 et la lisse n° 5 se croisent avec la lisse n° 6, et ainsi de suite.

111. GROS DE BERLIN.

112. GROS DE SUISSE.

113. GROS D'ALGER.

114. GROS DE CHINE.

(Les quatre tissus ci-dessus dénommés ne sont que des variétés du *gros d'été.* Le mode de fabrication en est le même, sauf la *côte* plus ou moins rapprochée. Il n'y a donc pas besoin d'entrer à leur sujet dans de plus amples développements.)

TAFFETAS TOILE D'OR ET D'ARGENT.

115. La chaîne et le poil, dans cette étoffe très-délicate, ont le même nombre de fils que dans les tissus

taffetas ordinaires; le peigne doit être de 30 dents au centimètre et à 8 fils simples ou quatre doubles par dent. Poil et chaîne étant ordinairement de la couleur de la dorure, cette étoffe n'est point *accompagnée*. La chaîne est montée en taffetas ordinaire pour le coup de fond et toile en sergé; il faut quatre coups de fond au lieu de deux, de même que dans les autres étoffes montées en taffetas.

Une belle toile doit être faite à deux bouts de fil d'or; mais, pour qu'ils ne se croisent pas, ces deux bouts ne doivent point être passés ensemble. Il faut cependant qu'il y en ait deux sous les fils de chaque lisse. Et à ce sujet il convient de faire observer que, bien que dans les tissus taffetas ordinaires, on passe une navette à deux tuyaux pour passer deux bouts ensemble, il faut pour l'étoffe dont nous parlons en ce moment passer deux navettes contenant chacune un bout, et changer de lisse à chaque coup de navette d'or ou d'argent qui passe de suite. Puis, lorsqu'on passe le coup de trame, on reprend la même lisse qui a lié le second coup ou le coup précédent, et on continue d'après les mêmes errements.

TAFFETAS A CARREAUX.

116. Sous la dénomination générique de *taffetas à carreaux*, on comprend :

1° Les *taffetas à carreaux* proprement dits, c'est-à-dire ceux qui sont ourdis par *bandes* ou *rayures* égales, et tramés dans les mêmes proportions que celles observées pour l'ourdissage. Ce genre ne comporte que deux ou trois nuances; c'est le plus simple de tous.

2° Les *Taffetas quadrillés*. Ce sont ceux dont les carreaux sont irréguliers, c'est-à-dire dont les couleurs de la trame n'ont pas la régularité des effets de chaîne, soit comme nuances, soit comme proportion. Ici le nombre des nuances varie beaucoup plus.

3° *Taffetas Ecossais*, ainsi appelés, parce qu'ils nous viennent de l'Ecosse. Chacun des anciens districts ou cantons de ce pays, et on en comptait vingt et quelques, avait son type particulier dans l'arrangement des couleurs qui entraient dans les vêtements et les ornements des deux sexes.

Le genre *écossais* est le plus riche des taffetas *à carreaux*. Il présente plus de variétés en nuances et en dispositions. Le carreau de l'écossais est toujours régulier, c'est-à-dire que toutes les couleurs de la chaîne se trouvent reproduites par la trame.

TAFFETAS RAYÉS A DISPOSITIONS.

117. Les dispositions s'obtiennent par entente d'ourdissage, c'est-à-dire que la chaîne est ourdie par un certain nombre de fils de telle couleur et un certain nombre de fils de telle autre, disposés soit régulièrement, soit irrégulièrement.

Ces combinaisons, qui varient à l'infini, ne produisent de bons résultats que par l'entente parfaite du mélange des nuances et de leur assemblage; car il faut éviter qu'elles aient entre elles une opposition trop marquée, qui serait choquante et nuirait à l'ensemble de l'aspect. Il est essentiel que les nuances réunissent la fraîcheur et la pureté. Il est donc indispensable pour créer d'heureuses variétés dans ce genre de tissus, de posséder les connaissances théoriques de l'harmonie des couleurs, ou tout au moins une expérience consommée qui supplée aux connaissances théoriques.

Bien que le champ des dispositions ait été largement

exploité, sa fécondité est bien loin d'être épuisée; et quoique les créations en ce genre aient offert les plus grandes variations, l'imagination peut encore trouver amplement matière à exercer son génie inventif. De même que l'on peut, avec les signes de l'alphabet, ajouter de nouveaux mots à tous ceux qui existent déjà dans notre langue; de même que les notes de musique peuvent fournir au compositeur de nouvelles combinaisons musicales; de même aussi de nouvelles et heureuses combinaisons pourront augmenter encore le nombre déjà considérable des variétés de dispositions.

Les taffetas rayés se font à chaîne double et à chaîne simple, et en diverses qualités; quelquefois ils sont *tramés glacés.*

TISSUS-TAFFETAS TRAMÉS CHEVEUX, CHAÎNE SOIE.

118. En général, les cheveux ne sont pas une matière très-fine ni très-douce; ils n'ont pas autant de raideur ni d'élasticité que le crin; mais ils en ont plus qu'aucune autre matière susceptible de la filature, et qu'on emploie ordinairement en tissu quelconque. Mais chacun des individus qui fournissent des cheveux n'en pouvant fournir une grande quantité à la fois, on ne saurait en réunir beaucoup sans qu'il y ait mélange de bien des sortes; on ne doit donc pas s'attendre à avoir de très-belles étoffes de cheveux.

En effet, croisées ou unies, si la filature en est très-torse, elles ne sont rases qu'avec aspérités; elles sont très-sèches, et toujours un peu dures et rudes : si la filature est moins torse, et qu'on ait eu en vue de faire fouler l'étoffe qui doit en résulter, cette étoffe sera susceptible de subir cette opération; elle rentrera, prendra de la consistance, et fournira du poil au garnissage; mais ce poil conservera son état sec et rude;

l'étoffe aura acquis de l'épaisseur, de la force et du poids, assez même pour devenir lourde, sans néanmoins être bien douce, ni procurer beaucoup de chaleur.

Telles sont les observations que l'on peut faire en général sur les tissus-cheveux. Cependant on a depuis longtemps employé les cheveux en cordons de montres, de cannes, en bracelets, chiffres, bagues, etc. D'ailleurs, puisqu'on faisait des étoffes avec de la laine et des poils d'animaux, pourquoi ne serait-on pas arrivé à en faire aussi avec les cheveux? Aussi voyons-nous, dès l'année 1780, un M. Girault, armurier à Tours, faire annoncer dans une *revue* de l'époque, intitulée : *Nouvelles de la République des lettres et des arts,* qu'il avait établi une manufacture dans laquelle il réduisait au filage toutes sortes de cheveux, et faisait fabriquer des étoffes de cheveux seuls, de cheveux mélangés avec de la laine.

Il procédait de la manière suivante : Les cheveux étaient d'abord débouillis à l'eau pure, puis peignés, filés, ourdis et tissés : la filature était plus torse, si l'on voulait une étoffe rase; si, au contraire, on voulait obtenir une étoffe foulée, on tordait moins les cheveux à la filature.

Aujourd'hui le tissage des cheveux produit des résultats assez beaux. Cet article se tisse d'ordinaire avec une chaîne soie fortement montée.

L'endroit de l'étoffe, de même que dans les tissus-crins, est toujours formé par la trame et a presque toujours lieu en dessus. Le tissage s'opère d'après les mêmes principes que pour les tissus-crins, toutefois avec cette différence que les cheveux n'ont besoin d'être maintenus que dans une légère humidité.

Ce qui contribue le plus à la beauté de ce genre de tissu, c'est surtout l'assortiment des cheveux tant en grosseur qu'en couleur.

TISSUS-TAFFETAS TRAMÉS BOIS CHAÎNE SOIE CRUE.

119. Tous les bois blancs, sans nœuds et à droits fils, sont susceptibles d'être utilisés pour ce genre de tissage.

On égalise les filaments, en largeur et en épaisseur, sur une longueur d'environ 60 à 70 centimètres, à l'aide d'un rabot qui est poussé soit avec la main, soit par une mécanique. Cet instrument est fait de manière à préparer plusieurs brins à la fois d'une seule poussée.

Ce tissage se fait au crochet. La chaîne est en coton retors ou en soie crue.

Les brins de bois sont séparés quelquefois d'un coup à l'autre par plusieurs coups de trame, ce qui a lieu également dans les tissus-crins.

Presque toujours confectionné en armure taffetas, le tissu-bois est employé soit pour chapeaux, soit pour garnitures intérieures de chapeaux de dames. Toutefois les tissus-bois, comme garnitures, sont maintenant remplacés avec avantage par l'étoffe appelée *cannevas*. Le *cannevas* confectionné pour cet usage est dans le genre de celui qui sert à la broderie, mais la matière est inférieure, et il a aussi moins de régularité.

TISSUS-TAFFETAS CANNEVAS.

120. La chaîne et la trame de ce tissu doivent être de même nature, toutes deux retorses et de même titre ou numéro; la chaîne est quelquefois en soie. On ne le fait qu'avec l'armure taffetas.

Il faut que, dans sa confection, le *tissu cannevas* présente toujours une suite de carrés réguliers, pouvant servir à la reproduction des broderies de dessins faits primitivement sur le papier de mise en carte. Ainsi, supposons que sur la mise en carte il y ait cent petits carreaux sur la largeur de 20 centimètres, il devra s'en retrouver le même nombre sur la longueur. C'est par ce motif que l'on ne se sert que de papiers réguliers, tels que 8 en 8, 10 en 10, etc., dans la mise en carte appliquée à la broderie.

Il est essentiel pour la régularité de la confection du tissu-cannevas, qu'il soit tissé au moyen d'un régulateur.

TISSUS TAFFETAS TRAMÉ VERRE.

121. Si quelqu'un eût osé soutenir, il y a trente ans, qu'il était possible d'employer le verre au tissage, (le verre! l'une des matières les plus fragiles qui existent dans la nature!) on l'aurait, à coup sûr, traité d'insensé, et son idée eût été qualifiée de chimère. Et pourtant, ce que la généralité, ou plutôt la presque totalité des individus aurait considéré sans doute comme un projet irréalisable, a été accompli et traduit en fait. On est parvenu à réduire le verre en fil, puis en toile, enfin il a été approprié au tissage.

A la vérité, comme il arrive presque toujours quand il s'agit de découvertes extraordinaires, celle-ci s'est produite timidement et avec lenteur. Les échantillons de *tissu-verre* n'étaient qu'en petit nombre à l'exposition de 1839, où cette nouveauté merveilleuse se montra pour la première fois, et la rareté de ces *spécimens* eut pour conséquence de ne faire sur les esprits que l'impression de la surprise. Les doutes n'étaient pas encore levés, on n'était pas convaincu. Depuis, un habile manufacturier de Paris, M. Théodore Dubus, est parvenu, en tirant parti de tous les secrets de la malléabilité du verre, à confectionner des tissus qui, s'ils n'atteignent pas la perfection, arrivent du moins à une régularité satisfaisante. Des *tissus-verre* d'une beauté incontestable ont figuré à l'Exposition de 1844 (1).

C'eût été pousser trop loin l'exigence que de demander à ce genre de tissu la souplesse que l'on obtient avec les matières ordinaires. Le tissu-verre était spécialement destiné pour des objets qui sont à l'abri d'un froissement trop souvent renouvelé : tels que tentures, rideaux fixes, ameublements, etc., etc. ; mais surtout pour ornements d'église, chappes, chasubles, etc., parce que les bordures et encadrements qu'on y ajoute produisent d'assez beaux effets.

Pour être approprié au tissage, le verre est filé si fin qu'on ne peut l'employer que comme trame ; à raison de sa finesse, on est obligé d'en réunir à la fois de 30 à 50 brins, que l'on passe dans la chaîne, sans *retour;* ce qui se fait au moyen du crochet, comme pour le tissu-crin.

Il est essentiel d'apporter à ce genre de tissage les soins les plus minutieux. L'une des plus grandes difficultés consiste à prendre toujours, sinon absolument, du moins très-approximativement, le même nombre de brins pour chaque passée. Nous disons *très-approximativement,* car il est à-peu-près impossible d'en saisir chaque fois un nombre parfaitement égal, puisqu'un seul brin étant presque imperceptible à l'œil nu, on serait obligé de perdre un temps infini à les compter exactement. C'est de là que proviennent les irrégularités et les ondulations que l'on remarque toujours dans ces tissus.

---

(1) Bien que le tissage du verre fût encore à son enfance, en 1840, lors du retour de la dépouille mortelle de Napoléon 1er, la décoration et toutes les tentures de la chapelle des Invalides étaient en tissu chaîne soie tramé verre; sur ces décorations on remarquait des aigles de 40 à 50 centimètres de haut, couleur pensée et or; c'est-à-dire fond satin pensée et tramé de verre couleur or.

Ces sortes de tissus sont recherchés lorsque la mode les favorise, pour garnitures de robes, palatines, manchons, camails, colliers, boas, fourrures diverses, et même pour articles *modes*, chapeaux, etc.; parce que les plumes conservent parfaitement les couleurs variées qu'elles ont pu recevoir. Ce genre de fabrication est aussi employé sur des fonds tissés sans plumes, pour quelques parties détachées, soit pour *mouches, larmes,* etc.; mais la chaîne et la trame ne peuvent plus être de matière inférieure, parce qu'alors elles sont apparentes. Toutefois, en ce qui concerne les tissus en plume, seulement partiels, le choix de la trame et de la chaîne reste subordonné soit au plus ou moins de richesse que l'on veut donner au tissu, soit aussi à l'armure que l'on veut exécuter sur le fond.

Lorsque les tissus-plumes sont façonnés, la mise en carte se fait d'une manière particulière, et qui permet d'exécuter un dessin sur quatre lisses ou sur deux lisses seulement; en sorte que le remettage se trouve ainsi interrompu dans toute sa longueur, mais régulièrement, c'est-à-dire que, sur un remisse de quatre lisses, on passe d'abord un certain nombre de fils en remettage suivi; par exemple, dix sur les deux premières lisses; puis dix autres sur les troisième et quatrième, également en taffetas. Dans cette supposition, la disposition ne faisant lever qu'une seule lisse à la fois, soit la première, cinq fils seulement lèveront avec elle, et quinze fils resteront en fond; il en sera de même pour chaque lisse dans toute la largeur de l'étoffe.

A chaque coup, il se fait dans la chaîne assez de vide pour que l'ouvrier puisse aisément y passer une plume; si ces plumes sont en duvet, on en réunit pour chaque *prise* une petite quantité, laquelle devra, autant que possible, être égale pour chacune des prises, tant en volume qu'en longueur.

Lorsque les plumes ont été passées dans chaque prise, l'ouvrier donne un coup de battant, puis change le pas, fait lever la troisième lisse et passe la plume, comme il a fait pour la première; ensuite il donne un deuxième coup de battant, et fait lever la seconde et la quatrième lisses; il passe alors la trame filée, qui, au moyen du remettage suivi, lie en taffetas toutes les plumes dans la totalité de la largeur du tissu.

Il est à propos de remarquer qu'il n'y aurait rien de changé à cette fabrication, si au lieu de faire lever alternativement la première et la troisième lisses pour le passage des plumes, on levait tour-à-tour la deuxième et la quatrième; seulement il en résulterait que ce serait alors sur la première et la troisième lisses qu'aurait lieu le coup de liage par la trame naturelle.

D'après ce qui précède, on comprendra qu'en admettant que l'intercallation des plumes ait lieu par dix fils, pour exécuter ce genre de tissage en façonné, le dessin devra être peint sur la carte par dizaines. A l'égard de la réduction du papier, elle dépend, comme dans tous les genres d'étoffes, de la réduction de la chaîne avec la trame.

L'enroulement s'opère comme pour les peluches et les velours frisés, au moyen d'un rouleau piqué et sablé.

Quoique le mode de fabrication applicable à l'espèce dont il s'agit ici soit assez simple pour permettre à l'ouvrier de tisser en même temps qu'il lit le dessin, il y aurait cependant économie pour les fabricants à faire exécuter ces tissus par un montage à la Jacquard, surtout si le dessin comportait des plumes de diverses couleurs.

VELOURS OTTOMAN.

123. Le tissu désigné sous ce nom est produit par

un effet de flotté de chaîne, qui se succède par les fils impairs et les fils pairs, lesquels simultanément, et de quatre en quatre insertions, passent les uns *sur* et les autres *sous* un autre tissu taffetas, qui est entièrement recouvert par les flottés.

C'est un tissu qui remplit ici l'intervalle du point d'envergure de la chaîne; il en résulte que la côte transversale formée par la superposition des flottés sur le taffetas est moins relevée, moins dure que dans les *gros grains*. Aussi, c'est à raison de l'éclat et du toucher tout particulier que présente son ensemble que ce tissu a reçu la dénomination de velours.

On distingue deux sortes de *velours ottoman*; l'un appelé *primitif*, comme étant le premier qui ait été constitué; l'autre, *dérivé*, parce qu'il ressort du principe de flotté, de même que le *primitif*, sans avoir cependant la même conformation que celui-ci.

Le velours ottoman *primitif* se tisse avec deux chaînes; l'une destinée à faire le flotté, l'autre affectée au taffetas. Celle réservée au flotté est toujours double, et a un nombre de fils plus élevé de moitié que la chaîne taffetas, laquelle doit toujours être simple. Ainsi, le remettage des fils devra comprendre deux fils de la chaîne double et un fil de la chaîne simple, et ainsi de suite. Seulement il convient d'observer qu'il faut établir le nombre de fils en dent de telle sorte que les fils de flotté soient constamment les premiers et les derniers fils de la dent; on donnera ainsi plus de couverture au tissu.

Le velours ottoman *dérivé* se tisse à une seule chaîne, dont les fils sont tous simples et dont le nombre peut varier de 100 à 140 fils au centimètre. L'armure de cette étoffe n'exige qu'un seul corps de lisses; elle est combinée de telle façon que deux fils, dont chacun est distant de trois fils, font taffetas à chaque côte formée par les passées de trame; ceci se renouvelle à chaque côte successivement, jusqu'à ce que tous les fils aient rempli tour-à-tour la même fonction ; il faut par conséquent 32 passées pour obtenir le rapport d'armure qui se combine comme nous allons l'expliquer.

Pendant quatre passées, le premier fil et le cinquième évoluent en taffetas, le deuxième et le sixième en font de même; pendant quatre autres passées et successivement tous les fils de un à un doivent agir dans le même ordre ; seulement, il faut remarquer que la première série de fils, de 1 à 4 a, pendant 16 passées, son point de départ d'évolution à la passée impaire, tandis que pour 16 autres passées, ce point de départ d'évolution pour ces mêmes fils se trouve à la passée ou insertion paire. La même remarque doit se faire pour les fils de la deuxième série, seulement l'ordre est interverti. L'action des autres fils dure pendant quatre passées consécutives; et cette action doit s'effectuer dans un ordre tel qu'il n'y ait constamment que la moitié du nombre total des fils qui agisse en même temps.

Le velours ottoman *dérivé* n'est pas aussi beau que le *primitif;* mais la disposition du métier ne comportant qu'une chaîne et un seul corps de lisses, il est facile de varier les armures et d'établir des dispositions différentes; ce que ne permet pas la disposition du montage qu'exige le velours ottoman primitif.

TAFFETAS CANNELÉ.

124. C'est un tissu taffetas composé d'une *toile* et d'un *poil*. Il est ourdi en deux chaînes, l'une simple et l'autre double, et se fait sur 8 lisses environ ; savoir : 4 lisses de toile et 4 de poil, sur un peigne de 35 dents au

centimètre, à 6 fils par dent. Remisse suivi, un fil de toile et un fil de poil. La toile est ourdie par fils simples, et le poil qui fait le *cannelé* par fils doubles ou triples, suivant la force qu'on veut donner au tissu. Le *cannelé* flotte 8 coups en fond, et les quatre lisses de toile font taffetas pendant ces huit coups. Au neuvième, les quatre lisses de poil lèvent, et toute la toile reste en fond. On recommence, et on continue d'après les mêmes errements.

Le caractère distinctif du genre de tissus nommés *cannelés* consiste en une forme de flotté de chaîne, soit oblongue, soit carrée, et de très-petite dimension. Le plus ordinairement, le cannelé est produit par une adjonction partielle de chaîne; et bien que sa base et son type soient pour ainsi dire immuables, ils permettent cependant des dispositions très-variées, et sont susceptibles de concourir avec succès à l'ornementation d'une étoffe.

On reconnait quatre espèces de cannelés : le *simple*, le *double*, l'*alternatif* et le *composé*.

TAFFETAS CANNELÉ, A DEUX PAS.

125. Le taffetas cannelé *à deux pas* est ourdi sur une seule chaîne, par un fil d'une couleur et un fil d'une autre; il est passé au remisse suivi sur 8 lisses, 4 lisses : n°s 1, 3, 5 et 7 font taffetas pendant 6 ou 8 coups, suivant la dimension du *cannelé* que l'on désire obtenir, tandis que les lisses n°s 2, 4, 6 et 8 restent en fond pour *flotter à l'endroit*. Ensuite, les lisses n°s 2, 4, 6 et 8 font à leur tour taffetas, et les lisses numéros impairs restent en fond.

Les taffetas cannelés simples et à deux pas sont employés soit pour modes et robes, soit pour les *articles à dispositions*.

Le tissage du verre est une découverte remarquable et intéressante; mais elle n'a pas encore pris place parmi les découvertes utiles. On a reconnu, par l'expérience, que l'emploi du tissu-verre pour ameublements et tentures offrait des inconvénients ; qu'il se détériorait très-vite, et se réduisait en poussière volatile qui tombant dans les yeux, était susceptible d'être préjudiciable à la vue; en outre, cette poussière ternit les appartements. De ces observations, il est résulté que l'on a presque totalement abandonné le tissage du verre. Toutefois, il est à désirer que des combinaisons nouvelles viennent supprimer les inconvénients qui existent aujourd'hui dans l'emploi de ce tissu; parce qu'alors, le verre, qui prend si bien toutes les couleurs, et les conserve avec tout leur éclat mieux que toute autre matière, pourrait prendre un rang distingué dans la fabrication.

TISSU-PLUME SUR FOND TAFFETAS.

222. Dans ce genre de tissu, qui se fait assez souvent avec l'armure taffetas, la plume ne doit jamais paraître que par effet de trame ; la chaîne, toujours imperceptible, est ordinairement de matière ordinaire.

Il n'est pas besoin de faire observer que la plume ne peut être filée, car elle perdrait tout son duvet, si on la réduisait en fils. Elle n'est donc employée que comme trame partielle, et pour donner au tissu la force et la solidité convenables, après chaque posée de plume, on passe un coup d'une trame filée, laquelle est, comme la chaîne, recouverte entièrement par les plumes.

On emploie le plus ordinairement les plumes d'oie, dont on choisit les plus fines et les plus égales, et bien souvent on les donne pour plumes de cygne. Les plumes sont quelquefois frisées au moyen d'apprêt. On emploie parfois aussi du duvet réuni en petits *mouchets*.

TAFFETAS.

CANNELÉ SIMPLE.

126. Le cannelé simple est obtenu lorsque l'adjonction de chaîne a lieu par remettage, c'est-à-dire lorsque dans le nombre de fils que comporte l'espace où devra se produire le cannelé, on a établi un fil de pièce et un de flotté. Le fil de pièce fera toujours taffetas; le fil de poil envergera au tissu, à la distance du nombre de passées que l'on aura jugées nécessaires pour attribuer à l'effet cannelé un caractère plus ou moins prononcé.

Il résulte de ce procédé que le cannelé simple est tout-à-fait en dehors de la contexture du tissu; simple accessoire d'ornementation, on peut le retrancher, sans que le tissu soit ni déformé, ni altéré.

Les fils qui composent un flotté doivent en général être serrés le plus possible, pour que le tissu soit couvert d'une manière convenable. Or, le liage du cannelé est susceptible de disposer à une plus grande division de fils, s'il est produit à deux passées, l'une paire, l'autre impaire, alternativement. C'est là une observation qu'il est à propos de faire, et un peu d'attention suffit pour se rendre compte de ce que nous disons à ce sujet.

Le liage du poil s'opère toujours en masse; ainsi, lorsqu'il a lieu de quatre en quatre passées, les mêmes fils de pièce évoluent constamment avec les mêmes fils de poil; par conséquent, de deux en deux fils il n'y a pas de division pour le fil de pièce; dès-lors l'effet de flotté paraît ressortir d'un remettage de deux fils de pièce et d'un fil de poil; lequel au lieu d'être double, ainsi que l'ourdissage l'avait disposé, devient quadruple par suite de son envergure au tissu.

Mais si c'est de cinq en cinq passées que s'opère le

liage du flotté, la division des fils de poil sera plus complète, par la raison que l'envergure se fait une fois avec l'évolution des fils impairs, et une fois avec l'évolution des fils pairs. De sorte qu'on ne voit plus se produire la réunion des fils de poil de deux en deux.

On distingue trois caractères dans l'effet cannelé, savoir : le cannelé *continu*, le cannelé *interrompu*, et le cannelé *cannetillé*, que l'on désigne quelquefois sous le nom de *cannelé contresemplé*.

Dans le cannelé *continu*, le flotté, adhérent au tissu par suite d'un liage isolé et uniforme, le couvre constamment.

Dans le cannelé *interrompu*, les flottés se détachent et s'isolent, de sorte qu'ils laissent entre eux à découvert une portion du tissu à laquelle correspond le cannelé.

Dans le cannelé *cannetillé* ou *contresemplé*, se retrouve la conformation du cannelé simple ; seulement ici il y a envergure d'une série de fils de poils à une passée déterminée ; puis envergure d'une autre série d'un nombre égal de fils, à une autre passée, laquelle tient le milieu de la distance qui se trouve entre les liages du poil de la première série, et ainsi de suite.

CANNELÉ DOUBLE.

127. Ce genre de cannelé se produit par une adjonction de chaîne établie par masse sur une certaine largeur de l'étoffe. Cette adjonction ne comporte pas de mélange avec un autre fil.

Pour obtenir le cannelé double, il y a évolution plusieurs fois de suite des mêmes fils, et successivement par fils pairs et par fils impairs ; en sorte que la croisure s'opère à chaque reprise d'évolution de la même série de fils.

Il existe une grande ressemblance entre le principe de cette espèce de flotté et le principe constitutif du gros-de-Tours. En effet, cette dernière étoffe est produite par un redoublement de lisses, et dans le cas où le tissu principal n'aura qu'une légère réduction comme le gros grain *simple*, lequel ne comporte souvent pas plus de 20 passées au centimètre, le gros-de-Tours présentera l'aspect du cannelé. Toutefois il faut bien observer que l'emploi des effets de cannelé double ne peut avoir lieu que sur un espace en largeur équivalent à l'espace que le flotté comporte en hauteur.

Dans les tissus où la réduction de trame est ordinaire, le cannelé se produit par quatre passées sous une même évolution ; c'est pour cette raison que, lorsque dans telle armure que ce soit on fait évoluer les fils quatre fois de suite, on dit habituellement que ces fils évoluent en cannelé.

Cette combinaison de cannelé ne peut être utilisée qu'accessoirement, attendu que ces répétitions d'évolutions par les mêmes fils ne permettent de donner au tissu qu'une très-faible consistance. Cependant, et à part l'inconvénient qu'elle entraîne, cette combinaison offre une ressource qui n'existe avec le cannelé simple que sous la condition d'employer pour faire le flotté une quantité de fils d'un tiers plus considérable. En employant le cannelé double, on pourra alterner les flottés par opposition de couleur. Si, par exemple, le fil impair est noir et le fil pair jaune, on aura par ce moyen deux petits carreaux successifs, qui étant de couleur différente, feront un contraste d'un effet très-gracieux, et dont on tirera un parti avantageux pour border l'ensemble d'un dessin établi par bandes soit en longueur de l'étoffe, soit en travers.

On pourra également, à raison de la conformation du

cannelé double, en reproduire l'effet par sa trame. Pour obtenir ce résultat, au lieu de faire évoluer à quatre reprises consécutives les mêmes fils par moitié de la masse, on fera évoluer un groupe de fils comprenant un espace égal à celui que quatre passées de trame peuvent fournir. L'envergure étant dans ce cas peu serrée, la réduction de trame sera très-facile, et représentera exactement dans un sens inverse le même effet que la chaîne produit.

CANNELÉ ALTERNATIF.

128. Ce genre de cannelé émane du principe sur lequel est basée la confection du *reps ordinaire* ou *proprement dit*. C'est à raison de son emploi qui n'est qu'accessoire, qu'il reçoit le nom de *cannelé*, parce que son aspect présente une figure à-peu-près carrée.

Le plus fréquemment on n'a recours à ce genre de cannelé que pour produire des effets d'opposition de couleurs sur un espace que l'on n'obtiendrait pas en employant le cannelé double, attendu la faiblesse d'envergure de celui-ci.

On dispose ici par un fil d'une couleur et un fil d'une autre la masse des fils qui doivent former le cannelé. Ces fils évoluent en taffetas, successivement et par séries; de telle sorte que les fils impairs forment le flotté, pendant un certain nombre de passées, et que pendant un nombre égal de passées, les fils pairs forment le flotté à leur tour.

Par suite de la combinaison de couleurs qui peut être introduite dans le remettage des fils de chaque série, on donnera au *cannelé alternatif* des effets variés. Son aspect recevra de ces effets une notable modification, et une ornementation du tissu, à laquelle les autres genres de cannelés ne sont pas susceptibles de se prêter. Quant au nombre de passées de trame par chaque série de fils, ce nombre sera subordonné soit à l'étendue que l'on voudra obtenir par le flotté, soit à la réduction générale du tissu ; car le type caractéristique du cannelé consiste uniquement dans un flotté dont la délimitation se trouve tracée par une ligne perpendiculaire ou parallèle soit à la longueur de l'étoffe, soit à sa largeur.

CANNELÉ COMPOSÉ.

129. Il y a sous quelques rapports ressemblance entre la conformation du *cannelé composé* et celle du *cannelé double;* les fils qui le constituent forment aussi partie intégrante du tissu. Mais ici, à raison de l'adjonction d'un fil de poil qui vient se placer entre chaque passée de trame, l'effet cannelé peut être généralisé sous différentes formes dans toute l'étendue de l'étoffe, et peut en même temps servir de fond à un dessin. Et c'est surtout dans ce but que l'on emploie le cannelé dit *composé*.

Voici de quelle manière s'obtient ce genre de cannelé :

Par trois fils en trois fils, ou si l'on veut par un plus grand nombre; on dispose un fil de poil qui est uniquement destiné à séparer deux passées de trame qui s'opèrent sous une même envergure. Ces fils de poil, que l'on peut appeler fils de liage, fonctionnent dans la partie de fond, une fois en agissant en masse, et une autre fois en demeurant en repos. (Cette partie de fond est toujours gros-de-Tours.) Ils fonctionnent de même dans la partie cannelée; c'est-à-dire qu'ils agissent aussi une fois en masse, et une autre fois en taffetas. De l'ordre d'évolutions que nous venons d'indiquer, résulte une conformation telle que l'effet cannelé en acquiert beaucoup de relief. De même que pour le *cannelé double*, la limite du flotté est fixée par un point d'envergure, qui est le point où se rencontrent les fils passant en même temps par moitié les uns sur la trame et les autres dessous. Il en résulte que le flotté est plus convexe, et que l'effet cannelé en devient plus beau, c'est-à-dire qu'il présente un plus beau *velouté*.

Nous avons dit tout-à-l'heure que la partie de fond de l'étoffe était toujours gros-de-Tours. En effet, le *cannelé composé* est un genre tout-à-fait spécial et qui ne peut être employé avec toute espèce de tissu. Il est facile d'en comprendre le motif : il faut que les fils de liage qu'il nécessite soient dissimulés dans l'étoffe; or, ceci ne peut s'obtenir que par l'armure gros-de-Tours, laquelle, à raison de sa double passée, permet de faire adhérer les fils de liage dans le fond, sans qu'ils soient apparents.

REPS.

130. Le reps se tisse sur 8 lisses, dont 4 pour chaque boyau. On varie la largeur des boyaux en remettant plus ou moins de fils sur les quatre premières lisses, et un même nombre sur les quatre lisses suivantes, si l'on veut que les boyaux soient égaux : c'est ce que l'on nomme remettage interrompu.

Le boyau peut se faire par 2, 3 ou 4 dents.

Le type caractéristique du reps, c'est de représenter dans la longueur de l'étoffe une ligne de flottés de trame d'un millimètre 1/2 à 2 millimètres de largeur; ces flottés sont toujours sur toile taffetas en organsin souple et quelquefois en organsin cru.

Nous venons de dire que les flottés du reps étaient formés par la trame ; mais ce n'est pas là une règle fondamentale, les mêmes effets de flottés peuvent être également produits par la chaîne ; seulement ce sera dans une direction inverse. Observons toutefois que le reps formé par la chaîne est moins saillant et moins fourni que celui qui se forme par la trame.

Ce genre de tissu est susceptible de trois conformations distinctes : la première exige deux passées successives de trame pour produire le flotté, c'est le *reps proprement dit ;* la seconde ne donne au flotté qu'une passée de trame qui se superpose sur une toile taffetas ; c'est le *reps basiné*. La troisième nécessite deux trames de différente grosseur ; l'une, de trois à quatre brins sert à faire le flotté, l'autre, d'un seul brin, forme le tissu : c'est le *reps à côtes*. La trame, dans le tissu *reps,* formant l'endroit de l'étoffe, il convient que la matière de cette trame soit de première qualité, suffisamment montée, pour ne présenter aucun duvet.

REPS PROPREMENT DIT.

131. Cette espèce de reps comporte deux séries de fils, dont chacune, en sens inverse l'une de l'autre, fait tour-à-tour flotté et taffetas. Quant au nombre de fils composant chaque série, il peut être de 8, de 12 ou de 16 fils, sans établir de différence dans la largeur du flotté, pourvu que l'on ait donné à la chaîne la réduction qui peut maintenir le flotté dans la même étendue. Le nombre de fils dépend de la qualité d'étoffe qu'on veut établir, l'effet du reps n'étant produit que par la disposition du flotté ; or, le flotté n'est pas subordonné à telle ou telle quantité de fils.

Voici l'ordre d'évolutions par lequel se détermine l'effet de ce *reps*.

A une première passée de trame, une série de fils évolue en taffetas, tandis qu'une autre évolue en masse; à une seconde passée, l'évolution des deux séries se produit en sens inverse, c'est-à-dire que celle qui à la première passée avait évolué en masse, évolue cette fois en taffetas, et celle qui précédemment avait évolué en taffetas, évolue en masse à cette seconde passée.

Les deux passées suivantes ont lieu dans le même ordre, et produisent l'envergure.

Il résulte de cette conformation donnée à l'étoffe, qu'on pourrait la considérer comme une série de petites bandes de tissu reliées les unes aux autres par des brides de trame; de sorte qu'en coupant ces mêmes brides, toutes les petites bandes de tissu se trouveraient indépendantes et isolées.

Nous avons dit que deux passées de trame étaient nécessaires à la continuité du flotté; il suit de là que la réduction de cette espèce de reps doit toujours être dans le rapport de 50 à 60 passées au centimètre.

Comme fond général, ce genre de *reps* est d'un emploi très-rare. Il est employé d'ordinaire conjointement avec du gros-de-Tours ou du satin 8 fils, dont l'armure se prête à la réduction qu'exige le reps pour couvrir d'une manière convenable.

Il est à propos de remarquer que dans la combinaison de ce tissu les effets de nuance que l'on voudrait opposer par les flottés, ne peuvent l'être que boyau par boyau; ainsi, les passées successives de deux trames de différentes couleurs produisent un flotté sur une série de fils de telle couleur, et de telle autre couleur sur une autre série; c'est de cette manière seulement que le reps *proprement dit* peut recevoir une modification.

BASINÉ.

132. Ce tissu se fait avec 4 ou 6 lisses, selon la latitude que l'on se propose de donner aux boyaux. Le remettage est suivi; passé au peigne, à 2 ou 3 fils par dent, suivant la réduction du peigne.

L'armure peut se faire de deux manières; nous allons les indiquer successivement.

Pour la première, on passe deux coups taffetas et un coup liseré, passé sous 1|4 ou 1|6 de la chaîne; cela dépend du nombre des lisses.

Pour la seconde, on passe alternativement un coup taffetas et un coup liseré.

La chaîne est toujours en soie souple pour donner du soutien au tissu. Le *Basiné* doit être travaillé à pas ouvert, pour que la trame soit bien tendue.

Ce tissu peut se confectionner avec des boyaux de diverses largeurs; mais il ne faut pour cela que trois lisses, sur l'une desquelles on passe tous les fils de liage; et le nombre des mailles de cette lisse, d'après la disposition, doit se retrouver en moins sur la précédente. On fait aussi des basinés à boyaux ondés sur 6 lisses.

REPS A CÔTES.

133. Nous avons dit, en parlant des tissus *reps* en général, que l'espèce de reps, appelée *à côtes,* nécessitait deux trames de grosseur différentes, l'une de trois à quatre brins, servant à faire le flotté; l'autre, à un seul brin, destinée à faire le tissu. Or, cet emploi de deux trames l'une grosse et l'autre fine, qui entre dans la combinaison de ce genre de tissu, ne permet pas qu'on lui en adjoigne une autre pour former des dispo-

sitions de dessin ou de bandes. Aussi le *reps à côtes* est-il d'un emploi assez rare, bien que l'effet de flotté qui s'y produit dans la longueur de l'étoffe soit plus saillant que dans le reps proprement dit.

Quant à la confection de ce genre de reps, on établit, comme pour le *reps proprement dit,* un certain nombre de fils pour former l'espace que le flotté devra couvrir; ce nombre de fils est indéterminé, il varie suivant la qualité que l'on veut donner à l'étoffe. On dispose seulement un fil de liage entre chaque groupe de fils; et lors de la passée de grosse trame, ce sont les seuls fils de liage qui la fixent au tissu. Lorsqu'on passe la trame fine, les autres fils font taffetas, de manière à s'enverger complètement avec le fil de liage; il en résulte que la grosse trame ne vient pas se placer sur la trame fine, mais se pose seulement à côté; toutefois, la trame fine ne devant tenir que très-peu de place dans le tissu, les passées de la grosse trame doivent être contigües autant que possible.

L'effet de relief du flotté, formé comme nous venons de le dire, est produit par l'action du fil de liage. Ce fil ayant une certaine tension, et se trouvant placé à l'envers du tissu, à chaque passée de la trame fine, la pression qu'il exerce sur la grosse trame a pour effet de la fixer, de sorte que la partie restée libre se relève d'autant. De là provient la dénomination de *reps à côtes,* sous laquelle ce tissu est désigné. Ici l'étendue du flotté dont le liage n'est que d'un fil est plus susceptible d'être bornée que dans les autres espèces de reps; aussi peut-on former des flottés supplémentaires sur la surface de l'étoffe qui nous occupe en ce moment; il suffit pour cela d'annuler en partie l'action du fil de liage. Combinée habilement et d'une façon convenable, cette plus grande étendue de trame permettra de produire des effets d'armures ou de formes d'un très-bel aspect.

On pourra également obtenir une opposition d'effets de chaîne et de trame, au moyen de l'emploi d'une chaîne supplémentaire pour la formation des flottés.

TISSUS SERGÉS.

134. Quelle que soit l'origine du mot *serge*, il est certain qu'il désigne la forme du tissu et non la nature de la matière.

La serge diffère du taffetas, non pas toujours par le remisse, non plus que par le remettage; cette différence n'existe pas non plus essentiellement par la quantité des fils baissés et des levés à chaque pas, quantité qui est toujours de moitié de la chaîne de part et d'autre dans les serges sans envers, qui se croisent en nombre égal de fils. La différence consiste surtout en ce que ces fils ne lèvent et ne baissent plus ici alternativement un à un, mais se croisent un par deux, un par trois, un par quatre; deux par deux, deux par trois, deux par quatre; trois par trois, ou trois par quatre, etc.; non jamais tous les mêmes fils, mais en reculant des premiers de un, de deux, et en enjambant d'autant sur les suivants. Ce qui, continué très-régulièrement, forme des côtes obliques, prolongées d'une lisière à l'autre, ou plus ou moins arrêtées, coupées, chevronnées, à carreaux, losange, grains d'orge, zig-zags, ou bâtons rompus, etc., etc., suivant que les lisses, le remettage ou l'armure y apportent des changements.

TISSUS SERGÉS.

On peut juger par ce qui précède que le *sergé* est susceptible d'une multitude de variétés ; c'est ce qui lui a valu tant de sortes de dénominations pour distinguer ces variétés, et ce qui fait employer tous les jours de nouvelles appellations.

Quoique fixe dans son principe, l'armure *sergé* est susceptible de varier quant au nombre des fils qui la composent; toutefois, le nombre le plus faible ne peut être inférieur à trois; mais il se fait des sergés depuis trois jusqu'à quarante lisses, et sans envers.

Quelque puisse être d'ailleurs le nombre de fils qui forment la course de ce genre d'armure, le croisement qui en résulte a lieu régulièrement en *décochant* d'un seul fil par passée; ce décochement produit toujours une côte oblique, dont la direction à gauche ou à droite est constamment subordonnée au point de départ; à l'égard de la largeur de cette côte, elle est proportionnée au nombre de fils qui se trouvent dans la course complète.

BATAVIA.

135. L'armure *batavia* se forme au moyen de quatre lisses et de quatre marches.

Le tracé produit par ce genre d'armure fait à chaque marche lever la moitié des fils de la chaîne; cependant le croisement qui en résulte diffère beaucoup du taffetas; il n'existe entre eux qu'un seul point de rapport, c'est que dans l'une et l'autre de ces armures, la croisure est invariable, et n'a pas d'envers quant au croisement.

L'armure *batavia* forme un sillon oblique décochant régulièrement d'un fil à chaque passée de trame; par suite de sa combinaison, tous les fils lèvent alternativement deux fois de suite, dans l'ordre suivant : 1, 2 ;

2, 3 ; 3 , 4 ; 4 , 1. Cependant, cet ordre peut être interverti, ou, si l'on veut, pris à retour, et la levée s'établira alors par les lisses 1, 4 ; 4, 3 ; 3, 2 ; 2, 1. Observons que, dans ce dernier cas, l'obliquité du sillon que forme l'armure se dirigera dans le sens contraire à la direction qui serait imprimée par l'ordre que nous avons indiqué en premier lieu.

Ce genre *d'armure* est appliqué généralement à Lyon aux velours unis.

SERGE.

136. Ce tissu est composé de côtes flottées et de plusieurs fils envergés en taffetas, qui séparent les flottés. Supposons une serge tissée sur un rapport d'armure de 6 fils, il y aura 3 fils qui feront flottés, et trois qui feront taffetas ; mais pour imprimer aux sillons la direction oblique, les fils se succéderont toujours de un à un.

Pourvu que les lignes des sillons suivent constamment la direction d'obliquité, qui constitue le caractère propre et distinctif de l'étoffe, le plus ou moins de longueur des sillons est chose peu importante. Et non seulement l'étendue de ces sillons est susceptible de varier, mais encore ils peuvent différer de largeur entre eux, et être espacés de manière inégale ; ils peuvent même suivre différentes directions.

Nous placerons ici une observation qui s'appliquera également aux tissus sergés dits *Lévantine* et *Virginie*. Que la serge soit tissée en simple ou en double chaîne, l'effet principal qu'elle doit produire ne dépendant pas du plus ou moins de fils employés, mais uniquement de l'envergure, cet effet restera le même ; le tissu aura seulement plus ou moins de force et de brillant. Or, ceci est une question de pure convenance, et qui ne doit être décidée que suivant le genre d'emploi ou de consommation auquel le tissu est destiné.

TISSUS SERGÉS A TROIS LISSES.

137. Nous avons vu que le point de départ du rapport de l'armure sergé était *trois lisses*, et que de ce nombre ce rapport pouvait s'élever jusqu'à 40. Mais il convient de dire que le sergé à trois lisses n'est pas à proprement parler une étoffe distincte; il constitue plutôt un emploi tout spécial de l'armure sergé; emploi auquel on a recours soit lorsque la chaîne de l'étoffe n'a qu'une très-faible réduction et que l'on désire conserver de la consistance au tissu, soit lorsque la réduction est forte, et que l'on veut obtenir non un taffetas, mais du moins un tissu qui équivaille au taffetas tant par l'éclat que par l'aspect de la conformation, quoique très-différent par rapport au toucher. Si, par exemple, on se sert de l'armure sergée à trois lisses, la réduction de la chaîne étant de 60 à 70 fils au centimètre, la largeur du sillon et son obliquité seront telles, qu'il faudra examiner le tissu attentivement pour y reconnaître le sergé.

L'usage le plus fréquent que l'on fasse de l'armure sergée sur trois lisses est pour la fabrication des châles appelés *cachemires légers;* mais elle n'y est apparente que par effet de trame.

RAS DE SAINT-CYR.

138. Le ras de Saint-Cyr est un tissu sergé, chaîne soie et trame soie ordinairement; cependant la trame est quelquefois en laine, coton ou fleuret. On remplace

maintenant le fleuret par la fantaisie. Ce sergé ne se faisait autrefois qu'en couleur grise ; il n'en est plus ainsi actuellement.

Cette étoffe se fait sur quatre lisses ; la première passée de trame s'effectue sur les première et quatrième lisses; la seconde, sur les deuxième et quatrième lisses ; la troisième, sur les deuxième et troisième lisses ; la quatrième, sur les première et deuxième lisses, et ainsi de suite.

La chaîne est passée au remisse suivi.

Le ras de Saint-Cyr n'a point d'envers.

RAS DE SAINT-MAUR.

139. C'est aussi un tissu sergé qui se fabriquait autrefois à Lyon, à Paris, et à Tours. Dans les deux dernières de ces villes cette fabrication n'existe plus.

Les anciens ras de Saint-Maur étaient tout noirs. Les uns se faisaient tout de soie, d'autres avec chaîne soie et trame fleuret; d'autres, enfin, avec trame de laine finement filée, et chaîne de soie.

Les soies que l'on employait pour les chaînes des ras de Saint-Maur fabriqués à Paris, étaient des organsins de Sainte-Lucie, tirés de Messine; à Tours et à Lyon, on se servait des organsins du Piémont. Les ras de Saint-Maur de la fabrique de Paris étaient les plus estimés.

Les ras de Saint-Maur tout de soie s'employaient d'ordinaire pour petit deuil et pour habit de cérémonie. Ceux de soie et fleuret servaient pour les grands deuils ; et ceux de soie et de laine étaient réservés pour les habits de veuves.

La dénomination que porte ce tissu lui vient du bourg de Saint-Maur-les-Fossés, situé près Paris, et où *Marcelin*

Charlier, le plus habile manufacturier de son époque, établit, en 1677, la première fabrique de ce genre d'étoffe.

Ce tissu se fait comme le ras de Saint-Cyr, à deux fils par dent de peigne ; il est passé au remisse suivi sur quatre lisses. La première passée de trame a lieu sur les première et quatrième lisses ; la deuxième, sur les troisième et quatrième ; la troisième, sur les deuxième et troisième ; la quatrième, sur les première et deuxième ; et ainsi de suite.

Le ras de Saint-Maur n'a point d'envers.

RAS DE SAINT-MAUR, AVEC TAFFETAS A L'ENVERS.

140. Cette étoffe se fait sur cinq lisses, remisse suivi. La première passée s'effectue sur les deuxième et cinquième lisses ; la deuxième, sur les première et quatrième ; la troisième, sur les troisième et cinquième ; la quatrième, sur les deuxième et quatrième ; la cinquième, sur les première et troisième.

VIRGINIE.

141. La côte flottée doit être plus large pour l'étoffe connue sous la dénomination de Virginie, qu'elle ne l'est dans la Lévantine. Pour le tissu dont nous parlons en ce moment, le rapport d'armure est de 6, de 8, ou de 10 lisses, ou de tel autre nombre, proportionnellement à la réduction de la chaîne ; quant à la largeur de la côte, on peut la fixer approximativement à un millimètre. Par conséquent, si l'on admet 60 fils au centimètre comme réduction de chaîne, le rapport d'armure sera de 8 lisses ; il sera de 6 seulement, si la réduction ne comporte que 50 fils ; mais la côte flottée aura la même largeur.

L'armure de ce genre de tissu convient peu à une étoffe unie ; le peu de consistance qui résulte de son système d'envergure s'oppose à ce qu'il soit susceptible d'un bon emploi et à ce que l'étoffe soit d'une bonne qualité. Aussi ne se sert-on le plus souvent de l'armure Virginie que combinée avec d'autres armures, surtout dans les étoffes façonnées.

LÉVANTINE.

142. Le rapport d'armure du tissu désigné sous le nom de *Levantine*, est constamment de 4 lisses; la réduction de la chaîne est la même que pour le taffetas; quant à la réduction de trame, elle doit être de 55 à 60 passées au centimètre pour obtenir une bonne Levantine. Dans les proportions de chaîne et de trame, telles que nous les indiquons, la côte de l'armure sera très-peu espacée, et le tissu, qui offrira un toucher plein et soyeux, risquera très-peu de se froisser.

Tissée à chaîne double ou à chaîne simple, la Levantine ne présentera point à la vue cette différence d'aspect que l'on trouve dans les satins; c'est uniquement par son plus ou moins de force que l'on pourra juger la qualité de sa conformation. Mais la remarque que nous faisons à ce sujet peut aussi bien s'appliquer à tous les *sergés* en général qu'à la Levantine spécialement; des points de liage opposés à des effets de flottés formant la base constitutive de tous les tissus sergés.

SERGE SIX LISSES, OU SERGE SATINÉE.

143. Le tissu désigné sous ces deux dénominations est passé au remisse suivi sur les six lisses : le premier coup lève les lisses n°s 1, 4, et 6; le deuxième lève les

lisses n°s 3, 5 et 6 ; le troisième, les lisses n°s 2, 4 et 5 ; le quatrième, les lisses n°s 1, 3 et 4 ; le cinquième, les lisses n°s 2, 3 et 6 ; et le sixième, les lisses n°s 1, 2 et 5.

Quant à la désignation de *serge satinée*, on la donne à cette espèce de serge, parce qu'elle a un brillant qui rapproche un peu de celui du satin.

DRAPS DE SOIE.

144. Sous cette dénomination générique de *draps de soie* viennent se ranger une grande quantité d'espèces de tissus, lesquels ont reçu des noms différents à raison des diverses combinaisons d'armures, bien que celles-ci, malgré leurs nombreuses modifications, tiennent du caractère du satin et de celui du sergé, mais beaucoup plus de ce dernier. Le fond de toutes les étoffes appartenant au genre *drap de soie* est toujours un effet de flotté de chaîne.

Le nom de *drap de soie* suffit pour faire comprendre que le tissu qui le porte exige pour avoir la consistance qui doit justifier sa dénomination une forte réduction soit de chaîne, soit de trame ; car cette même consistance distingue bien plus les *draps de soie* des autres étoffes que la combinaison d'armure.

Le *drap de soie* proprement dit suppose une étoffe tissée en noir ; ainsi, une étoffe tissée en *couleur*, par l'armure *drap de soie*, reçoit tel ou tel nom, suivant la couleur de la chaîne, ou même un nom de pure fantaisie ; et bien qu'elle appartienne à la famille des *draps de soie*, on ne lui donnera pas cette dénomination réservée exclusivement à celles qui sont fabriquées en noir.

Dans le siècle passé, c'est-à-dire, avant que la *culotte* eût été remplacée par le *pantalon*, on employait beaucoup de drap de soie pour ce vêtement; aussi la fabrication de ce genre de tissu était-elle très-active sous les règnes de Louis XV et de Louis XVI. Elle est aujourd'hui excessivement restreinte. Il se fait peu de draps de soie, qui ne s'emploient guère que pour gilets.

Nous avons dit tout-à-l'heure qu'à raison des combinaisons diverses qui peuvent modifier l'armure *drap de soie*, il existait une foule d'espèces de tissus dont les noms donnés souvent au hasard et au gré de l'imagination, servent principalement à distinguer entre elles les variétés qui se rencontrent dans la combinaison des armures. Chacun d'eux, sous ce rapport, mérite de trouver ici sa mention spéciale, mais très-sommaire; nous n'aurons bien souvent qu'à indiquer une légère différence entre telle combinaison d'armure et celle qui la précédera (1).

DRAP DE PRINCE.

145. Le *drap de prince* se fait sur trois marches et sur 8 lisses. Remisse suivi; le premier coup fait lever les lisses n°s 1, 3, 6 et 8; le second, les n°s 2, 4, et 6; et le 3me, les n°s 2, 4, 5 et 7, et ainsi de suite.

CHAÎNETTE.

146. (1re armure chaînette.) Cette espèce de tissu se fait, comme celui qui précède, sur trois marches et 8 lisses. Remisse suivi; le premier coup fait lever les lisses n°s 1, 5 et 7; le 2me, les n°s 2, 4, 5 et 7; et le 3me, les n°s 2, 4, 6 et 8, etc.

---

(1) Nous donnons ici cette série d'armures drap de soie, par rapport à l'utilité que peuvent tirer de leur connaissance les manufacturiers du nord, qui traitent les tissus laine et les tissus mélangés de laine et coton.

CHAÎNETTE VARIÉE. (N° 1.)

147. (2me armure chaînette.) Se fait également sur 8 lisses et 3 marches, toujours au remisse suivi : le 1er coup lève les lisses n°s 1, 3, 5 et 7; le 2me, les n°s 1, 2, 3, et 6; et le 3me, les n°s 2, 4, 6 et 8, etc.

CHAÎNETTE VARIÉE. (N° 2.)

148. (3me armure chaînette.) A la différence de la chaînette variée (n° 1), celle-ci se fait sur 8 lisses et 4 coups pour le rapport d'armure; remisse suivi : le premier coup lève les lisses n°s 1, 3, 5 et 7; le deuxième, les n°s 2, 4, 6 et 8; le troisième, les n°s 2, 3, 4 et 7; et le quatrième, les n°s 1, 3, 5 et 7, etc.

GRENADINE.

149. Ce tissu se fait sur 8 lisses et 4 coups pour le rapport d'armure, remisse suivi. Le premier coup fait lever les lisses n°s 1, 3, 6 et 8; le deuxième, les n°s 1, 3, 5 et 7; le troisième, les n°s 2, 4, 5 et 7; et le quatrième, les n°s 2, 4, 6 et 8, etc.

SERGE DE ROME.

151. Se fait également sur 4 coups pour le rapport d'armure et sur 8 lisses (1) ; le premier coup lève les lisses n°s 1 et 5; le deuxième, les n°s 2 et 6; le troisième, les n°s 3 et 7; et le quatrième, les n°s 4 et 8, etc.

---

(1) Une série d'armure qui va suivre se faisant sur 4 coups et 8 lisses, nous nous abstiendrons de répéter cette indication ; nous dirons les rapports différents et le nombre de lisses, lorsque nous arriverons à des armures où il y aura changement avec les précédentes.

CHEVRON.

151. (1re armure chevron.) Le premier coup fait lever les lisses n°s 1 et 7; le deuxième, les n°s 2 et 6; le troisième, les n°s 3 et 5; et le quatrième, les n°s 4 et 8.

CHEVRON VARIÉ. (N° 1.)

152. (2me armure chevron.) Au premier coup, lèvent les lisses n°s 1 et 8; au deuxième, les n°s 2 et 7; au troisième, les n°s 3 et 6; et au quatrième, les n°s 4 et 5.

CHEVRON VARIÉ. (N° 2.)

153. (3me armure chevron.) Le premier coup fait lever les lisses n°s 1, 4, 7 et 8; le deuxième, les n°s 1 et 2, 6 et 7; le troisième, les n°s 2, 3, 5, et 6, et le quatrième, les n°s 3, 4, 5 et 8.

CHEVRON VARIÉ. (N° 3.)

154. (4me armure chevron.) Le premier coup lève les lisses n°s 2 et 7; le deuxième, les n°s 1, 3, 6 et 8; le troisième, les n°s 2, 4, 5 et 7; et le quatrième, les n°s 3 et 6.

TISSUTÉ.

155. Au premier coup lèvent les lisses n°s 1, 4, 5 et 8; au deuxième, les n°s 1, 2, 5 et 6; au troisième, les n°s 2, 3, 6 et 7; et au quatrième, les n°s 3, 4, 7 et 8.

PASTOURELLE.

157. Le premier coup lève les lisses n°s 2, et 6; le

deuxième, les n⁰ˢ 1 et 4 ; le troisième, les n⁰ˢ 3 et 7; et le quatrième, les n⁰ˢ 5 et 8.

HONGROISE.

157. Le premier coup lève les lisses n⁰ˢ 1 et 3 ; le deuxième, les n⁰ˢ 2 et 4 ; le troisième, les n⁰ˢ 6 et 8; et le quatrième, les n⁰ˢ 5 et 7.

PEAU DE POULE.

158. Le premier coup lève les lisses n⁰ˢ 1 et 4 ; le deuxième, les n⁰ˢ 2 et 3 ; le troisième, les n⁰ˢ 5 et 8 ; et le quatrième, les n⁰ˢ 6 et 7.

PEAU DE POULE VARIÉE.

159. Au premier coup, lèvent les lisses n⁰ˢ 1, 3, 6 et 8 ; au deuxième, les n⁰ˢ 1, 3, 5 et 7 ; au troisième, les n⁰ˢ 1, 3, 6 et 8; au quatrième, les n⁰ˢ 2, 4, 6 et 8.

CÔTE SATINÉE.

160. Les lisses n⁰ˢ 2 et 7 lèvent au premier coup ; au deuxième, ce sont les n⁰ˢ 1 et 4 ; au troisième, les n⁰ˢ 3 et 6 ; et au quatrième, les n⁰ˢ 5 et 8.

CHEVRON A DEUX FACES.

161. Le premier coup lève les lisses n⁰ˢ 1, 4, 6 et 8 ; le deuxième, les lisses n⁰ˢ 1, 2, 7 et 8; le troisième, les n⁰ˢ 2, 3, 6 et 7; le quatrième, les n⁰ˢ 3, 4, 5 et 6.

SUÉDOISE.

162. Les lisses n⁰ˢ 1, 5 et 7 lèvent au premier coup ;

au second, lèvent les n°s 2, 5 et 7; au troisième, les n°s 3, 6 et 8; au quatrième, les n°s 4, 6 et 8.

BATON ROMPU.

163. Au premier coup, ce sont les lisses n°s 1, 4, 6 et 7 qui lèvent; au deuxième, c'est le tour des n°s 1, 2, 5 et 6; au troisième, lèvent les n°s 2, 3, 5 et 7; et au quatrième, les n°s 3, 4, 7 et 8.

ANGLAISE.

164. Le premier coup lève les lisses n°s 1, 2, 5 et 6; le deuxième, les n°s 2, 3, 6 et 7; le troisième, les n°s 1, 4, 5 et 8; le quatrième, les n°s 3, 4, 7 et 8.

ŒIL DE PERDRIX.

265. (1re armure œil de perdrix.) Ici ce sont les lisses n°s 4 et 8 qui lèvent au premier coup; au deuxième, ce sont les lisses n°s 5 et 7; au troisième, les n°s 1, 3 et 6; au quatrième, la lisse n° 2 seulement.

ŒIL DE PERDRIX VARIÉ.

266. (2me armure œil de perdrix.) A la différence de la combinaison ci-dessus, ici le premier coup lève les lisses n°s 4 et 8; le deuxième, les lisses n°s 5 et 7; le troisième, les n°s 1 et 3; le quatrième, les n°s 2 et 6.

PRUNELLE BATARDE.

167. Les lisses n°s 1, 2 et 3 lèvent au premier coup; au deuxième, ce sont les lisses n°s 3, 4 et 5; au troisième, les n°s 5, 6 et 7; au quatrième, les n°s 1, 7 et 8.

TISSUS SERGÉS.   139

AUTRE PRUNELLE BATARDE.

168. Cette espèce de tissu se fait sur 10 lisses et 5 coups pour le rapport d'armure.

Les lisses n°s 1, 5, 6 et 10, sont celles que fait lever le premier coup; le deuxième fait lever les n°s 1, 2, 6 et 7; le troisième, les n°s 2, 3, 7 et 8; le quatrième, les n°s 3, 4, 8 et 9; le cinquième, les n°s 4, 5, 9 et 10.

AUTRE PRUNELLE BATARDE VARIÉE.

169. Le nombre de lisses et de coups est le même que pour l'armure qui précède.

Au premier coup, lèvent les lisses n°s 1, 4, 6 et 9; au deuxième, les n°s 2, 5, 7 et 10; au troisième, les n°s 1, 3, 5 et 8; au quatrième, les n°s 2, 4, 6 et 9; au cinquième, les n°s 3, 5, 8 et 10.

PRUNELLE.

170. Le tissu désigné sous le nom de *prunelle* se fait sur 12 lisses et 6 coups pour le rapport d'armure.

Les lisses n°s 1, 6, 7, et 12 lèvent au premier coup; les n°s 1, 2, 7 et 8, au deuxième; au troisième, les n°s 2, 3, 8 et 9; au quatrième, les n°s 3, 4, 9 et 10; les n°s 4, 5, 10 et 11, au cinquième; au sixième, les n°s 5, 6, 11 et 12.

PRUNELLE VARIÉE. (N° 1.)

171. (1re armure prunelle variée.) Pour les armures *prunelle variée* que nous allons décrire successivement, le nombre de lisses et de coups pour le rapport d'armure est le même que pour la *prunelle ordinaire*.

Au premier coup, lèvent les n°s 1, 2, 6 et 7; au

deuxième, les n°ˢ 3, 4, 8 et 9 ; au troisième, les n°ˢ 5, 6, 10 et 11 ; au quatrième, les n°ˢ 1, 7, 8 et 12 ; au cinquième, les n°ˢ 2, 3, 9 et 10 ; au sixième, les n°ˢ 4, 5, 11 et 12 (1).

PRUNELLE VARIÉE. (N° 2.)

172. (2me armure prunelle variée.) Les lisses n°ˢ 1, 2, 3, 7 8 et 9, lèvent au premier coup ; les n°ˢ 3, 4, 5, 9, 10 et 11, au deuxième coup ; au troisième, ce sont les n°ˢ 1, 5, 6, 7, 11 et 12 ; les n°ˢ 1, 2, 3, 7, 8 et 9, au quatrième ; au cinquième, les n°ˢ 3, 4, 5, 9, 10 et 11 ; au sixième, les n°ˢ 1, 5, 6, 7, 11 et 12.

PRUNELLE VARIÉE. N° 3.)

173. (3me armure prunelle variée.) Le premier coup lève les lisses n°ˢ 1, 4, 9, et 12 ; le deuxième, les lisses n°ˢ 2, 5, 8, et 11 ; le troisième, les n°ˢ 3, 6, 7, et 10 ; le quatrième, les n°ˢ 1, 4, 9, et 12 ; le cinquième, les n°ˢ 2, 5, 8 et 11 ; le sixième, les n°ˢ 3, 6, 7 et 10.

PRUNELLE VARIÉE. (N° 4.)

174. (4me armure prunelle variée.) Ce sont les lisses n°ˢ 1 et 9, qui lèvent au premier coup ; au deuxième, ce sont les n°ˢ 2, et 8 ; au troisième, les n°ˢ 3 et 7 ; au

---

(1) Les personnes qui n'ont pas l'habitude de relever les armures par les indications ci-dessus, n'auront qu'à tracer sur un carré de papier autant de lignes ou barres transversales qu'il doit y avoir de lisses dans l'armure, et autant de barres perpendiculaires aux barres transversales qu'il y a de coups de trame pour le rapport d'armure, et pointer par un double trait à la jonction des deux barres, en suivant l'indication des numéros que nous donnons ici, en commençant par la droite : le trait qui sera mis au point de jonction des deux lignes ou barres pourra être dans la forme que voici, laquelle est la plus simple possible : (×).

TISSUS SERGÉS. 141

quatrième, les n°s 4 et 12; au cinquième, les n°s 5 et 11; au sixième, les n°s 6 et 10.

PRUNELLE VARIÉE. (N° 5.)

175. (5me armure prunelle variée.) Les lisses qui lèvent au premier coup sont celles n°s 1, 2 et 3; celles qui lèvent au deuxième, les n°s 3, 4, 5 et 10; au troisième, les n°s 5, 6, 7 et 12; au quatrième, les n°s 2, 7, 8 et 9; au cinquième, les n°s 4, 9, 10 et 11; au sixième, les n°s 1, 6, 11 et 12.

PETITS-CARREAUX.

176. (1re armure petits-carreaux.) Le premier coup lève les lisses n°s 1 et 5; le second, les lisses n°s 2, 4, 6 et 8; le troisième, les n°s 3 et 7; le quatrième, les n°s 2, 4, 6 et 8.

PETITS-CARREAUX VARIÉS. (N° 1.)

177. (2me armure petits-carreaux.) La différence de cette armure avec celle qui précède consiste en ce qu'ici ce sont les lisses n°s 1 et 3 qui lèvent au premier coup; les n°s 5 et 7, au deuxième; les n°s 2 et 4, au troisième; et au quatrième, les n°s 6 et 8.

PETITS-CARREAUX VARIÉS. (N° 2.)

178. (3me armure petits-carreaux.) Ici, le premier coup lève les lisses n°s 1, 5 et 7; le deuxième, les lisses n°s 2, 4, 6 et 8; le troisième, les n°s 1, 3 et 7; le quatrième, les n°s 6 et 8.

PETITS-CARREAUX VARIÉS. (N° 3.)

179. (4me armure petits-carreaux.) Au premier coup,

ce sont les lisses n°s 1, 5 et 8 qui lèvent ; au deuxième, ce sont les n°s 2, 6 et 7 ; au troisième, les n°s 3, 6 et 7 ; au quatrième, les n°s 4, 5 et 8.

PETITS-CARREAUX VARIÉS. (N° 4.)

180. (5me armure petits-carreaux.) Les lisses n°s 1, 3, 5 et 7 lèvent au premier coup ; les n°s 1, 3, 6 et 8, au deuxième ; au troisième, les n°s 2, 4, 5 et 7 ; et les n°s 2, 4, 6 et 8, au quatrième.

PETITS-CARREAUX VARIÉS. (N° 5.)

181. (6me armure petits-carreaux.) Le premier coup lève les lisses n°s 2 et 6 ; le deuxième, les lisses n°s 1, 5 et 7 ; le troisième, les n°s 2, 4 et 8 ; le quatrième, les n°s 3 et 7.

PETITS-CARREAUX VARIÉS. (N° 6.)

182. (7me armure petits-carreaux.) Ce sont les lisses n°s 1, 5 et 7, qui lèvent au premier coup ; les n°s 2 et 6 lèvent au deuxième ; les n°s 2, 4 et 8, au troisième ; au quatrième, les n°s 3 et 7.

PETITS-CARREAUX VARIÉS. (N° 7.)

183. (8me armure petits-carreaux.) Le premier coup lève les lisses n°s 5 et 8 ; le deuxième, les n°s 1 et 6 ; le troisième, les n°s 2 et 4 ; le quatrième, les n°s 3 et 8.

PETITS-CARREAUX VARIÉS. (N° 8.)

184. (9me armure petits-carreaux.) Les lisses n°s 1 et 7 sont celles qui lèvent ici au premier coup ; les n°s 2 et 5 lèvent au second ; au troisième, ce sont les n°s 3 et 8 ; au quatrième, lèvent les lisses n°s 4 et 6.

TISSUS SERGÉS.

PETITS-CARREAUX VARIÉS. (N° 9.)

185. (10me armure petits-carreaux.) Les lisses qui lèvent au premier coup sont les n°s 1, 3, 5 et 6 ; celles qui lèvent au deuxième, les n°s 1, 2, 5 et 7 ; le troisième fait lever les n°s 2, 4, 7 et 8 ; et le quatrième, les n°s 3, 4, 6 et 8.

PETITS-CARREAUX VARIÉS. (N° 10.)

186. (11me armure petits-carreaux.) Le premier coup lève les n°s 1, 3, 4, et 6 ; le deuxième, les n°s 1, 2, 4, et 7 ; le troisième, les n°s 1, 2, 7 et 8 ; et le quatrième, les n°s 3, 5, 6 et 8.

PETITS-CARREAUX VARIÉS. (N° 11.)

187. (12me armure petits-carreaux.) Les lisses n°s 1, 4, et 7, lèvent au premier coup ; au deuxième, ce sont les n°s 1, 3 et 6 ; au troisième, les n°s 3, 5 et 8 ; au quatrième, les n°s 2, 5 et 7.

PETITS-CARREAUX VARIÉS. (N° 12.)

188. (13me armure petits-carreaux.) Le premier coup fait lever les lisses n°s 1, 3, 6 et 8 ; le deuxième, les lisses n°s 5, 6, 7 et 8 ; le troisième, les n°s 2, 4, 5 et 7 ; le quatrième, les n°s 1, 2, 3 et 4.

PETITS-CARREAUX VARIÉS. (N° 13.)

189. (14me armure petits-carreaux.) Les lisses n°s 1 et 3 sont celles que fait lever le premier coup ; les lisses 2 et 4 lèvent à leur tour, au deuxième coup ; au troisième, ce sont les n°s 5 et 8 ; et les n°s 6 et 7 lèvent au quatrième.

PETITS-CARREAUX VARIÉS. (N° 14.)

190. (15me armure petits-carreaux.) Le premier coup lève les lisses n°s 1 et 5 ; le deuxième, les n°s 2 et 7 ; le troisième, les n°s 4 et 6 ; le quatrième, les n°s 3 et 8.

SAMARDINE.

191. (1re armure samardine.) Les lisses n°s 1 et 5 lèvent au premier coup ; les n°s 2 et 6, au deuxième coup ; au troisième, lèvent les n°s 4 et 8 ; et au quatrième, les n°s 3 et 7.

SAMARDINE VARIÉE. (N° 1.)

192. (2me armure samardine.) A la différence de la précédente armure, ici ce sont les lisses n°s 6 et 7 qui lèvent au premier coup ; au deuxième, les n°s 2, 5 et 7 ; les n°s 3, 5 et 8, au troisième ; et au quatrième, les n°s 4, 6 et 8.

SAMARDINE VARIÉE. (N° 2.)

193. (3me armure samardine.) Le premier coup lève les lisses n°s 1, 3, 5 et 7 ; le deuxième, les lisses n°s 5 et 7 ; le troisième, les n°s 2, 4, 6 et 8, et le quatrième, les n°s 2 et 4.

SAMARDINE VARIÉE. (N° 3.)

194. (4me armure samardine.) Ce sont les lisses n°s 1 et 8 que fait lever le premier coup ; le deuxième fait lever les n°s 1, 3, 6 et 8 ; les n°s 2, 4, 5 et 7 lèvent au troisième ; et les n°s 4 et 5, au quatrième coup.

SAMARDINE VARIÉE. (N° 4.)

195. (5me armure samardine.) Les lisses n°s 1, 5, et 6,

TISSUS SERGÉS.   145

lèvent au premier coup; au second, ce sont les lisses 2, 5, et 6; au troisième, les n°s 3, 4, et 7; et les n°s 3, 4 et 8, au quatrième.

SAMARDINE VARIÉE. N° 5.)

196. (6me armure samardine.) Ici, le premier coup lève les lisses n°s 2 et 6; le deuxième, les lisses n°s 1, 7 8; le troisième, les n°s 2 et 6; et le quatrième, les n°s 3, 4 et 5.

SAMARDINE VARIÉE. (N° 6.)

197. (7me armure samardine.) Les lisses que lève le premier coup sont les n°s 1, 2 et 5; celles que lève le deuxième, sont les n. 2, 3 et 6; tandis que le troisième lève les n°s 3, 4 et 7, et le quatrième, les n°s 4, 5 et 8.

SAMARDINE VARIÉE. (N° 7.)

198. (8me armure samardine.) Au premier coup, lèvent les lisses n. 1, 2, 5 et 7; au deuxième, les n. 2, 3, 5 et 8; au troisième, les n. 3, 4, 5 et 7; et les n. 1, 4, 6 et 8, au quatrième.

MAILLES DE BAS.

199. Les lisses qui lèvent au premier coup sont les lisses n. 1 et 3; celles qui lèvent au deuxième coup, les n. 6 et 8; au troisième, ce sont les n. 2, 5 et 6; et au quatrième, les n. 4 et 7.

GROSSE CHAÎNETTE.

200. Ce tissu se fabrique sur 8 lisses et 6 coups pour le rapport de l'armure, remisse suivi. Le premier coup lève les lisses n. 1, 3, 5 et 7; le deuxième, les n. 2, 4,

6 et 8; le troisième, les n. 2, 4, 6 et 7; le quatrième, les n. 2, 4, 6 et 8; le cinquième, les n. 1, 3, 6 et 8; le sixième, les n. 2, 4, 6 et 8.

GRAIN D'ORGE, OU DE POULE.

201. (1re armure grains d'orge.) Comme le précédent, ce tissu se fait sur 8 lisses et 6 coups pour le rapport d'armure. Tous les *grains d'orge* qui vont suivre n'étant que des variétés de celui-ci, et le nombre des lisses et le rapport d'armures étant par conséquent les mêmes, nous n'aurons pas à répéter cette indication.

Ici, le premier coup fait lever les lisses n. 2 et 5; le deuxième, les n. 1 et 6; le troisième, les n. 7 et 8; le quatrième, les n. 1 et 6; le cinquième, les n. 2 et 5; et le sixième, les n. 3 et 4.

GRAINS D'ORGE, OU DE POULE, VARIÉS. (N° 1.)

202. (2me armure grains d'orge.) Ce sont les lisses n. 3 et 5 qui lèvent ici au premier coup; au deuxième, les n. 2 et 6; les n. 1 et 7, au troisième; au quatrième, les n. 2 et 8; au cinquième, les n. 3 et 7; et au sixième, les n. 4 et 6.

GRAINS D'ORGE VARIÉ. (N° 2.)

203. (3me armure grains d'orge.) Les lisses n. 1, 4 et 5, lèvent au premier coup; les n. 1, 3 et 6, au deuxième coup; au troisième, les n. 1, 2 et 7; les n. 1, 2, 7 et 8, au quatrième; au cinquième, les n. 3, 6 et 8; au sixième, les n. 4, 5 et 8.

GRAINS D'ORGE VARIÉS. (N° 3.)

204. (4me armure grains d'orge.) Ici, le premier coup

TISSUS SERGÉS. 147

lève les lisses n. 1 et 5; le deuxième, les n. 2 et 6; le troisième, les n. 3 et 7; le quatrième, les n. 1 et 5; le cinquième, les n. 4 et 8; et le sixième, les n. 3 et 7.

GRAINS D'ORGE VARIÉS. (N° 4.)

205. (5me armure grains d'orge.) Ce sont les lisses n. 1 et 5 que fait lever le premier coup; le deuxième fait lever les n. 1, 2, 5 et 6; le troisième, les n. 1, 2, 3, 5, 6 et 7; le quatrième, les n. 2, 3, 4, 6, 7 et 8; le cinquième, les n. 3, 4, 7 et 8; et le sixième, les n. 4, et 8.

GRAINS D'ORGE VARIÉS. (N° 5.)

206. (6me armure grains d'orge.) Les lisses n. 1 et 7 sont celles qui lèvent au premier coup; les n. 2, 6 et 8 lèvent au deuxième coup; au troisième, ce sont les n. 3 et 7; au quatrième, les n. 4, 6 et 8; au cinquième, les n. 5 et 7; au sixième, les n. 6 et 8.

GRAINS D'ORGE VARIÉS. (N° 6.)

207. (7me armure grains d'orge.) Au premier coup, lèvent les lisses n. 1, 3, 5 et 7; au deuxième, les n. 2, 4, 6 et 8; au troisième, les n. 2 et 6; au quatrième, les n. 3 et 7; au cinquième, les n. 4 et 8; au sixième, les n. 1 et 5.

GRAINS D'ORGE (OU DE POULE) VARIÉS. (N° 7.)

208. (8me armure grains d'orge ou de poule.) Le premier coup lève les lisses n. 1, 3, 5 et 7; le deuxième, les n. 1 et 5; le troisième, les n. 3 et 7; le quatrième, les n. 2, 4, 6 et 8; le cinquième, les n. 2 et 6; le sixième, les n. 5 et 8.

148 TISSUS SERGÉS.

GRAINS D'ORGE VARIÉS. (N° 8.)

209. (9me armure grains d'orge.) Les lisses n. 2 et 6 lèvent au premier coup; au deuxième, les n. 1 et 5; au troisième, les n. 3 et 7; au quatrième, les n. 2 et 6; au cinquième, les n. 4 et 8; au sixième, les n. 3 et 7.

GRAINS D'ORGE VARIÉS. (N° 9.)

210. (10me armure grains d'orge.) Au premier coup ce sont les lisses n. 1 et 4 qui lèvent; au deuxième, les lisses n. 2 et 3; au troisième, lèvent les n. 1 et 4; au quatrième, les n. 5 et 8; au cinquième, les n. 6 et 7; au sixième, les n. 5 et 8.

GRAINS D'ORGE VARIÉS. (N° 10.)

211. (11me armure grains d'orge.) Les lisses n. 1 et 4 lèvent ici au premier coup; les n. 2 et 3, au deuxième coup; au troisième, les n. 1 et 4; au quatrième, les n. 6 et 7; au cinquième, les n. 5 et 8; au sixième, les n. 5 et 7.

GRAINS D'ORGE VARIÉS. (N° 11.)

212. (12me armure grains d'orge.) Le premier coup fait lever les lisses n. 1 et 3; le deuxième coup, les n. 2 et 4; le troisième, les n. 1 et 3; le quatrième, les n. 5 et 7; le cinquième, les n. 6 et 8; le sixième, les n. 5 et 7.

GRAINS D'ORGE VARIÉS. N° 12.)

213. (13e armure grains d'orge.) Au premier coup, lèvent les lisses n. 2 et 6; au deuxième, les n. 1 et 5;

TISSUS SERGÉS.

au troisième, les n. 2 et 6; au quatrième, les n. 4 et 8; au cinquième, les n. 3 et 7; au sixième, les n. 4 et 8.

GRAINS D'ORGE VARIÉS. (N° 13.)

214. (14e armure grains d'orge.) Les lisses n. 1, 3 et 6, sont celles qui lèvent au premier coup; au deuxième, ce sont les n. 2, 4 et 7; au troisième, les n. 1 et 8; au quatrième, les n. 2, 5 et 7; au cinquième, les n. 3, 6 et 8; au sixième, les n. 4 et 5.

GRAINS D'ORGE VARIÉS. N° 14.)

215. (15e armure grains d'orge.) Le premier coup fait lever les lisses n. 1, 3, 5 et 7; le deuxième, les lisses n. 1 et 2; le troisième, les n. 3 et 4; le quatrième, les n. 2, 4, 6 et 8; le cinquième, les n. 7 et 8; le sixième, les n. 5 et 6.

GRAINS D'ORGE VARIÉS. (N° 15.)

216. (16e armure grains d'orge.) Au premier coup lèvent les lisses n. 1, 2 et 3; au deuxième, les n. 3, 4 et 5; au troisième, les n. 5, 6 et 7; au quatrième, les n. 1, 7 et 8; au cinquième, les n. 5, 6 et 7; au sixième, les n. 3, 4 et 5.

CAROLINE.

217. L'étoffe désignée sous ce nom se fait sur 8 lisses et sur 8 coups pour le rapport d'armure.

Le premier coup lève les lisses n. 4 et 5; le deuxième, les n. 3 et 6; le troisième, les n. 2 et 7; le quatrième, les n. 1 et 8; le cinquième, les n. 1 et 8; le sixième, les n. 2 et 7; le septième, les n. 3 et 6; le huitième, les n. 4 et 5.

PIQUÉ ANGLAIS.

218. (1re armure piqué anglais.) Comme le précédent, ce tissu se fabrique sur 8 lisses et sur 8 coups pour le rapport d'armure. Il en sera de même de tous ceux qui suivront, jusqu'à ce que nous indiquions une modification à cet égard.

Les lisses n. 3 et 5 lèvent au premier coup; au deuxième, ce sont les n. 2 et 6; au troisième, les n. 1 et 7; au quatrième, les n. 4 et 8; ou cinquième, les n. 1 et 7; au sixième, les n. 2 et 6; au septième, les n. 3 et 5; et au huitième, les n. 4 et 8.

PIQUÉ ANGLAIS VARIÉ. (N° 1.)

219. (2e armure piqué anglais.) Au premier coup lèvent les lisses n. 4 et 5; au deuxième, les lisses n. 3 et 6; au troisième, les n. 2 et 7; au quatrième, les n. 1 et 8; au cinquième, les n. 2 et 7; au sixième, les n. 3 et 6; au septième, les n. 4 et 5; au huitième, les n. 1 et 8.

PIQUÉ ANGLAIS VARIÉ. (N° 2.)

220. (3e armure piqué anglais.) Ici, ce sont les lisses n. 2, 4 et 5, qui lèvent au premier coup; au deuxième, les lisses n. 3, 6 et 8; au troisième, les n. 2, 4 et 7; au quatrième, les n. 1, 6 et 8; au cinquième, les n. 1, 3 et 8; au sixième, les n. 2, 5 et 7; au septième, les n. 1, 3 et 6; au huitième, les n. 4, 5 et 7.

FILOCHE.

221. Le premier coup fait lever les n. 3 et 7; le deuxième, les n. 2 et 4; le troisième, les n. 1, 3 et 5;

TISSUS SERGÉS.   151

le quatrième, les n. 2 et 4; le cinquième, les n. 3 et 7; le sixième, les n. 6 et 8; le septième, les n. 1, 5 et 7; le huitième, les n. 6 et 8.

GROSSE ET PETITE CÔTE.

222. Les lisses n. 1 et 6 lèvent au premier coup; au deuxième, les lisses n. 2 et 7; au troisième, les n. 3 et 8; au quatrième, les lisses 1 et 4; au cinquième, les n. 2 et 5; au sixième, les n. 3 et 6; au septième, les n. 4 et 7; au huitième, les n. 5 et 8.

CÔTES ÉGALES.

223. Au premier coup, ce sont les lisses n. 1, 4 et 7, qui lèvent; au deuxième, ce sont les lisses n. 2, 5 et 8; les n. 1, 3 et 6, lèvent au troisième; au quatrième, les n. 2, 4 et 7; au cinquième, les n. 3, 5 et 8; au sixième, les n. 1, 4 et 6; au septième, les n. 2, 5 et 7; au huitième, les n. 3, 6 et 8.

CÔTES VARIÉES. (N° 1.)

224. (1re armure côtes variées.) Le premier coup lève les lisses n. 1, 6 et 8; le deuxième coup, les n. 1, 2 et 7; le troisième, les n. 2, 3 et 8; le quatrième, les n. 1, 3 et 4; le cinquième, les n. 2, 4 et 5; le sixième, les n. 3, 5 et 6; le septième, les n. 4, 5 et 7; le huitième, les n. 5, 7 et 8.

CÔTES VARIÉES. (N° 2.)

225. (2e armure côtes variées.) Ici, ce sont les lisses n. 1, 5 et 8 qui lèvent au premier coup; au deuxième, ce sont les lisses n. 1, 2 et 6; au troisième, les n. 2, 3 et 7; au quatrième, les n. 3, 4 et 8; au cinquième, les

152 TISSUS SERGÉS.

n. 1, 4, et 5; au sixième, les n. 2, 5 et 6; au septième, les n. 3, 6 et 7; au huitième, les n. 4 et 7.

CÔTES VARIÉES. (N° 3.)

226. (3e armure côtes variées.) Les lisses n. 1, 3, 5 et 8 lèvent au premier coup; les n. 1, 2, 4 et 6, au deuxième; au troisième, les n. 2, 3, 5 et 7; au quatrième, les n. 3, 4, 6 et 8; au cinquième, les n. 1, 4, 5 et 7; au sixième, les n. 2, 5, 6 et 8; au septième, les n. 1, 3, 6 et 7; au huitième, les n. 2, 4, 7 et 8.

CÔTES VARIÉES. (N° 4.)

227. (4e armure côtes variées.) Au premier coup lèvent les lisses n. 1, 3, 6 et 8; au deuxième, les n. 1, 2, 4 et 7; au troisième, les n. 2, 3, 5 et 8; au quatrième, les n. 1, 3, 4 et 6; au cinquième, les n. 2, 4, 5 et 7; au sixième, les n. 3, 5, 6, et 8; au septième, les n. 1, 4, 6 et 7; au huitième, les n. 2, 5, 7 et 8.

CÔTES VARIÉES. (N° 5.)

228. Le premier coup lève les lisses n. 1, 5, 6 et 8; le deuxième, les n. 1, 2, 6 et 7; le troisième, les n. 2, 3, 7 et 8; le quatrième, les n. 1, 4, 4 et 8; le cinquième, les n. 1, 2, 4 et 5; le sixième, les n. 2, 3, 5 et 6; le septième, les n. 2, 3, 6 et 7; le huitième, les n. 4, 5, 7 et 8.

CÔTES VARIÉES. (N° 6.)

229. (6e armure côtes variées.) Les lisses qui lèvent au premier coup sont celles n. 1, 5, 7 et 8; au deuxième, lèvent les lisses n. 1, 2, 6 et 8; au troisième, les n. 1, 2, 3 et 7; au quatrième, les n. 2, 3, 4 et 8; au cinquième, les n. 1, 3, 4, et 5; au sixième, les n. 2, 4, 5 et 6; au

septième, les n. 3, 5, 6 et 7; au huitième, les n. 4, 6, 7 et 8.

CÔTES VARIÉES. (N° 7.)

230. (7ᵉ armure côtes variées.) Au premier coup, ce sont les lisses n. 1 et 6 qui lèvent; au deuxième, les n. 1 et 4; au troisième, les n. 4 et 7; au quatrième, les n. 2 et 7; au cinquième, les n. 2 et 5; au sixième, les n. 5 et 8; au septième, les n. 3 et 8; au huitième, les n. 3 et 6.

CÔTES VARIÉES. (N° 8.)

231. (8ᵉ armures côtes variées.) Le premier coup lève les lisses n. 1 et 2; le deuxième, les n. 4 et 5; le troisième, les n. 7 et 8; le quatrième, les n. 2 et 3; le cinquième, les n. 5 et 6; le sixième, les n. 1 et 8; le septième, les n. 3 et 4; le huitième, les n. 6 et 7.

CÔTES VARIÉES. (N° 9.)

232. (9ᵉ armure côtes variées.) Une seule lisse lève ici à chaque coup; au premier, la lisse n. 1; au deuxième, la lisse n. 4; au troisième, le n. 3; au quatrième, le n. 6; au cinquième, le n. 5; au sixième, le n. 8; au septième, le n. 7; au huitième, le n. 2.

CÔTES VARIÉES. (N° 10.)

233. (10ᵉ armures côtes variées.) Au premier coup, lèvent les lisses n. 1, 6 et 7; au deuxième, les n. 4, 7 et 8; au troisième, les n. 1, 3 et 8; au quatrième, les n. 1, 2 et 6; au cinquième, les n. 2, 3 et 5; au sixième, les n. 3, 4 et 8; au septième, les n. 4, 5 et 7; au huitième, les n. 2, 5 et 6.

CÔTES VARIÉES. (N° 11.)

234. (11ᵉ armure côtes variées.) Les lisses qui lèvent ici au premier coup sont les n. 2 et 5 ; au deuxième, lèvent les n. 1 et 6 ; au troisième, les n. 4 et 7 ; au quatrième, les n. 3 et 8; au cinquième, les n. 1 et 6 ; au sixième, les n. 2 et 5; au septième, les n. 3 et 8 ; au huitième, les n. 4 et 7.

CÔTES VARIÉES. (N° 12.)

235. (12ᵉ armure côtes variées.) Au premier coup lèvent les n. 1, 3 et 5; au deuxième, les n. 1, 3 et 6; au troisième, les n. 2, 4 et 7; au quatrième, les n. 2, 4 et 8; au cinquième, les n. 1, 5 et 7; au sixième, les n. 2, 5 et 7; au septième, les n. 3, 6 et 8; au huitième, les n. 4, 6 et 8.

CÔTES VARIÉES. (N° 13.)

236. (13ᵉ armure côtes variées.) Le premier coup lève les lisses n. 1 et 6; le deuxième, les n. 1 et 5; le troisième, les n. 3 et 7 ; le quatrième, les n. 2 et 6; le cinquième, les n. 4 et 8; le sixième, les n. 3 et 7 ; le septième, les n. 1 et 5; le huitième, les n. 4 et 8.

CÔTE SATINÉE.

237. Les lisses qui lèvent au premier coup sont les n. 1 et 3; celles qui lèvent au deuxième, les n. 4 et 6; les n. 1 et 7, au troisième; au quatrième, les n. 2 et 4; au cinquième, les n. 5 et 7; au sixième, les n. 2 et 8; au septième, les n. 3 et 5 ; au huitième, les n. 6 et 8.

CÔTE PIQUÉE.

238. Le premier coup fait lever les lisses n. 1 et 7; le

TISSUS SERGÉS. 155

deuxième, les lisses n. 2 et 3; le troisième, les n. 2 et 4; le quatrième, les n. 4 et 6; le cinquième, les n. 3 et 5; le sixième, les n. 5 et 7; le septième, les n. 6 et 8; le huitième, les n. 2 et 8.

CÔTE ANGLAISE FAÇONNÉE, OU SYRIENNE. (N° 1.)

239. (1re armure côte anglaise.) Les lisses qui lèvent au premier coup sont les lisses n. 3, 7 et 8; celles qui lèvent au deuxième coup, les n. 3, 4 et 8; les n. 1, 2 et 5, lèvent au troisième; au quatrième, ce sont les n. 2, 5 et 6; au cinquième, les n. 3, 4 et 7; au sixième, les n. 4, 7 et 8; au septième, les n. 1, 5 et 6; au huitième, les n. 1, 2 et 6.

CÔTE ANGLAISE FAÇONNÉE, OU SYRIENNE. (N° 2.)

240. (2e armure côte anglaise.) Au premier coup, lèvent les lisses n. 1 et 7; au deuxième, les n. 1 et 3; au troisième, les n. 2 et 3; au quatrième, les n. 2 et 4; au cinquième, les n. 4 et 6; au sixième, les n. 6 et 8; au septième, les n. 5 et 8; au huitième, les n. 5 et 7.

CÔTE ANGLAISE FAÇONNÉE OU SYRIENNE. (N° 3.)

241. (3e armure côte anglaise.) Les lisses que lève le premier coup sont les n. 1 et 4 ; le deuxième lève les n. 1 et 2; le troisième, les n. 2 et 3 ; le quatrième, les n. 3 et 4; le cinquième, les n. 5 et 8; le sixième, les n. 7 et 8; le septième, les n. 6 et 7; le huitième, les n. 5 et 6.

CÔTE ANGLAISE FAÇONNÉE, OU SYRIENNE. (N° 4.)

242. (4e armure côte anglaise.) Le premier coup fait lever les lisses n. 6 et 8; le deuxième, les n. 2 et 5; le

troisième, les n. 2, 4 et 8 ; le quatrième, les n. 3 et 7 ; le cinquième, les n. 2, 4 et 6 ; le sixième, les n. 1 et 5 ; le septième, les n. 4 et 6 ; le huitième, les n. 3 et 7.

CÔTE MENUE.

243. Le tissu appelé *côte menue* se fabrique sur 10 lisses et 5 coups par rapport d'armures.

Les lisses n. 1 et 6 sont celles qui lèvent au premier coup ; au deuxième, ce sont les n. 3 et 8 ; au troisième, les n. 5 et 10 ; au quatrième, les n. 2 et 7 ; et au cinquième, les n. 4 et 9.

CÔTE MENUE VARIÉE. (N° 1.)

244. (1re armure côte menue variée.) Ce tissu, à la différence du précédent, se fait sur 6 coups pour rapport d'armure ; le nombre de lisses est aussi de 10.

Au premier coup, lèvent les lisses n. 5, 7, et 9 ; au deuxième, les lisses n. 2, 8 et 10 ; au troisième, les n. 5, 7 et 9 ; au quatrième, les n. 2, 4 et 10 ; au cinquième, les n. 1, 3 et 5 ; au sixième, les n. 2, 4 et 10.

CÔTE MENUE VARIÉE. (N° 2.)

245. (2e armure côte menue variée.) Le premier coup lève les lisses n. 1, 5, et 7 ; le deuxième, les n. 2, 6 et 8 ; le troisième, les n. 1, 3, 7 et 9 ; le quatrième, les n. 2, 4, 8 et 10 ; le cinquième, les n. 3, 5 et 9 ; le sixième, les n. 4, 6 et 10.

BATARDE.

246. Le tissu appelé *bâtarde* se fait sur 10 lisses et sur 5 coups par rapport d'armure.

Ce sont les lisses n. 2 et 9 que fait lever le premier coup; le deuxième fait lever les n. 1 et 4; le troisième, les n. 3 et 6; le quatrième, les n. 5 et 8; le cinquième, les n. 7 et 10.

DOUBLE CÔTE.

247. L'étoffe appelée *double côte* se fabrique sur 10 lisses et 10 coups pour le rapport d'armure.

Le premier coup lève les lisses n. 1, 5 et 9; le deuxième, les n. 2, 6 et 10; le troisième, les n. 1, 3 et 7; le quatrième, les n. 2, 4 et 8; le cinquième, les n. 3, 6 et 9; le sixième, les n. 4, 6 et 10; le septième, les n. 1, 5 et 7; le huitième, les n. 2, 6 et 8; le neuvième, les n. 3, 7 et 9; et le dixième, les n. 4, 8 et 10.

DOUBLE CÔTE VARIÉE. (N° 1.)

248. (1re armure double côte variée.) Le nombre de lisses et de coups pour tous les tissus *double côte variée* est le même que pour la *double côte* ordinaire.

Les lisses qui lèvent ici au premier coup sont les lisses n. 1, 6 et 9; au deuxième, les n. 2, 7 et 10; au troisième, les n. 1, 3, et 8; au quatrième, les n. 2, 4 et 9; au cinquième, les n. 3, 5, et 8; au sixième, les n. 1, 4 et 6; au septième, les n. 2, 5 et 7; au huitième, les n. 3, 5 et 8; au neuvième, les n. 4, 7 et 9; au dixième, les n. 5, 8 et 10.

DOUBLE CÔTE VARIÉE. (N° 2.)

249. (2e armure double côte variée.) Le premier coup lève les lisses n. 1, 5 et 8; le deuxième, les n. 2, 6 et 9; le troisième, les n. 3, 7 et 10; le quatrième, les n. 1, 4 et 8; le cinquième, les n. 2, 5 et 9; le sixième, les n.

158   TISSUS SERGÉS.

3, 6, et 10; le septième, les n. 1, 4 et 7; le huitième, les n. 2, 5 et 8; le neuvième, les n. 3, 6, et 9; le dixième, les n. 4, 7 et 10.

DOUBLE CÔTE VARIÉE. (N° 3.)

250. (3ᵉ armure double côte variée.) Les lisses n. 1, 5, 7 et 9, lèvent ou premier coup; les lisses n. 2, 6, 8 et 10, au deuxième coup; au troisième, les n. 1, 3, 7 et 9; au quatrième, les n. 2, 4, 8 et 10; au cinquième, les n. 1, 3, 5 et 9; au sixième, les n. 2, 4, 6, et 10; au septième, les n. 1, 3, 5 et 7; au huitième, les n. 2, 4, 6 et 8; au neuvième, les n. 3, 5, 7 et 9; au dixième, les n. 4, 6, 8 et 10.

DOUBLE CÔTE VARIÉE. (N° 4.)

251. (4ᵉ armure double côte variée.) Au premier coup lèvent les lisses n. 1, 6 et 10; les lisses n. 1, 2 et 7, lèvent au deuxième coup; au troisième, les n. 2, 3 et 8; au quatrième, les n. 3, 4 et 9; au cinquième, les n. 5, 6 et 10; au sixième, les n. 1, 5 et 6; au septième, les n. 2, 6 et 7; au huitième, les n. 3, 7 et 8; au neuvième, les n. 4, 8 et 9; au dixième, les n. 5, 9 et 10.

DOUBLE CÔTE VARIÉE. (N° 5.)

252. (5ᵉ armure double côte variée.) Les lisses qui lèvent au premier coup sont les n. 1, 4, 7 et 10; celles qui lèvent au dexième, les n. 1, 2, 5 et 8; au troisième, ce sont les n. 2, 3, 6 et 9; au quatrième, les n. 3, 4, 7 et 10; au cinquième, les n. 1, 4, 5 et 8; au sixième, les n. 2, 5, 6 et 9; au septième, les n. 3, 6, 7 et 10; au huitième, les n. 1, 4, 7 et 8; au neuvième, les n. 2, 5, 8 et 10; au dixième, les n. 3, 6, 9 et 10.

TISSUS SERGÉS.

DOUBLE CÔTE VARIÉE. (N° 6.)

253. (6° armure double côte variée.) Le premier coup fait lever les lisses n. 1, 7, 8 et 10; le deuxième, les n. 1, 2, 8, et 9; le troisième, les n. 2, 3, 9, et 10; le quatrième, les n. 1, 3, 5, et 10; le cinquième, les n. 1, 2, 4, et 5; le sixième, les n. 2, 3, 5 et 6; le septième, les n. 3, 4, 6 et 7; le huitième, les n. 4, 5, 7 et 8; le neuvième, les n. 5, 6, 8 et 9; le dixième, les n. 6, 7, 9 et 10.

DOUBLE CÔTE VARIÉE. (N° 7.)

254. (7° armure double côte variée.) Les lisses n. 1 et 7 lèvent au premier coup; au deuxième coup, ce sont les n. 4 et 8; au troisième, les n. 1 et 5; au quatrième, les n. 2 et 8; au cinquième, les n. 5 et 9; au sixième, les n. 2 et 6; au septième, les n. 3 et 9; au huitième, les n. 6 et 10; au neuvième, les n. 3 et 7; au dixième, les n. 4 et 10.

ORLÉANTINE.

255. Le tissu de ce nom se fait sur 10 lisses et 10 coups pour le rapport d'armure.

Le premier coup lève les lisses n. 1, 3 et 7; le deuxième, les n. 4, 8 et 10; le troisième, les n. 1, 5 et 7; le quatrième, les n. 2, 4 et 8; le cinquième, les n. 1, 5 et 9; le sixième, les n. 2, 6 et 8; le septième, les n. 3, 5 et 9; le huitième, les n. 2, 6 et 10; le neuvième, les n. 3, 7 et 9; le dixième, les n. 4, 6 et 10.

ORLÉANTINE VARIÉE. (N° 1.)

256. (1re armure Orléantine variée.) Le nombre de

lisses et de coups pour le rapport d'armure ne diffère nullement de l'Orléantine ordinaire.

Les lisses qui lèvent au premier coup sont les lisses n. 1 et 7; au deuxième, ce sont les n. 2, 4 et 6; au troisième, les n. 3 et 9; au quatrième, les n. 4 et 8; au cinquième, les n. 1 et 5; au sixième, les n. 6 et 10; au septième, les n. 3 et 7; au huitième, les n. 2 et 8; au neuvième, les n. 5 et 9; au dixième, les n. 4 et 10.

ORLÉANTINE VARIÉE. (N° 2.)

257. (2ᵉ armure Orléantine variée.) Les lisses n. 1 et 4 sont celles que lève le premier coup; le deuxième lève les n. 2 et 9; le troisième, les n. 3 et 6; le quatrième, les n. 1 et 4; le cinquième, les n. 5 et 8; le sixième, les n. 3 et 6; le septième, les n. 7 et 10; le huitième, les n. 5 et 8; le neuvième, les n. 2 et 9; le dixième, les n. 7 et 10.

ORLÉANTINE VARIÉE. (N° 3.)

258. (3ᵉ armure Orléantine variée.) Au premier coup, lèvent les lisses n. 1, 3, 6 et 8; au deuxième, les n. 3 et 8; au troisième, les n. 1, 4, 6 et 9; au quatrième, les n. 1 et 6; au cinquième, les n. 2, 4, 7 et 9; au sixième, les n. 4 et 9; au septième, les n. 2, 5, 7 et 10; au huitième, les n. 2 et 7; au neuvième, les n. 3, 5, 8 et 10; au dixième, les n. 5 et 10.

GROSSE GRENADINE.

259. Le tissu appelé *grosse Grenadine*, et tous les tissus du même nom désignés sous le nom de *variés*, parce que l'armure subit quelques modifications, se font sur 12 lisses et quatre coups pour le rapport d'armure.

Le premier coup lève les lisses n. 1, 3, 5, 8, 10 et 12; le deuxième, les n. 1, 3, 5, 7, 9 et 11; le troisième, les n. 2, 4, 6, 7, 9 et 11; le quatrième, les n. 2, 4, 6, 8, 10 et 12.

GROSSE GRENADINE VARIÉE. (N° 1.)

260. (1re armure grosse Grenadine variée.) Les lisses qui lèvent au premier coup sont celles n. 1, 3, 5, 7, 9 et 11 ; celles qui lèvent au deuxième, les n. 1, 2, 3, 4, 5 et 6; au troisième, les n. 2, 4, 6, 8, 10 et 12; au quatrième, les n. 7, 8, 9, 10, 11 et 12.

GROSSE GRENADINE VARIÉE. (N° 2.)

261. (2e armure grosse Grenadine variée.) Au premier coup, lèvent les lisses n. 1, 5 et 9 ; au deuxième, les n. 2, 6, 8 et 12; au troisième, les n. 3, 7 et 11; au quatrième, les n. 4 et 10.

GROSSE GRENADINE VARIÉE. (N° 3.)

262. (3e armure grosse Grenadine variée.) Les lisses n. 1, 3, 10 et 12 lèvent au premier coup; au deuxième coup, les n. 2, 4, 9 et 11 ; les n. 3, 5, 8 et 10, au troisième ; au quatrième, les n. 4, 6, 7 et 9.

GROSSE GRENADINE VARIÉE. (N° 4.)

263. (4e armure grosse Grenadine variée.) Au premier coup, ce sont les lisses n. 2, et 10, qui lèvent; au deuxième, les n. 1, 4, 8 et 11 ; au troisième, les n. 3, 6, et 9; au quatrième, les n. 5, 7 et 12.

GROSSE GRENADINE VARIÉE. (N° 5.)

264. (5e armure grosse Grenardine variée.) Le pre-

mier coup lève les lisses n. 2, 7 et 9; le deuxième, les n. 1, 4 et 10; le troisième, les n. 3, 6 et 11; le quatrième, les n. 5, 8 et 12.

GROSSE GRENADINE VARIÉE. (N° 6.)

265. (6ᵉ armure grosse Grenadine variée.) Les lisses qui lèvent au premier coup sont les n. 1, 5 et 7; celles qui lèvent au deuxième, les n. 2, 6 et 8; au troisième, les n. 3, 9 et 11; au quatrième, les n. 4, 10 et 12.

GROSSE GRENADINE VARIÉE. (N° 7.)

266. (7ᵉ armure grosse Grenadine variée.) Les lisses que fait lever le premier coup sont les lisses n. 2, 4, 7, 9 et 11; le deuxième fait lever les n. 1, 5, 7, 9 et 11; le troisième, les n. 6, 8, 10 et 12; le quatrième, les n. 3, 8, 10 et 12.

GROSSE GRENADINE VARIÉE. (N° 8.)

267. (8ᵉ armure grosse Grenadine variée.) Au premier coup, lèvent les lisses n. 1, 3, 10 et 12; au deuxième, les lisses n. 2, 4, 9 et 11; au troisième, les n. 6, 8, 10 et 12; au quatrième, les n. 5, 7, 9 et 11.

GROSSE GRENADINE VARIÉE. (N° 9.)

268. (9ᵉ armure grosse Grenadine variée.) Les lisses que lève le premier coup sont les n. 1, 5, 9 et 11; celles que lève le deuxième, les n. 2, 6, 9 et 11; au troisième lèvent les n. 3, 7, 10 et 12; au quatrième, les n. 4, 8, 10 et 12.

GROSSE GRENADINE VARIÉE. (N° 10.)

269. (10ᵉ armure grosse Grenadine variée.) Le pre-

TISSUS SERGÉS. 163

mier coup lève les n. 1, 8, 10 et 12 ; le deuxième, les n. 3, 6, 9 et 11 ; le troisième, les n. 4, 5, 10 et 12 ; le quatrième, les n. 2, 7, 9 et 11.

GROSSE GRENADINE VARIÉE. (N° 11.)

270. (11e armure grosse Grenadine variée.) Au premier coup, lèvent les lisses n. 1, 8 et 12 ; au deuxième, les n. 3, 6 et 11 ; au troisième, les n. 4, 5 et 9 ; au quatrième, les n. 2, 7 et 10.

DRAPS DE MILORD.

271. Le tissu auquel on donne le nom de *draps de milord* comporte une infinité de variétés, qui se distinguent entre elles par des modifications plus ou moins importantes dans le nombre des lisses et de coups au rapport d'armures. Parmi les *draps de milord variés*, il en est sur 6, d'autres sur 8, d'autres sur 12 coups. Bien que cette description puisse paraître un peu monotone au premier abord, elle offre cependant un caractère d'utilité pratique, qui nous détermine à ne pas la supprimer.

Le *drap de milord*, que nous appellerons ordinaire, pour le différencier des tissus du même nom auxquels nous ajouterons la qualification de *variés*, se fait sur 12 lisses et 6 coups pour le rapport d'armures.

Le premier coup lève les lisses n. 1, 2, 6 et 9 ; le deuxième, les n. 3, 4, 8 et 11 ; le troisième, les n. 1, 5, 6 et 10 ; le quatrième, les n. 3, 7, 8 et 12 ; le cinquième, les n. 2, 5, 9 et 10 ; et le sixième, les n. 4, 7, 11 et 12.

DRAP DE MILORD VARIÉ. (N° 1.)

272. (1re armure drap de milord varié.) Le nombre

de lisses et de coups ne variant pas, il n'y a ici aucun changement à signaler à cet égard, soit pour cette première variété, soit pour plusieurs de celles qui suivent. Nous ferons connaître les modifications à mesure qu'elles se présenteront.

Le premier coup fait lever les lisses n. 1, 3, 8 et 10 ; le deuxième, les n. 3, 5, 10 et 12; le troisième, les n. 2, 5, 7 et 12; le quatrième, les n. 2, 4, 7 et 9; le cinquième, les n. 4, 6, 9 et 11; le sixième, les n. 1, 6, 8 et 11.

DRAP DE MILORD VARIÉ. (N° 2.)

273. (2ᵉ armure drap de milord varié.) Les lisses n. 1, 4, 7 et 8, lèvent au premier coup ; au deuxième, les n. 2, 3, 9 et 10; au troisième, les n. 5, 8, 11 et 12; au quatrième, les n. 1, 2, 6 et 7; au cinquième, les n. 3, 4, 9 et 12; et au sixième, les n. 5, 6, 10 et 11.

DRAP DE MILORD VARIÉ. (N° 3.)

274. (3ᵉ armure drap de milord varié.) Au premier coup, lèvent les lisses n. 1, 7, et 10; au deuxième, les n. 2 et 6; au troisième, les n. 3 et 5; au quatrième, les n. 1, 4 et 7; au cinquième, les n. 8 et 12; au sixième, les n. 9 et 11.

DRAP DE MILORD VARIÉ. (N° 4.)

275. (4ᵉ armure drap de milord varié.) Les lisses n. 1 et 10 lèvent au premier coup; au deuxième, ce sont les n. 2, et 6; les n. 3 et 5, au troisième; au quatrième, les n. 4 et 7; au cinquième, les n. 8 et 12; et les n. 9 et 11 au sixième coup.

DRAP DE MILORD VARIÉ. (N° 5.)

276. (5ᵉ armure drap de milord varié.) Le premier

TISSUS SERGÉS. 165

coup lève les lisses n. 5 et 11 ; le deuxième, les n. 3, 4 et 10 ; le troisième, les n. 3, 5, 6 et 9 ; le quatrième, les n. 2, 7 et 8 ; le cinquième, les n. 1, 7, 9 et 10 ; le sixième, les n. 6, 11 et 12.

DRAP DE MILORD VARIÉ. (N° 6.)

277. (6e armure drap de milord varié.) Les lisses qui lèvent au premier coup sont celles n. 1 et 3 ; celles qui lèvent au deuxième sont les n. 5, 6, 11 et 12 ; au troisième, ce sont les n. 7 et 9 ; au quatrième, les n. 9 et 11 ; au cinquième, les n. 5, 6 11 et 12 ; au sixième, les n. 2 et 4.

DRAP DE MILORD VARIÉ. (N° 7.)

278. (7e armure drap de milord varié.) Au premier coup lèvent les lisses n. 2, 6 et 8 ; au deuxième, les n. 1, 7 et 11 ; au troisième, les n. 8, 10 et 12 ; au quatrième, les n. 1, 7 et 9 ; au cinquième, les 2, 4, 6 et 12 ; au sixième, les n. 3 et 5.

DRAP DE MILORD VARIÉ. (N° 8.)

279. (8e armure drap de milord varié.) Les lisses que fait lever le premier coup sont les n. 1 et 7 ; celles que le deuxième coup fait lever, les lisses n. 2 et 7 ; au troisième, lèvent les n. 3, 8 et 9 ; au quatrième, les n. 4 et 10 ; au cinquième, les n. 5 et 10 ; et au sixième, les n. 6, 11 et 12.

DRAP DE MILORD VARIÉ. (N° 9.)

280. (9e armure drap de milord varié.) Ici, le premier coup lève les lisses n. 1, 7, 9 et 11 ; le deuxième, les

n. 2, 7, 9, et 11 ; le troisième, les n. 3, 7, 9, et 11 ; le quatrième, les n. 4, 8, 10, et 12 ; le cinquième, les n. 5, 8, 10 et 12 ; le sixième, les n. 6, 8, 10 et 12.

DRAP DE MILORD VARIÉ. (N° 10.)

281. (10e armure drap de milord varié.) Les lisses qui lèvent au premier coup sont celles n. 1, 6, 7, 9 et 11 ; au deuxième, ce sont les lisses n. 2, 5, 7, 9 et 12 ; au troisième, les n. 3, 4, 7, 9 et 11 ; au quatrième, les n. 3, 4, 8, 10 et 12 ; au cinquième, les n. 2, 5, 7, 10 et 12 ; au sixième, les n. 1, 6, 10 et 12.

DRAP DE MILORD VARIÉ. (N° 11.)

282. (11e armure drap de milord varié.) Le premier coup lève les lisses n. 1 et 5; le deuxième, les n. 3 et 4; le troisième, les n. 1 et 6; le quatrième, les n. 8 et 11; le cinquième, les n. 9 et 10; le sixième, les n. 7 et 12.

DRAP DE MILORD VARIÉ. (N° 12.)

283. (12e armure drap de milord varié.) Au premier coup lèvent les lisses n. 1, 7 et 11 ; au deuxième, les n. 2, 8 et 12 ; au troisième, les n. 3, 7 et 9; au quatrième, les n. 4, 8 et 10 ; au cinquième, les n. 5, 9 et 11 ; au sixième, les n. 6, 10 et 12.

DRAP DE MILORD VARIÉ. (N° 13.)

284. (13e armure drap de milord varié.) Les lisses qui lèvent au premier coup sont les lisses n. 1, 7 et 10; au deuxième, les n. 2, 8 et 11 ; au troisième, les n. 3, 9 et 12; au quatrième, les n. 4, 7 et 10 ; au cinquième, les n. 5, 8 et 11 ; au sixième, les n. 6, 9 et 12.

TISSUS SERGÉS.

DRAP DE MILORD VARIÉS. (N° 14.)

285. (14e armure drap de milord varié.) Au premier coup lèvent les lisses n. 1, 4, 8 et 11; au second, les n. 1, 3, 6 et 10; au troisième, les n. 3, 5, 8 et 12; au quatrième, les n. 2, 5, 7, et 10; au cinquième, les n. 4, 7, 9 et 12; au sixième, les n. 2, 6, 9 et 11.

DRAP DE MILORD VARIÉ. (N° 15.)

286. (15e armure drap de milord varié.) Les lisses n. 1, 4 et 11, lèvent au premier coup; au deuxième, ce sont les n. 1, 3 et 6; au troisième, les lisses n. 3, 5 et 8; au quatrième, les n. 5, 7, et 10; au cinquième, les n. 7, 9 et 12; au sixième, les n. 2, 9 et 11.

DRAP DE MILORD VARIÉ. (N° 16.)

287. (16e armure drap de milord varié.) Les lisses n. 1, 3, 8, 10 et 11, sont celles qui lèvent au premier coup; au deuxième, ce sont les lisses n. 1, 3, 6 et 11; au troisième, les n. 2, 4, 6 et 12; au quatrième, les n. 2, 4, 5, 7, 9 et 12; au cinquième, les n. 5, 7 et 9; au sixième, les n. 8, et 10.

DRAP DE MILORD VARIÉ. (N° 17.)

288. (17e armure drap de milord varié.) Au premier coup lèvent les lisses n. 1, 3, 9 et 11; au deuxième, les n. 2 et 4; au troisième, les n. 1, 3, 5 et 7; au quatrième, les n. 6 et 8; au cinquième, les n. 5, 7, 9 et 11; au sixième, les n. 10 et 12.

DRAP DE MILORD VARIÉ. (N° 18.)

289. (18e armure drap de milord varié. Les lisses qui

lèvent au premier coup sont les lisses n. 1 et 11; au deuxième, ce sont les lisses n. 1 et 4; au troisième, les n. 3 et 6; au quatrième, les n. 5 et 8; au cinquième, les n. 7 et 10; au sixième, les n. 9 et 12.

DRAP DE MILORD VARIÉ. (N° 19.)

290. (19ᵉ armure drap de milord varié.) Au premier coup les lisses n. 1, 2, 6 et 11 lèvent; au deuxième, ce sont les n. 1, 4 et 8; au troisième, les n. 3, 6 et 10; au quatrième, les n. 5, 8 et 12; au cinquième, les n. 2, 7 et 10; au sixième, les n. 4, 9 et 12.

DRAP DE MILORD VARIÉ. (N° 20.)

291. (20ᵉ armure drap de milord varié.) Les lisses n. 2 et 8 lèvent au premier coup; les n. 1 et 7 au deuxième coup; au troisième, les n. 4 et 10; au quatrième, les n. 3, 9 et 10; au cinquième, les n. 6, 9 et 12; au sixième, les n. 5 et 11.

DRAP DE MILORD VARIÉ. (N° 21.)

292. (21ᵉ armure drap de milord varié.) Il existe entre les variétés de *draps de milord* qui précèdent et celles qui vont suivre, à partir de ce numéro, que le nombre des coups pour le rapport d'armure, lequel était de six dans les combinaisons d'armures que nous venons d'établir, est de huit dans celles que nous allons décrire maintenant. Quant au nombre de lisses, il n'y a pas de changement à signaler.

Pour la combinaison d'armure n° 21, le premier coup fait lever ici les lisses n. 1, 3, 5, 7, 9 et 11; au deuxième, ce sont les mêmes lisses qui lèvent encore; au troisième, ce sont les n. 1, 3, 5, 8, 10 et 12; au quatrième, les n.

TISSUS SERGÉS. 169

2, 4, 6, 8, 10 et 12; au cinquième, les n. 1, 3, 5, 7, 9 et 11; au sixième, les n. 1, 3, 5, 8, 10 et 12; au septième, les n. 2, 4, 6, 8, 10 et 12; au huitième, les mêmes lisses qu'au septième coup.

DRAP DE MILORD VARIÉ. (N° 22.)

293. (22ᵉ armure drap de milord varié.) Les lisses que le premier coup fait lever sont les n. 1 et 9; celles que fait lever le deuxième coup, les n. 2, et 10; au troisième, ce sont les n. 3 et 11; au quatrième, les n. 4, 8 et 12; au cinquième, les n. 1, 5 et 9; au sixième, les n. 6 et 10; au septième, les n. 7 et 11; au huitième, les n. 8 et 12.

DRAP DE MILORD VARIÉ. (N° 23.)

294. (23ᵉ armure drap de milord varié.) Au premier coup lèvent les lisses n. 4, 6 et 8; au deuxième, les n. 3, 7 et 9; au troisième, les n. 2, 8 et 10; au quatrième, les n. 1, 3, 9 et 11; au cinquième, les n. 2, 4, 10 et 12; au sixième, les n. 3, 5 et 11; au septième, les n. 4, 6 et 10; au huitième, les n. 5, 7 et 9.

DRAP DE MILORD VARIÉ. (N° 24.)

295. (24ᵉ armure drap de milord varié.) Ici, les lisses qui lèvent au premier coup sont les n. 1, 5, 6, 7 et 8; celles qui lèvent au deuxième, les n. 1, 2, 6, 7, 11 et 12; au troisième, ce sont les n. 2, 3, 10 et 11; au quatrième, les n. 1, 3, 4, 9, 10 et 12; au cinquième, les n. 1, 2, 4, 5, 8, 9, 11 et 12; au sixième, les n. 2, 3, 5, 6, 7, 8, 10 et 11; au septième, les n. 3, 4, 6, 7, 9 et 10; au huitième, les n. 4, 5, 8 et 9.

DRAP DE MILORD VARIÉ. (N° 25.)

296. (25° armure drap de milord varié.) Au premier coup, lèvent les lisses n. 3, 6, 7 et 10; au deuxième, les n. 2, 5, 6, 7, 8 et 11; au troisième, les n. 1, 2, 4, 8, 9, 11 et 12; au quatrième, les n. 1, 3, 4, 9, 10 et 12; au cinquième, les n. 1, 3, 4, 9, 10 et 12; au sixième, les n. 1, 2, 4, 5, 8, 9, 11 et 12; au septième, les n. 2, 5, 6, 7, 8 et 11; au huitième, les n. 3, 6, 7 et 10.

DRAP DE MILORD VARIÉ. (N° 26.)

297. (26° armure drap de milord varié.) Les lisses qui lèvent ici au premier coup sont les n. 1, 7 et 8; au deuxième, ce sont les lisses n. 2, 3 et 9; au troisième, les n. 4, 10 et 11; au quatrième, les n. 5, 6 et 12; au cinquième, les n. 1, 2 et 7; au sixième, les n. 3, 8 et 9; au septième, les n. 4, 5 et 10; au huitième, les n. 6, 11 et 12.

ARMURES DRAP DE SOIE VARIÉES. (N° 1.)

298. Nous arrivons à une combinaison d'armures qui comporte 12 coups pour le rapport; le nombre de lisses restant de douze.

Pour la *variété* n° 1, les lisses qui lèvent au premier coup sont les n. 1 et 10; celles qui lèvent au deuxième coup, les n. 2 et 11; au troisième, ce sont les n. 3 et 12; au quatrième, les n. 1 et 4; au cinquième, les n. 2 et 5; au sixième, les n. 3 et 6; au septième, les n. 4 et 7; au huitième, les n. 5 et 8; au neuvième, les n. 6 et 9; au dixième, les n. 7 et 10; au 11° les n. 8 et 11; au douzième, les n. 9 et 12.

TISSUS SERGÉS.

ARMURES DRAP DE SOIE VARIÉES. (N° 2.)

299. Les lisses que lève ici le premier coup sont les n. 1 et 9; celles que lève le deuxième coup, les lisses n. 2 et 10; au troisième, lèvent les n. 3 et 11; au quatrième, les n. 4 et 12; au cinquième, les n. 1 et 5; au sixième, les n. 2 et 6; au septième, les n. 3 et 7; au huitième, les n. 4 et 8; au neuvième, les n. 5 et 9; au dixième, les n. 6 et 10; au onzième, les n. 7 et 11; au douzième, les n. 8 et 12.

ARMURES DRAP DE SOIE VARIÉES. (N° 3.)

300. Au premier coup, lèvent les lisses n. 1, 9 et 11; au deuxième coup, les n. 2, 10 et 12; au troisième, les n. 1, 3 et 11; au quatrième, les n. 2, 4 et 12; au cinquième, les n. 1, 3 et 5; au sixième, les n. 2, 4 et 6; au septième, les n. 3, 5 et 7; au huitième, les n. 4, 6 et 8; au neuvième, les n. 5, 7 et 9; au dixième, les n. 6, 8 et 10; au onzième, les n. 7, 9 et 11; au douzième, les n. 8, 10 et 12.

ARMURES DRAP DE SOIE VARIÉES. (N° 4.)

301. Les lisses que lève le premier coup dans cette combinaison d'armure sont les lisses n. 1, 6 et 11; celles qui lèvent au deuxième coup, les lisses 2, 7 et 12; au troisième, ce sont les n. 1, 3 et 8; au quatrième, les n. 2, 4 et 9; au cinquième, les n. 3, 5 et 10; au sixième, les n. 4, 6 et 11; au septième, les n. 5, 7 et 12; au huitième, les n. 1, 6 et 8; au neuvième, les n. 2, 7 et 9; au dixième, les n. 3, 8 et 10; au onzième, les n. 4, 9 et 11; au douzième, les n. 5, 10 et 12.

ARMURES DRAP DE SOIE VARIÉES. (N° 5.)

302. Ici, les lisses qui lèvent au premier coup sont celles n. 1, 6 et 10 ; au deuxième, ce sont les n. 2, 7 et 11 ; au troisième, les n. 3, 8 et 12 ; au quatrième, les n. 1, 4 et 9 ; au cinquième, les n. 2, 5 et 10 ; au sixième, les n. 3, 6 et 11 ; au septième, les n. 4, 7 et 12 ; au huitième, les n. 1, 5 et 8 ; au neuvième, les n. 2, 6 et 9 ; au dixième, les n. 3, 7 et 10 ; au onzième, les n. 4, 8 et 11 ; au douzième, les n. 5, 9 et 12.

ARMURES DRAP DE SOIE VARIÉES. (N° 6.)

303. Les lisses que fait lever le premier coup sont les n. 1, 6, 9 et 11 ; celles que fait lever le deuxième coup, les n. 2, 7, 10 et 12 ; au troisième lèvent les lisses n. 1, 3 et 11 ; au quatrième, les n. 2, 4, 9 et 12 ; au cinquième, les numéros 1, 3, 5 et 10 ; au sixième, les n. 2, 4, 6 et 11 ; au septième, les n. 3, 5, 7 et 12 ; au huitième, les n. 1, 4, 6 et 8 ; au neuvième, les n. 2, 5, 7 et 9 ; au dixième, les n. 3, 6, 8 et 10 ; au onzième, les n. 4, 7 9 et 11 ; au douzième, les n. 5, 8, 10 et 12.

ARMURES DRAP DE SOIE VARIÉES. (N° 7.)

304. Le premier coup lève dans cette combinaison d'armures les lisses n. 1, 5, 9 et 11 ; le deuxième lève les n. 2, 6, 10 et 12 ; le troisième, les n. 1, 3, 7 et 11 ; le quatrième, les n. 2, 4, 8 et 12 ; le cinquième, les n. 1, 3, 5 et 9 ; le sixième, les n. 1, 4, 6 et 10 ; le septième, les n. 3, 5, 7 et 11 ; le huitième, les n. 4, 6, 8 et 12 ; le neuvième, les n. 1, 5, 7 et 9 ; le dixième, les n. 2, 6, 8 et 10 ; le onzième, les n. 3, 7, 9 et 11 ; le douzième, les n. 4, 8, 10 et 12.

TISSUS SERGÉS.

ARMURES DRAP DE SOIE VARIÉES. (N° 8.)

305. Ici, le premier coup lève les lisses n. 1, 4, 8 et 11; le deuxième, les n. 2, 5, 9 et 12; le troisième, les n. 1, 3, 6 et 10; le quatrième, les n. 2, 4, 7 et 11; le cinquième, les n. 3, 5, 8 et 12; le sixième, les n. 1, 4, 6 et 9; le septième, les n. 2, 5, 7 et 10; le huitième, les n. 3, 6, 8 et 11; le neuvième, les n. 4, 7, 9 et 12; le dixième, les n. 1, 5, 7 et 10; le onzième, les n. 2, 6, 9 et 11; le douzième, les n. 3, 7, 10 et 12.

ARMURES DRAP DE SOIE VARIÉES. (N° 9.)

306. Les lisses n. 1, 7, 9 et 11 lèvent ici au premier coup; au second, ce sont les n. 2, 8, 10 et 12; au troisième, les n. 1, 3, 9 et 11; au quatrième, les n. 2, 4, 9 et 12; au cinquième, les n. 1, 3, 5 et 11; au sixième, les n. 2, 4, 6 et 12; au septième, les n. 1, 3, 5 et 7; au huitième, les n. 2, 4, 6 et 8; au neuvième, les n. 3, 5, 7 et 9; au dixième, les n. 4, 6, 8 et 10; au onzième, les n. 5, 7, 9 et 11; au douzième, les n. 6, 8, 10 et 12.

ARMURES DRAP DE SOIE VARIÉES. (N° 10.)

307. Dans cette combinaison, les lisses n. 1, 5, 7, 8, 9 et 11, sont celles que lève le premier coup; le deuxième coup lève les lisses n. 2, 6, 8, 9, 10 et 12; le troisième, les n. 1, 3, 7, 9, 10 et 11; le quatrième, les n. 1, 4, 8, 10, 11 et 12; le cinquième, les n. 1, 3, 5, 9, 11 et 12; le sixième, les n. 1, 2, 4, 6, 10 et 12; le septième, les n. 1, 2, 3, 5, 7 et 11; le huitième, les n. 2, 3, 4, 6, 8 et 12; le neuvième, les n. 1, 3, 4, 5, 7 et 9; le dixième, les n. 2, 4, 5, 6, 8 et 10; le onzième, les n. 3, 5, 6, 7, 9 et 11; le douzième, les n. 4, 6, 7, 8, 10 et 12.

ARMURES DRAP DE SOIE VARIÉES. (N° 11.)

308. Ici, ce sont au premier coup les lisses n. 1, 8, 10 et 11 qui lèvent ; au deuxième, ce sont les lisses n. 2, 9, 11 et 12 ; au troisième, les n. 1, 3, 10 et 12 ; au quatrième, les n. 1, 2, 4 et 11 ; au cinquième, les n. 2, 3, 5 et 12 ; au sixième, les n. 1, 3, 4 et 6 ; au septième, les n. 2, 4 5, et 7 ; au huitième, les n. 3, 5', 6 et 8 ; au neuvième, les n. 4, 6, 7 et 9 ; au dixième, les n. 5, 7, 8 et 10 ; au onzième, les n. 6, 8, 9 et 11 ; au douzième, les n. 7, 9, 10 et 12.

ARMURES DRAP DE SOIE VARIÉES. (N° 12.)

309. Le premier coup fait ici lever les lisses n. 1, 6 et 10 ; le deuxième, les n. 2, 5 et 11 ; le troisième, les n. 3, 10 et 12 ; le quatrième, les n. 1, 4 et 9 ; le cinquième, les n. 2, 5 et 8 ; le sixième, les n. 1, 3 et 6 ; le septième, les n. 4, 7 et 12 ; le huitième, les n. 5, 8 et 11 ; le neuvième, les n. 4, 6 et 9 ; le dixième, les n. 3, 7 et 10 ; le onzième, les n. 2, 8 et 11 ; le douzième, les n. 1, 7, 9 et 12.

ARMURES DRAP DE SOIE VARIÉES. (N° 13.)

310. Dans cette combinaison, le premier coup lève les lisses n. 1, 9 et 11 ; le deuxième, les n. 2, 4 et 12 ; le troisième, les n. 1, 3 et 7 ; le quatrième, les n. 2, 4 et 10 ; le cinquième, les n. 1, 3 et 5 ; le sixième, les n. 4, 6 et 8 ; le septième, les n. 5, 7 et 11 ; le huitième, les n. 2, 6 et 8 ; le neuvième, les n. 5, 7 et 9 ; le dixième, les n. 8, 10 et 12 ; le onzième, les n. 3, 9 et 11 ; le douzième, les n. 6, 10 et 12.

ARMURES DRAP DE SOIE VARIÉES. (N° 14.)

311. Le premier coup lève ici les lisses n. 1, 7 et 8; le deuxième, les n. 2, 6 et 7; le troisième, les n. 3, 9 et 10; le quatrième, les n. 4, 8 et 9; le cinquième, les n. 5, 11 et 12; le sixième, les n. 6, 10 et 11; le septième, les n. 1, 2 et 7; le huitième, les n. 1, 8 et 12; le neuvième, les n. 3, 4 et 9; le dixième, les n. 2, 3 et 10; le onzième, les n. 5, 6 et 11; le douzième, les n. 4, 5 et 12.

ARMURES DRAP DE SOIE VARIÉES. (N° 15.)

312. Au premier coup lèvent les lisses n. 1, 5 et 11; au deuxième, les n. 2, 8 et 12; au troisième, les n. 1, 3 et 7; au quatrième, les n. 2, 4 et 10; au cinquième, les n. 3, 5 et 9; au sixième, les n. 4, 6 et 12; au septième, les n. 5, 7 et 11; au huitième, les n. 2, 6 et 8; au neuvième, les n. 1, 7 et 9; au dixième, les n. 4, 8 et 10; au onzième, les n. 3, 9 et 11; au douzième, les n. 6, 10 et 12.

ARMURES DRAP DE SOIE VARIÉES. (N° 16.)

313. Pour cette combinaison d'armure, le premier coup fait lever les lisses n. 1 et 7; le deuxième, les n. 2 et 8; le troisième, les n. 3, 9 et 11; le quatrième, les n. 4 et 10; le cinquième, les n. 3, 5 et 11; le sixième, les n. 2, 6 et 12; le septième, les n. 1 et 7; le huitième, les n. 2, 6 et 8; le neuvième, les n. 3, 5 et 9; le dixième, les n. 4 et 10; le onzième, les n. 5, 9 et 11; le douzième, les n. 6, 8 et 12.

ARMURES DRAP DE SOIE VARIÉES. (N° 17.)

314. Ici les lisses n. 1, 3, 5, 7, 9 et 11, lèvent au pre-

mier coup; au deuxième, ce sont les n. 4 et 10; au troisième, les n. 1, 5 et 9; au quatrième, les n. 2, 4, 6, 8, 10 et 12; au cinquième, les n. 1, 5 et 9; au sixième, les n. 2, 6, 8 et 12; au septième, les n. 1, 3, 5, 7, 9 et 11; au huitième, les n. 2, 6, 8 et 12 ; au neuvième, les n. 3, 7 et 11; au dixième, les n. 2, 4, 6, 8, 10 et 12 ; au onzième, les n. 3, 7, et 11; au douzième, les n. 4 et 10.

ARMURES DRAP DE SOIE VARIÉES. (N° 18.)

315. Le premier coup lève dans cette combinaison les lisses n. 1, 7, 9 et 11 ; le second lève les lisses n. 2, 8, 10 et 12; le troisième, les n. 3, 8, 10 et 12; le quatrième, les n. 4, 8, 10 et 12; le cinquième, les n. 5, 7, 9 et 11; le sixième, les n. 6, 8, 10 et 12; le septième, les n. 1, 7, 9 et 11; le huitième, les n. 3, 8, 10 et 12; le neuvième, les n. 3, 8, 10 et 12; le dixième, les n. 4, 7, 9 et 11; le onzième, les n. 5, 8, 10 et 12; le douzième, les n. 6, 8, 10 et 12.

ARMURES DRAP DE SOIE VARIÉES. (N° 19.)

316. Ici, ce sont au premier coup les lisses n. 9 et 11 qui lèvent; les n. 1 et 12 lèvent au deuxième coup; au troisième, les n. 2 et 7 ; au quatrième, le n. 7 seul; au cinquième, les n. 4, 6 et 10 ; au sixième, les n. 5, 10 et 11 ; au septième, les n. 1, 9, 11 et 12; au huitième, les n. 2, 6 et 12; au neuvième, les n. 1, 5 et 7; au dixième, les n. 2, 4 et 6; au onzième, les n. 3, 5 et 9; au douzième, les n. 4, 8 et 10.

ARMURES DRAP DE SOIE VARIÉES. (N° 20.)

317. Les lisses n. 1, 6 et 8 lèvent au premier coup; les n. 5 et 9, au deuxième ; au troisième, les n. 4 et 10;

TISSUS SERGÉS.

les n. 3 et 11, au quatrième; au cinquième, les n. 2, 7 et 12; au sixième, les n. 1, 6 et 8; les n. 2, 7 et 12, au septième; les n. 3 et 11, au huitième; les n. 4 et 10 au neuvième; au dixième, les n. 5 et 9; au onzième, les n. 1, 6 et 8; au douzième, les n. 2, 7 et 12.

ARMURES DRAP DE SOIE VARIÉES. (N° 21.)

318. Ici le premier coup lève les lisses n. 1, 6 et 8; le deuxième coup, les n. 5, 7 et 9; le troisième, les n. 4, 6, 8 et 10; le quatrième, les n. 3, 5, 9 et 11; le cinquième, les n. 2, 4, 10 et 12; le sixième, les n. 1, 3, 7 et 11; le septième, les n. 2, 4, 10 et 12; le huitième, les n. 3, 5, 9 et 11; le neuvième, les n. 4, 6, 8 et 10; le dixième, les n. 5, 7 et 9; le onzième, les n. 1, 6 et 8; le douzième, les n. 2, 7 et 12.

ARMURES DRAP DE SOIE VARIÉES. (N° 22.)

319. Les lisses que lève le premier coup sont les n. 3, 6, 8 et 11; celles que lève le deuxième coup, les n. 2, 5, 9 et 12; au troisième coup lèvent les n. 1, 4, 7 et 10; au quatrième, les n. 3, 6, 8 et 11; au cinquième, les n. 2, 5, 9 et 12; au sixième, les n. 1, 4 et 10; au septième, les n. 2, 5, 9 et 12; au huitième, les n. 3, 6, 8 et 11; au neuvième, les n. 1, 4, 7 et 10; au dixième, les n. 2, 5, 9 et 12; au onzième, les n. 3, 6, 8 et 11; au douzième, les n. 4, 7 et 10.

ARMURES DRAP DE SOIE VARIÉES (N° 23.)

320. Le premier coup lève dans cette combinaison les lisses n. 1, 6 et 8; le deuxième, les n. 2, 7 et 12; le troisième, les n. 3 et 11; le quatrième, les n. 1, 4 et 10; le cinquième, les n. 2, 5, 9 et 12; le sixième, les

n. 3, 6, 8 et 11; le septième, les n. 4, 7 et 10; le huitième, les n. 1, 5 et 9; le neuvième, les n. 2, 6, 8 et 12; le dixième, les n. 3, 7 et 10; le onzième, les n. 4 et 10; le douzième, les n. 5 et 9.

DRAP DE SOIE ROYALE.

321. Ce tissu n'est autre chose qu'un *gros de Tours;* mais il est remis sur deux corps. Le remisse étant de huit lisses, chaque corps est par conséquent de quatre lisses. On passe 12 fils suivis sur le premier corps; puis 12 sur le second, et on recommence. Le contre-semplage du grain étant contre-semplé, forme un petit-carreau.

La royale se fait d'ordinaire sur quatre fils en dents; quelquefois sur six, mais très-rarement.

La réduction de chaîne pour ce tissu varie de 65 à 75 fils doubles au centimètre; celle de trame est à-peu-près la même que pour le gros de Tours, un peu moins forte cependant, et comporte de 26 à 27 coups au centimètre, dans les articles pour gilets; et de 33 environ dans les articles pour robes.

Nous avons dit que le tissu appelé Royale se fait sur huit lisses, dont quatre pour chaque corps; le rapport d'armure est de quatre coups.

Le premier lève les lisses n. 1, 3, 6 et 8; le deuxième, les lisses n. 1, 3, 5 et 7; le troisième, les n. 2, 4, 5 et 7; et le quatrième, les n. 2, 4, 6 et 8.

La Royale se fabrique encore avec remettage amalgamé.

Pour ce remettage, on passe 12 fils suivis sur les 4 lisses impaires, c'est-à-dire, première, troisième, cinquième et septième lisses; ensuite 12 fils suivis sur les quatre lisses paires; soit deuxième, quatrième, sixième et huitième, et on recommence.

Le premier coup fait lever les lisses n. 1, 4, 5 et 8; le deuxième, les lisses n. 1, 2, 5 et 6; le troisième, les n. 2, 3, 6 et 7; le quatrième, les n. 3, 4, 7 et 8.

DRAP DE SOIE ROYALE DITE VÉNITIENNE.

322. L'espèce de Royale appelée *Vénitienne* se fait pour robes et pour gilets; la réduction de chaîne et de trame est à-peu-près la même que dans la Royale ordinaire.

Le remettage pour ce tissu se fait suivi, sur 8 lisses et 4 coups pour le rapport d'armure.

Le premier coup lève les lisses n. 1, 3, 6 et 8; le deuxième, les n. 1, 3, 5 et 7; le troisième, les n. 2, 4, 5 et 7; le quatrième, les n. 2, 4, 6 et 8.

DRAP DE SOIE PIQUETÉ.

323. Le tissu auquel on donne le nom de *piqueté* se fait de deux manières: au remettage suivi et au remettage amalgamé, mais toujours sur deux corps. Le remettage étant de 8 lisses, chaque corps a par conséquent 4 lisses.

On passe 12 fils suivis, pour la première manière, c'est-à-dire pour le remettage suivi, sur le premier corps qui se compose des 4 premières lisses, et 12 fils suivis sur le deuxième corps, qui se compose des quatre autres lisses, et on recommence.

Le rapport d'armure est de quatre coups. Au premier coup lèvent les lisses n. 1, 3, 5 et 7; au deuxième, les lisses n. 1, 3, 6 et 8; au troisième, les n. 1, 3, 5 et 7; au quatrième, les n. 2, 4, 5 et 7.

180 TISSUS SERGÉS.

Pour la seconde manière, c'est-à-dire le remettage amalgamé, on passe 12 fils sur les quatre lisses impaires, 1, 3, 5 et 7; puis 12 fils sur les quatre lisses paires, 2, 4, 6 et 8, et on recommence de même.

Le nombre de coups pour le rapport d'armure est ici le même que dans le remettage suivi.

Le premier coup lève les lisses n. 1, 2, 5 et 6; le deuxième, les n. 1, 5, 6 et 8; le troisième, les n. 1, 2, 5 et 6; le quatrième, les n. 2, 3, 6 et 7.

Les *piquetés*, qui sont de la famille des *draps de soie*, ne se font plus aujourd'hui que pour gilets. Autrefois on en faisait aussi pour culotte, lorsque ce vêtement était porté. Il se fabrique quelques *piquetés* pour cols, mais l'étoffe n'est plus de la même qualité que celle destinée pour gilets.

DRAP DE SOIE RUSSIENNE.

324. Cette espèce de tissu se fait comme les précédents, de deux manières, au remettage suivi et au remettage amalgamé; mais dans les deux cas le nombre de lisses est de huit, et le nombre de coups pour le rapport d'armures est de quatre; toujours aussi remettage sur deux corps.

Pour la première manière (remettage suivi), on passe 12 fils suivis sur les quatre premières lisses, les n. 1, 2, 3 et 4; puis, 12 fils suivis sur les quatre dernières, c'est-à-dire sur les lisses n. 5, 6, 7 et 8, et l'on recommence.

Le premier coup lève les lisses n. 1, 3, 5 et 7; le deuxième, les n. 1, 3, 5 et 7; le troisième, les n. 1, 3, 6 et 8; le quatrième, les n. 2, 4, 5 et 7.

Pour la seconde manière (remettage amalgamé), 12 fils suivis sont passés sur les lisses impaires, n. 1, 3,

TISSUS SERGÉS. 181

5 et 7 ; ensuite, 12 fils suivis sur les lisses paires, n. 2, 4, 6 et 8, et on recommence de même.

Le premier coup fait lever les lisses n. 1, 2, 5 et 6 ; le deuxième, les mêmes lisses ; le troisième, les lisses n. 1, 4, 5 et 8 ; le quatrième, les lisses n. 2, 3, 6 et 7.

Le tissu appelé *Russienne* est employé pour gilets et pour robes. La réduction de chaîne et de trame est à-peu-près la même que pour les *Royales*.

DRAP DE SOIE ALLEMANDE.

325. L'espèce de tissu auquel on donne le nom d'*Allemande*, et qui de même que tous les précédents dépend du genre *drap de soie*, se fait comme la *Russienne*, les *piquetés*, etc., de deux manières, c'est-à-dire par remettage suivi et par remettage amalgamé. Ce remettage est toujours sur deux corps ; le nombre de lisses étant de huit, c'est-à-dire de quatre pour chaque corps. Le nombre de coup pour le rapport d'armure est également de quatre.

Pour faire l'Allemande au remettage suivi, on passe 12 fils suivis sur les quatre premières lisses, et ensuite 12 fils suivis sur les quatre dernières, et on recommence d'après les mêmes errements.

Les lisses n. 1, 3, 5 et 7, sont celles que lève le premier coup ; le deuxième lève les n. 1, 3, 6 et 8 ; le troisième, les n. 2, 4, 5 et 7 ; le quatrième, les n. 2, 4, 6 et 8.

Pour faire ce tissu au remettage amalgamé, 12 fils suivis sont passés sur les lisses impaires (1, 3, 5 et 7) ; ensuite 12 fils suivis sur les lisses paires (2, 4, 6 et 8) ; puis on recommence d'après les mêmes errements.

Le premier coup fait lever les lisses n. 1, 2, 5 et 6 ; le deuxième, les n. 1, 4, 5 et 8 ; le troisième, les n. 2, 3, 6 et 7 ; le quatrième, les n. 3, 4, 7 et 8.

L'Allemande est employée soit pour robes, soit pour gilets, seulement l'étoffe que l'on destine pour robes doit être tramée plus fine pour être plus soyeuse; par conséquent il faut avoir une plus forte réduction.

DRAP DE SOIE BRÉSILIENNE.

326. Le tissu que l'on désigne sous le nom de *Brésilienne*, et qui n'est qu'une variété de *drap de soie*, de même que tous ceux que nous venons de décrire, se fait également de deux manières, soit au *remettage suivi*, soit au *remettage interrompu*. Nous pourrions nous dispenser au besoin de répéter ce que nous avons dit précédemment : que le remettage est sur huit lisses, dont quatre pour chaque corps, et que le nombre de coups est de quatre pour le rapport d'armure.

Pour le remettage suivi, passez 12 fils suivis sur les quatre premières lisses (1, 2, 3 et 4), ensuite 12 fils, également sur les quatre dernières (5, 6, 7 et 8); puis recommencez d'après les mêmes indications.

Au premier coup, lèvent les lisses 1, 5 et 7; au deuxième, les lisses n. 2, 5 et 7; au troisième, les n. 3, 5 et 7; au quatrième, les n. 4, 6 et 8.

Pour faire la Brésilienne au remettage amalgamé, on passe 12 fils suivis sur les quatre lisses impaires (1, 3, 5 et 7), puis 12 fils suivis sur les quatre lisses paires (2, 4, 6 et 8); on recommence ensuite suivant les mêmes errements.

Le premier coup lève les lisses n. 1, 2 et 6; le deuxième, les n. 2, 3 et 6; le troisième, les n. 2, 5 et 6; le quatrième, les n. 4, 7 et 8.

Ce tissu s'emploie comme ceux qui précèdent, pour robes ou pour gilets, mais suivant qu'on veuille le faire pour l'une ou l'autre de ces destinations, la réduction sera susceptible d'être modifiée.

DRAP DE SOIE POLONAISE.

327. Nous pourrions nous dispenser de répéter, au sujet de cette espèce de tissu, ce que nous avons expliqué par rapport à tous les précédents; car le remettage est toujours sur deux corps; chaque corps étant composé de quatre lisses, le nombre des coups est aussi de quatre pour le rapport d'armure.

Enfin, le tissu appelé *Polonaise* se fait également, et toujours comme les précédents, par *remettage suivi* et par *remettage amalgamé*.

Pour le *remettage suivi*, passez 12 fils suivis sur les quatre premières lisses (1, 2, 3 et 4); ensuite 12 fils suivis sur les quatre dernières (5, 6, 7 et 8); recommencez ensuite d'après les mêmes errements.

Le premier coup lève les lisses n. 1, 3, 6 et 8; le deuxième, les n. 1, 3, 5 et 8; le troisième, les n. 2, 4, 5 et 7; le quatrième, les n. 2, 4, 6 et 8.

Pour le *remettage amalgamé*, 12 fils suivis sont passés sur les lisses impaires (1, 3, 5 et 7), puis 12 fils suivis sur les lisses paires (2, 4, 6 et 8), et on recommence.

Au premier coup, lèvent les lisses n. 1, 4, 5 et 8; au deuxième, les lisses n. 1, 2, 5 et 8; au troisième, les n. 2, 3, 6 et 7; au quatrième, les n. 3, 4, 7 et 8.

DRAP DE SOIE AMÉRICAINE.

328. Toujours remettage sur deux corps, chacun composé de quatre lisses; mais il y a huit coups au rapport d'armure.

Le tissu dit *Américaine* est fait également au *remettage suivi* et au *remettage amalgamé*.

Pour le remettage suivi, on passe 12 fils suivis sur les quatre premières lisses (1, 2, 3 et 4); ensuite 12 fils suivis sur les quatre dernières (5, 6, 7 et 8), et on recommence.

Les lisses n. 1, 3 et 5 sont celles que lève le premier coup; le deuxième lève les lisses n. 2, 4 et 6; le troisième, les n. 1, 3 et 7; le quatrième, les n. 2, 4 et 8; le cinquième, les n. 2, 4 et 5; le sixième, les n. 2, 4 et 6; le septième, les n. 2, 4 et 7; et le huitième, les n. 2, 4 et 8.

Pour le remettage amalgamé, 12 fils (suivis) sont passés d'abord sur les quatre lisses impaires (1, 3, 5 et 7); puis 12 fils suivis sur les quatre lisses paires (2, 4, 6 et 8).

Le premier coup lève les lisses n. 1, 2 et 5; le deuxième, les n. 3, 4 et 7; le troisième, les n. 1, 5 et 6; le quatrième, les n. 3, 7 et 8; le cinquième, les n. 2, 3 et 7; le sixième, les n. 3, 4 et 7; le septième, les n. 3, 6 et 7; le huitième, les n. 3, 7 et 8.

DRAP DE SOIE ONDULÉ.

329. Ici encore remettage sur deux corps, dont chacun se compose de quatre lisses; il y a également huit coups pour le rapport d'armure.

L'espèce de tissu appelé *ondulé* se fait comme tous ceux qui viennent d'être décrits, par *remettage suivi* et par *remettage amalgamé*.

Si on le fait au remettage suivi, on passe 12 fils suivis sur les quatre premières lisses (1, 2, 3 et 4); puis 12 fils suivis sur les quatre dernières lisses (5, 6, 7 et 8); et l'on recommence sur les mêmes errements.

Les lisses qui lèvent au premier coup sont les lisses n. 1, 3, 6 et 8; au deuxième, ce sont les n. 1, 3, 5 et

7; au troisième, les n. 1, 3, 6 et 8; au quatrième, les n. 2, 4, 6 et 8; au cinquième, les n. 2, 4, 5 et 7; au sixième, les n. 1, 3, 5 et 7; au septième, les n. 2, 4, 5 et 7; au huitième, les n. 2, 4, 6 et 8.

Pour faire l'*ondulé* au remettage amalgamé, passez 12 fils suivis sur les quatre lisses impaires (1, 3, 5 et 7; puis 12 fils suivis sur les quatre lisses paires (2, 4, 6 et 8), et recommencez.

Le premier coup lève les lisses n. 1, 4, 5 et 8; le deuxième, les n. 1, 2, 5 et 6; le troisième, les n. 1, 4, 5 et 8; le quatrième, les n. 3, 4, 7 et 8; le cinquième, les n. 2, 3, 6 et 7; le sixième, les n. 1, 2, 5 et 6; le septième, les n. 2, 3, 6 et 7; le huitième, les n. 3, 4, 7 et 8.

DU SATIN.

On peut bien varier les différentes espèces d'étoffes connues, et inventer des noms à raison de ces variations; mais il est presque aussi difficile de créer des étoffes nouvelles que de nouveaux ordres d'architecture. En effet, le fond de l'étoffe, de même que les principes de l'architecture, sont indépendants des divers *ornements* qu'on peut leur appliquer. C'est ainsi que les *armures* servent bien plus à varier les effets d'un tissu qu'à en changer le caractère.

Les serges, les satins, les étoffes façonnées et brochées, les velours, les chinés même, tout cela nous vient de l'Inde ou de la Chine; tous ces caractères se trouvent empreints, comme modèles, sur ce qui reste encore en Europe des plus anciennes étoffes qui aient été importées de l'Inde.

On n'ignore pas que les Chinois et les Indiens possèdent des principes aussi anciens qu'invariables, en matière de fabrication; car il est certain qu'ils n'essayent pas de nous copier, et que nous ne voyons d'eux que les mêmes productions. Ce qui prouve que lorsqu'ils sont arrivés à un certain point de perfection sur les ouvrages qui les occupent, ils ne passent pas au-delà, et ne cherchent pas à faire mieux.

Aussi voyons-nous ces deux peuples traiter aujourd'hui les diverses espèces d'étoffes qu'ils fabriquent, absolument comme ils les traitaient il y a deux mille ans et plus. Le reproche qu'on leur adresse de ne rien changer à leur fabrication est parfaitement fondé. Mais il n'en est pas moins positif que nous tenons d'eux plusieurs genres d'étoffes, du nombre desquelles est le satin; car les recherches qui ont été faites pour découvrir les premiers inventeurs de ce riche tissu, n'ont amené aucun résultat. On peut donc conclure, avec toute apparence de probabilité, que la connaissance du satin nous a été transmise par les Chinois et les Indiens, en même temps que celle de la soie; ou du moins, qu'en voulant faire des étoffes, aussitôt que nous avons eu la soie, nous avons commencé aussi à tisser les satins, en même temps que les taffetas et les autres étoffes façonnées.

Cette opinion, partagée par le célèbre M. Paulet, qui s'est livré à des investigations minutieuses sur l'origine des tissus et leurs procédés de fabrication, est d'ailleurs confirmée par ce fait concluant, que, bien que le tissage des satins en Europe date d'une époque très-reculée, les satins de la Chine et des Indes ont eu longtemps sur les nôtres une incontestable supériorité.

A propos des Satins, Damas, et autres étoffes façonnées, fabriquées à la Chine et aux Indes, et en les comparant à celles qui se font en Europe, voici ce que dit M. Paulet :

« J'ai vu des Damas des Indes des plus anciens que
« nous ayons eus en France; si on les compare aux
« nouveaux, on n'y trouvera aucune différence; au lieu
« que j'en ai trouvé beaucoup dans les Damas qui se fa-
« briquent en France, et dans les autres parties de
« l'Europe.

« Quant au système du satin, je ne saurais décider
« si on le doit aux étoffes unies ou aux étoffes façon-
« nées ; car les Damas des Indes, ainsi que les nôtres,
« ne sont autre chose qu'un satin, qui se fait des deux
« côtés par l'effet de l'armure, etc. Le lampasse est
« encore une étoffe façonnée dont la connaissance nous
« vient des Indes, et dont le corps n'est autre chose
« qu'un satin couvert en partie par des fleurs, etc. »

A l'époque où M. Paulet mettait au jour le fruit de ses veilles, sous le titre l'*Art du fabricant d'étoffes de soie*, (1776), les satins des Indes passaient encore pour être supérieurs aux nôtres, et on les recherchait beaucoup plus. M. Paulet, tout en reconnaissant cette supériorité, lui assigne une cause qui, dit-il, cesserait d'exister, si on adoptait un moyen qu'il indique, et qui nous paraît l'expression la plus haute et la plus radicale du système protectionniste :

« Je viens de dire que l'on avait raison de préférer
« les satins des Indes à ceux de nos manufactures. Ce
« n'est pas que nous ne puissions les fabriquer aussi
« parfaits que les Indiens et les Chinois, mais ils nous
« reviendraient plus chers que ceux qui nous viennent
« de ces contrées; en cela, les fabricants n'osent pas

« hasarder de les imiter, attendu qu'ils y perdraient à
« la vente ; mais qu'on supprime toutes les étoffes qui
« nous viennent de l'étranger, on verra bientôt que
« nos fabricants pourront les faire à aussi bon compte
« que ceux des Indes, et cela par une raison bien simple :
« c'est que si nous ne consommions pas les étoffes qui
« se fabriquent dans ces contrées de l'Asie, leurs ha-
« bitants ne sachant à quoi employer leur soie, seraient
« forcés de nous la vendre et de nous la céder à vil
« prix. Tandis qu'en leur facilitant la consommation
« des fruits de leur industrie, non seulement nous favo-
« risons leur commerce au détriment du nôtre, mais
« nous nous mettons dans le cas de payer cher leur
« soie dont nous avons un besoin indispensable pour
« une grande partie de nos manufactures ; sans compter
« que nous nous bornons à ce qui peut nous procurer
« quelque bénéfice, plutôt que de monter des étoffes
« supérieures, que nous ne saurions exécuter sans courir
« le risque de faire des pertes considérables. »

En citant le raisonnement de M. Paulet, nous devons déclarer d'abord que nous n'approuvons pas l'exclusion des étoffes étrangères. Puis, tout en faisant la part du sentiment dont il s'inspirait, et qui n'était autre que son zèle ardent pour les progrès et les améliorations à introduire dans notre fabrication, il nous semble que M. Paulet faisait fausse route, et qu'en adoptant son système, on aurait pu arriver, il est vrai, à ce que nos manufactures produisissent en bien plus grande quantité; mais est-il aussi certain que les consommateurs y eussent gagné sous le rapport de la qualité des étoffes, surtout de nos manufactures ? Là était le cœur de la question, et nous croyons que M. Paulet, en la tranchant d'une manière aussi nettement affirmative, obéissait à sa propre impulsion ; il aurait, nous n'en doutons pas, donné toute la perfection possible aux tissus fabriqués dans ses ateliers; son exemple eût été suivi par quelques-uns de ses confrères, soit, nous l'admettons encore; mais l'eût-il été par la généralité? A cet égard le doute est permis : et si la cessation de la concurrence faite par les étoffes étrangères, eût rendu possible aux manufacturiers de livrer à plus bas prix leurs produits, rien ne prouve qu'ils eussent soigné davantage la fabrication.

Au surplus, les choses ont bien changé depuis le temps où M. Paulet a écrit. L'importation des étoffes étrangères n'a point été interdite; et pourtant nous sommes arrivés seulement à faire disparaître cette supériorité que leurs satins avaient autrefois sur les nôtres, mais encore à les surpasser à notre tour.

Il est vrai de dire que ce qui manque surtout aux Chinois et aux Indiens, c'est l'entente de la matière qui sert à la fabrication de leurs satins; tandis qu'au contraire nos maisons de fabrique apportent un soin tout particulier dans le choix de l'apprêt de cette même matière, et que la chaîne des satins qui sortent des ateliers de Lyon est toute en organsin d'un titre supérieur et des premières marques.

Une autre cause a contribué à perfectionner chez nous la fabrication des satins. Dans le siècle passé, la consommation de ce genre de tissu, bien plus restreinte qu'aujourd'hui, se bornait en grande partie à des satins pour ameublements, pour *vestes* et *culottes;* encore ce dernier emploi était-il peu fréquent. Actuellement, le satin se fait beaucoup pour *robes;* les gilets, les cravattes, les cols, alimentent aussi un peu sa fabrication.

A mesure que la vogue s'est attachée à cette riche et belle étoffe, à mesure que sa consommation s'est propagée et vulgarisée, on s'est occupé de la perfectionner.

fabricants, tisseurs, apprêteurs et teinturiers ont tous contribué, chacun en leur spécialité, aux progrès qui se sont réalisés dans la fabrication des satins. Si le choix de la matière est important, la régularité du tissage, la bonté de l'apprêt, et la réussite de la teinture ne sont pas moins essentielles pour que cette étoffe de luxe réunisse les qualités qu'elle doit avoir. L'article satin est aujourd'hui l'un de ceux qui d'ordinaire alimentent le plus l'activité de notre fabrique de Lyon. Parmi les maisons de notre ville qui le traitent de la manière la plus remarquable, et pour lesquelles il constitue l'objet d'une vente considérable, nous pouvons citer la maison *Heckel*, pour les *satins en couleur*, laquelle s'est livrée exclusivement à cette spécialité, qui lui a procuré un chiffre d'affaires énorme, et même colossal. Nous mentionnerons également les maisons *Bonnet*, *Bellon*, et *Gindre*, pour les satins noirs.

La fabrique de Lyon a acquis pour ses satins une réputation qu'elle a constamment soutenue; et la supériorité de ses produits en ce genre sur ceux de tous les pays étrangers où l'on fabrique des satins, a été reconnue et constatée à toutes les Expositions industrielles.

Nous allons traiter d'abord les satins appelés *classiques*, c'est-à-dire sur *cinq* et *huit lisses*; nous passerons ensuite aux variétés de satins.

Auparavant, nous indiquerons les principes généraux qui conviennent pour la fabrication de tous les satins.

DU SATIN ET DE SA FABRICATION.

La fabrication du satin est, comme le taffetas, un des tissus les plus délicats comme fabrication, surtout dans les satins en belle qualité. C'est l'article qui exige les plus belles matières, comme régularité et perfection pour ses organsins : nous ne mentionnons pas, comme nous l'avons dit précédemment, les titres et l'apprêt des soies qui conviennent à ce genre, puisque nous en ferons un article spécial dans un volume du *Dictionnaire*.

DU SATIN A 8 LISSES.

330. Le satin à 8 lisses se fait par un remettage suivi, c'est-à-dire que le premier fil est passé sous la lisse n. 1 ; le deuxième, sous la lisse n. 2 ; le troisième, sous la lisse n. 3 ; le quatrième, sous la lisse n. 4 ; le cinquième, sous la lisse n. 5 ; le sixième, sous la lisse n. 6 ; le septième, sous la lisse n. 7 ; et le huitième, sous la lisse n. 8.

Le cours de l'armure est par 8 coups : au premier coup lève la lisse n. 7 ; au deuxième coup, la lisse n. 4 ; au troisième coup, la lisse n. 1 ; au quatrième coup, la lisse n. 6 ; au cinquième coup, la lisse n. 3 ; au sixième coup la lisse n. 8 ; au septième coup, la lisse n. 5, et au huitième coup, la lisse n. 2, et ainsi de suite.

Le dévidage des organsins de satin demande des soins particuliers : des nœuds bien faits, qui ne lâchent pas, des roquets réguliers et en bon état ; ainsi que l'ourdissage ; éviter qu'il y ait des parties lâches, et faire ourdir par petites musettes.

Le pliage demande également tous les soins possibles, et enfin tout ce qui peut nécessiter la tension des fils de la chaîne d'une manière régulière ; car c'est un des plus grands inconvénients de ces tissus.

Le remondage de la chaîne exige d'être parfait, c'est-à-dire, des nœuds bien faits et tirants égaux ; changer tous les fils fins et les fils gros, ainsi que les bouchons et costes; car la chaîne, flottant toute à l'endroit, demande toute la perfection possible, ce genre de tissus étant le plus délicat à cet égard.

Il est également essentiel de travailler le satin à pas ouvert, c'est-à-dire de donner le coup de battant avant de laisser remonter la marche, de tirer dessus à mesure de fabrication des parties de trames défectueuses, tels que bouchons, etc.; dérouler la partie tissée entre le rouleau de devant et le peigne, chaque fois que cette partie se renouvelle, pour en extraire les bouchons et nœuds doublés plus facilement, évitant autant que possible de faire des écarts; passer le polissoir en tenant toujours la partie lâche; polisser en biais de droite à gauche et de gauche à droite le plus régulièrement possible, jusqu'à ce que les sillons du peigne aient entièrement disparu.

Le meilleur polissoir à employer est le polissoir de corne; tenu aiguisé d'une manière régulière et convenable, il n'a pas l'inconvénient du polissoir de fer-blanc qui glisse souvent trop facilement, et régularise moins la chaîne. Une fois cette opération terminée, qui a fait produire un retrait aux cordons, qui sont généralement en Gros-de-Tours, le meilleur moyen est de prendre une espèce de manche en bois dur ayant une petite ouverture à sa partie supérieure : cette ouverture est à-peu-près d'un millimètre. Elle sert à pincer le cordon, et le fait prêter en le promenant de distance en distance, ce qui ramène le cordon contre le peigne et évite les écarts que le polissage occasionne ordinairement. Ce moyen est préférable, parce que l'on pourrait ternir en passant les doigts, surtout dans les couleurs claires.

Le satin se fabrique actuellement avec une mécanique d'armure que nous nommons à Lyon *raquette*, avec des petites planchettes de bois garnies de chevilles vissées, qui servent à faire repousser les crochets qui sont sur une seule ligne contre la griffe.

L'armure du satin se fabrique toujours l'endroit dessous; il n'y a que dans les articles velours et satin que l'endroit se trouve dessus.

Le meilleur système de bascule qui convienne pour les satins, est la double bascule à talon ayant aux extrémités deux poulies, pourvues dans le milieu d'un contre-poids, qui se reporte d'un poids égal soit sur l'une soit sur l'autre, quelque soit leur mouvement, par le moyen d'une corde. La dimension des gros rouleaux pour plier les chaînes doit être de vingt-cinq centimètres de diamètre, parce qu'ils auront plus de précision.

Lorsque le tissu est fabriqué et étendu sur une banque libre, il a une opération à subir, qui consiste à faire disparaître les fils tirants, ainsi que les trames; la constitution de ce tissu laissant la chaîne presque indépendante de la trame, demande des soins plus que tout autre article; on est obligé de faire courir toute la longueur et la largeur de l'étoffe avec le côté de la main, et de couper avec un canif, de distance en distance, les fils plus tirants que l'on aperçoit, et également les trames tirantes.

Le satin se fait généralement à chaîne simple; les plus fournis ont jusqu'à *trois cents fils au centimètre*. Ces satins s'emploient pour gilets et ne s'apprêtent pas. Il s'en fait de qualités inférieures. Les satins pour robes ont environ *deux cents fils au centimètre*.

DU SATIN A 5 LISSES.

331. Ce satin se fait sur 5 lisses, remis suivi; c'est-à-dire un fil sur la lisse n. 1, un sur celle n. 2, et ainsi de suite, jusqu'à la lisse n. 5. Le premier coup lève la

lisse n. 1; le deuxième, la lisse n. 3; le troisième, la lisse n. 5; le quatrième, la lisse n. 2; et le cinquième, la lisse n. 4. Ces satins à 5 lisses se font de 80 à 120 fils au centimètre, et s'emploient pour les articles de modes.

SATIN PELURE D'OIGNON.

332. Il se fait un satin à 5 lisses appelé *pelure d'oignon*, qui a la même armure que le précédent, est encore plus léger, et s'emploie pour coiffes de chapeaux. Ce tissu ne se soutient que par l'apprêt.

VARIÉTÉ DU SATIN A 8 LISSES.

333. Ce genre de satin a, de plus que le satin à 8 lisses ordinaire, 4 lisses de toile, lesquelles sont passées au remisse suivi, tous les deux fils *satin*; ainsi, deux fils *satin* et un fil *toile*.

La toile est en chaîne simple; elle exige des organsins très-réguliers, dont le titre ne doit pas excéder 22 à 23 deniers.

Cette combinaison de toile ajoutée au satin sert à lui donner plus de consistance que n'en a le satin ordinaire, et par conséquent la qualité en est préférable pour certains emplois.

Ce mode de fabrication est très-usité à Saint-Étienne pour la confection des rubans en satins forts.

Par une autre combinaison de remettage, on fait des satins à 8 lisses avec 16 lisses simples, c'est-à-dire que les mailles sont simples. Les fils sont passés au remisse de la manière suivante :

Le premier fil est passé sur la lisse n. 1, à cheval sur la maille, et aussi sur la lisse n. 9; le deuxième fil, sur la lisse n. 2 et sur la lisse n. 10 ; et en continuant ainsi jusqu'à la fin du cours.

On donne à cette combinaison la dénomination de *remettage sur deux corps;* les deux lisses ne produisant l'effet que d'une seule.

VARIÉTÉ DE REMETTAGE DU SATIN A 8 LISSES.

334. Cette variété consiste dans un remettage sur deux corps. On l'applique aux gros satins, c'est-à-dire à ceux qui dépassent 160 fils au centimètre.

Voici comment on procède pour ce remettage :

Huit fils sont passés sur les lisses impaires, et les huit autres sur les lisses paires. Ainsi, le premier cours s'effectue sur les lisses 1, 3, 5, 7, 9, 11, 13 et 15 ; et le deuxième cours sur les lisses 2, 4, 6, 8, 10, 12, 14 et 16.

SATINS DIVERS.

335. Nous ne citerons que pour mémoire les satins de Gênes, de Lucques, de Milan, de Florence, de Boulogne et de Naples; car, selon toute probabilité, les satins qui provenaient de chacune de ces localités ne se différenciaient les uns des autres que par leur qualité.

Mais nous entrerons dans quelques détails sur le satin dit de *Bruges,* appelé aussi satin *caffard.* La première de ces dénominations a été donnée à ce genre de satin, parce que c'est à Bruges qu'il fut primitivement fabriqué. Au XVIe siècle, les satins de cette provenance jouissaient d'une haute réputation, et la fabrication en fut introduite en France. Dans les satins de Bruges, la chaîne était de soie, et la trame de fil.

Quant à la désignation de satin *caffard,* appliquée aussi aux satins de Bruges, il serait fort difficile d'indiquer d'une manière précise la source de cette dénomination, que l'on trouve également associée à du damas vert et rouge, et à du satin rouge et jaune.

Il y a toute apparence que cette expression désignait une nuance ; mais il faut cependant observer qu'il y avait une étoffe appelée *caffa*, parce qu'on en trouve la mention dans plusieurs documents, entre autres dans des comptes fort anciens.

Sauf meilleur informé, il y a lieu de penser que le nom de *caffard* est dérivé de celui de *Caffa*, ville de la petite Tartarie, sur la côte méridionale de la Crimée ; on pourrait toutefois présumer aussi que ce mot de Caffard vient du nom de la ville de *Capharda*, dont il est question assez fréquemment dans les auteurs qui ont écrit l'histoire des Croisades. Quoiqu'il en soit, il y avait sans doute du *caffa* de toutes les couleurs ; et ce qui tend à confirmer cette opinion, c'est le soin que l'on a pris de spécifier que celui du compte de la dépense particulière du roi d'Angleterre Henri VIII, était blanc.

L'incertitude n'est pas moins grande pour préciser à quelle localité doit être attribué le satin de *Malicques*, dont il est question plusieurs fois dans un compte de 1416. On pourrait conjecturer, avec quelques chroniqueurs, que ce nom de Malicques dérivait de Malines, ville des Pays-Bas-Autrichiens, déjà célèbre au XIIIe siècle par ses fabriques d'étoffes. Mais une autorité qui paraît respectable combat cette présomption, et il semble qu'on doive renoncer à faire honneur à la ville de Malines des satins dits de *Malicques*, en trouvant le nom de *Malica* dans les Annales de Gênes, publiées par le scribe Bartoloméo [1]. D'ailleurs, il ne paraît pas qu'il

---

[1] *Annales de Gênes*, par le scribe Bartoloméo, depuis l'année MCCXXIV. *(Rev. Ital. scrip.* tome VI, cah. 472 A.)

se fabriquât des étoffes de soie à Malines, mais seulement des étoffes de laine. Cependant on fabriquait beaucoup de soieries en Flandre, principalement à Bruges; et les satins de cette ville, dont nous avons parlé tout-à-l'heure, eurent longtemps une grande réputation. On peut supposer, selon toute probabilité, que le satin et les rubans d'Espagne, dont il est fait mention si fréquemment dans les comptes et dans les inventaires de cette époque, sont venus non de l'autre côté des Pyrénées, mais des Pays-Bas, qui, comme on le sait, étaient alors sous la domination Espagnole.

Quant au *satin de Chypre*, on le voit apparaître au commencement du XVIIe siècle ; du moins nous n'en trouvons aucune mention antérieure à celle qui existe dans un ouvrage imprimé à cette époque, et où cette dénomination est donnée comme synonime de *vestis subserica, tramoserica,* ὑποσηρικον.

Il n'est pas inutile de dire quelque chose du prix des satins en France au XVIe siècle. Aux termes des Ordonnances de Henri III sur la police générale du royaume, les satins rayés d'or et d'argent étaient taxés 3 écus l'aune; le satin cramoisi rouge de Venise, 2 écus 2/3 ; les satins et damas de Gênes, comme les satins rouges et violets cramoisis de Florence et de Bologne, 2 écus. « Quant aux autres satins et damas de toutes couleurs « qui ne sont de Gênes, est-il ajouté, d'autant qu'ils ne « peuvent se vendre à l'aune, ains à la livre, le prix « de chaque livre de noir, du poids du pays, sera de « 3 écus 2 tiers la livre de couleur. » (1)

Les tissus qu'on appelait *furies* étaient des satins unis imprimés, ou peints de diverses couleurs. Il existait en

---

(1) *Archives curieuses de l'Histoire de France*, Ire série, tome IX, page 211.

France, à l'égard de ces satins, une prohibition complète, et ils étaient interdits sous des peines très-sévères, soit qu'ils fussent peints en France, en Flandre ou en Hollande, soit qu'ils provinssent véritablement des Indes.

Il se faisait en France des satins appelés *de Chine*, mêlés de fil et de fleuret comme le satin de Bruges, mais dont la rayure différait en ce qu'elle était faite en forme de rochers, et de ce qu'on nommait autrefois *points de la Chine*, en fait de tapisserie à l'aiguille.

C'est ici le moment de parler d'une étoffe peu commune, et que l'on appelle, on ne sait trop pourquoi, *demi-satin*. Dans les Mémoires d'Olivier de la Marche, il est fait mention de chevaux harnachés pour un pas d'armes, couverts d'un demi-satin vert, d'un demi-satin bleu, d'un demi-satin vermeil, etc. On pourrait, à la vérité, présumer qu'il s'agit d'une demi-pièce de satin: mais cette interprétation cesse d'être admissible, lorsqu'on lit dans les *Honneurs de la Cour*, de la vicomtesse de Furnes (1), qu'à l'un des deux grands lits qui se trouvaient dans la chambre où naquit Marie de Bourgogne, en 1456, il y avait des rideaux de demi-satin vert; et en voyant dans un inventaire de 1531, « deux « sendalles de demy-satin blan, garnyes de ruban d'or » (2), il faut également renoncer à confondre cette étoffe avec le *samit*, déjà déchu de sa splendeur primitive, puisque dans ce même ouvrage, intitulé: *Mémoires de l'ancienne Chevalerie*, on voit le samit mentionné sous son propre nom et associé à du satin.

Une étoffe dont le nom se rapproche de celui du satin,

---

(1) *Mémoires sur l'ancienne Chevalerie*, édition de 1759, tome II, pages 217 et 218.

(2) *Inventaire des vases sacrés et ornements de la cathédrale d'Auxerre;* Archives du département de l'Yonne.

de manière à faire croire que c'est le même, augmenté dans une intention railleuse et sarcastique, trouve naturellement sa place après les satins et demi-satins. Nous voulons parler d'un tissu appelé *satanin*.

Les premières mentions que l'on rencontre du satanin se trouvent dans l'inventaire de Charles V ; elles sont assez nombreuses. On y voit du satanin de toutes couleurs employé en chapelles, en custodes d'autels, en ornements sacerdotaux, en chaperons, en chemises de livres, etc. A peu près à la même époque, c'est un beau pavillon de trois draps d'or, ourlés dehors de satanin bleu tout semé de fleurs de lis d'or, etc.¹, sous lequel Charles VII fit son entrée à Montpellier en 1389, et « une « chambre à demi-ciel de satanin vermeil, où il y a une « brebis de six sarges rouges. » Il y avait même, à ce qu'il paraît, du satanin renforcé, ou *renforcier*, pour nous servir de l'expression employée par le rédacteur de l'inventaire des chapelles de Charles VI, lequel en mentionne trois, et en signale une comme étant d'un *satanin renforcier*.

Maintenant, à quelle source faut-il faire remonter le nom de satanin ? Est-ce à la ville de Satalie, dans l'Asie-Mineure, où cette étoffe aurait été fabriquée originairement ; ville que nos ancêtres citaient d'ailleurs pour ses manufactures d'armes ? Est-ce au mot arabe *sultan* dont les Occidentaux avaient fait *soudan ?* Ceci est une question qu'il serait peut-être impossible de résoudre d'une manière péremptoire. Cependant, on serait tenté de pencher vers la première de ces deux étymologies, en voyant *satallin* employé avec la même signification dans un testament daté de 1375 (1), et *soudanin* figurer dans

---

(1) Voyez l'*Histoire de la maison d'Auvergne* de Baluze, tome 2, page 616. Les Bénédictins, qui ont cité, dans leur édition du Glossaire et du Cange, tome VI, le passage du testament de Guy de la Tour,

l'inventaire de Charles V simultanément avec *satanin*, d'où l'on pourrait conclure que ces deux mots aient eu la même signification.

On entendait par *soudanin* un drap d'or importé de l'Orient; deux articles de l'inventaire que nous avons cités plus haut ne permettent pas de doute à cet égard, et tous les autres documents s'accordent à représenter le *soudanin* comme l'une des plus riches étoffes qui fussent en usage à cette époque. En effet, ils présentent « deux pièces de soudanin pareilles sur champ raze, « ouvrées à grosses pommes d'or, et, environ les dictes « pommes, à lettres de sarrazin et à feuillages enlassiez; » deux autres pièces de soudanin sur champ d'or « echic-« queté à feuillages sur blanc et sur bleu; » une autre pièce « à cinq lectres larges du long, dont les troys sont « lettres de sarrazin sur champ azur, et les autres sur « menuz feuillages enlassiez; » enfin, une autre pièce de soudanin sur champ d'azur semé de petites feuilles et de petites roses d'or; « et sont, ajoute le rédacteur « de l'inventaire, les ouvraiges et pommettes où il y a « un long enlassiez, au mylieu, et quatre croissants « au mylieu du lasseiz. »

Les renseignements qui précèdent nous ont paru dignes de figurer dans notre travail, au point de vue historique, et comme de nature à intéresser la curiosité, bien que ces tissus aient depuis longtemps disparu du domaine de la fabrication.

SATIN A 4 LISSES, APPELÉ AUSSI SATIN TURC.

336. A raison de sa destination qui est spécialement

---

dont nous parlons ici, veulent que le *satallin* et le *satin* aient été même chose, chose et mot; et Dom Carpentier semble disposé à croire que le premier de ces deux tissus n'est autre que *sathanin* ou *satanin*, dont il rapporte deux exemples.

pour chaussures, le satin Turc comporte une forte réduction de chaîne et de trame. Sa combinaison d'armure est la même que celle de la *Levantine;* avec cette différence que cette dernière étoffe est en chaîne double, tandis que le satin Turc est en chaîne simple.

Son armure est de quatre coups sur quatre lisses ; mais il se fait plus souvent sur huit lisses, le compte étant beaucoup plus fourni.

Le premier coup lève les lisses n. 1 et 5 ; le deuxième, les lisses n. 2 et 6 ; le troisième, les lisses n. 3 et 7 ; le quatrième, les lisses n. 4 et 8. Cette étoffe se fait aussi en *glacé;* elle s'emploie aussi pour robes. C'est le satin sergé dont le sillon est le plus fin.

SATIN A 4 LISSES, DIT SATIN PRINCESSE.

337. Le satin *princesse* se fait en chaîne simple, sur quatre lisses et quatre coups ; remisse suivi. Il exige un compte très-fourni et une forte réduction de chaîne et de trame. Sa destination est spécialement pour robes.

Le premier coup lève la lisse n. 3 ; le deuxième, la lisse n. 1 ; le troisième, la lisse n. 4 ; le quatrième, la lisse n. 2.

SATIN A 5 LISSES, DIT ALCYONNE, OU SATIN DE CHINE.

338. Le satin désigné sous l'une des trois dénominations que nous mentionnons dans ce titre, est un de ceux dont le flotté présente le plus de régularité ; c'est-à-dire que la combinaison de l'armure qui entre dans sa confection dispose le liage dans un rapport d'éloignement tel, qu'aucune ligne ne ressort distinctement au tissu. Lorsque dans cette étoffe la proportion des fils de chaîne atteint environ 100 fils au centimètre, la qualité en est belle, l'aspect général acquiert cette teinte

brillante particulière à la soie, et qui fait donner à la surface de tous les satins en général le nom de teinte glacée ou d'effet miroitant. Le satin à cinq lisses ou *alcyonne* se trame quelquefois d'une couleur opposée, comme le taffetas glacé.

Suivant certaines conditions qui rendent le satin apte à telle destination plutôt qu'à telle autre, les fils de chaîne seront simples ou doubles; mais le plus ordinairement la confection du tissu à fil simple est appliquée au Damas sans envers, parce que, dans cette espèce d'étoffe, les oppositions de dessin sont constituées par l'endroit et l'envers de l'armure.

La chaîne doit toujours être assez fournie, c'est-à-dire dans les proportions d'environ 100 à 130 fils au centimètre, pour que, à raison du rapprochement des points de liage, leur disposition ne puisse offrir à l'œil d'autre effet d'armure que celui qui est propre au satin et qui réside dans une surface glacée.

Nous avons dit tout-à-l'heure que la confection avec chaîne à fil simple était appliquée au Damas sans envers; mais nous ferons observer néanmoins que le Damas sans envers destiné à être employé pour ameublements, doit être tissé à chaîne double, afin qu'il puisse posséder la consistance qu'exige cette destination.

Dans la fabrication d'une étoffe unie, on peut, en dehors de la désignation générique de satin à cinq fils, appeler satin de Chine l'étoffe qui serait tissée à fils simples, et satin alcyonne celle qui serait à fils doubles. Quoique ce satin porte la dénomination de satin à cinq lisses, il se fait néanmoins sur dix, c'est-à-dire que le deuxième corps de lisses marche simultanément avec le premier. L'ordre d'évolutions est donc le même que dans le satin à cinq lisses ordinaires; avec la différence qu'ici les lisses marchent deux par deux.

SATIN A 6 LISSES.

339. Longtemps on a douté si les satins pouvaient se faire à six lisses; et ce qui faisait naître ce doute, c'est que le nombre de six ne donne pas d'armure régulière. Ce fut seulement vers le milieu du siècle dernier qu'on essaya le tissage des satins sur six lisses. Les premiers essais n'eurent lieu que sur des assemblages d'étoffes; c'est-à-dire que pour former des *bandes satin* sur des taffetas et autres étoffes; on fut obligé de faire des bandes satin à six lisses, tandis qu'on aurait voulu les faire à cinq; car pour accorder les marches de satin avec celles du taffetas, il en fallait de toute nécessité un nombre pair. Or, un satin à cinq lisses aurait donné un nombre impair; il aurait fallu alors dix marches au lieu de cinq; tandis que six suffisent, en exécutant à six lisses les *bandes satin*.

Le satin à six lisses offre deux armures, qui, bien qu'irrégulières, donnent chacune un fort-beau satin.

Dans la première combinaison d'armures, le premier coup lève la lisse n. 1; le deuxième, la lisse n. 4; le troisième, la lisse n. 6; le quatrième, la lisse n. 2; le cinquième, la lisse n. 5; et le sixième, la lisse n. 3.

Dans la seconde, le premier coup lève la lisse n. 2; le deuxième, la lisse n. 4; le troisième, la lisse n. 6; le quatrième, la lisse n. 3; le cinquième, la lisse n. 1; et le sixième, la lisse n. 5.

SATIN A LA REINE SUR 6 LISSES.

340. Ce tissu ne se fait qu'en uni. Les points de liage ne peuvent être disposés d'une manière régulière, à raison du nombre de fils que comporte l'armure. Il

résulte de cette combinaison un effet très-avantageux, et qui donne à cette étoffe un type caractéristique et qui diffère de tous les autres satins. Afin que cet effet ait plus d'apparence, la chaîne est établie à fil double et dans une proportion qui équivaut à celle du taffetas; la réduction de trame est de 100 passées au centimètre.

Diverses combinaisons sont usitées pour la confection du satin à six fils; mais quelle que soit celle adoptée, l'aspect général du tissu ne sera pas modifié d'une manière notable; et avec l'une ou l'autre de ces combinaisons, il existera toujours une irrégularité dans la disposition réciproque des points de liage.

Nous citerons ici plusieurs modes de combinaisons d'évolutions appliqués au *satin à la Reine*. Dans l'une, la première série de passées de trame comprend tous les fils impairs; la seconde, tous les fils pairs, mais dans un ordre interverti. Ainsi, le premier coup lève la lisse n. 1; le deuxième, la lisse n. 5; le troisième, la lisse n. 3; le quatrième, la lisse n. 6; le cinquième, la lisse n. 2, et le sixième, la lisse n. 4. Remarquons que l'armure peut se produire aussi en suivant l'ordre des fils d'une manière régulière, c'est-à-dire, par 1, 3, 5, 2, 4 et 6.

Dans une autre combinaison, le premier coup lève la lisse n. 1; le deuxième, la lisse n. 5; le troisième, la lisse n. 2; le quatrième, la lisse n. 3; le cinquième, la lisse n. 6; et le sixième, la lisse n. 4.

SATIN ROMAIN SUR 6 LISSES.

341. Le satin appelé *Romain* se tisse avec chaîne simple, dans une réduction de 115 à 120 fils au centimètre. Son emploi est spécialement pour doublures; mais on le fabrique cependant quelquefois pour robes.

Voici la combinaison de l'armure de ce satin:

Le premier coup lève les lisses n. 1 et 6 ; le deuxième, les lisses n. 5 et 6 ; le troisième, les lisses n. 4 et 5 ; le quatrième, les lisses n. 3 et 4 ; le cinquième, les lisses n. 2 et 3 ; le sixième, les lisses n. 1 et 2.

SATIN SUR 7 LISSES.

342. Ce satin se fait sur sept lisses et sept coups, remis suivi. Le premier coup lève la lisse n. 1 ; le deuxième, la lisse n. 4 ; le troisième, la lisse n. 7 ; le quatrième, la lisse n. 3 ; le cinquième la lisse n. 6 ; le sixième, la lisse n. 2 ; le septième, la lisse n. 5.

L'emploi de ce satin dépend des combinaisons auxquelles on veut l'approprier. Comme qualité, il tient le milieu entre le satin à six lisses et le satin à huit lisses.

SATINS SUR UN NOMBRE DE LISSES INDÉTERMINÉ.

343. Les satins dont le rapport d'armure varie dans les chiffres de 9, 11, 12 lisses, etc., n'ont pas de traits caractéristiques qui puissent les faire envisager d'une manière spéciale, et sous une dénomination particulière, parce qu'ils ne jouent qu'un rôle secondaire dans la fabrication. Les uns et les autres ne présentent pas une régularité convenable dans la disposition du liage pour dissimuler la croisure du tissu ; aussi ne les emploie-t-on qu'accidentellement et accessoirement, afin de produire dans une partie de l'étoffe un effet satiné plus fourni et plus étendu.

Il faut cependant observer que les satins sur douze et sur seize lisses sont parfois susceptibles d'être employés comme fond d'étoffe : par exemple, lorsque l'on voudra se servir de plusieurs trames de couleur opposées au fond, et éviter le glacé que pourraient produire ces trames, sans employer une trame de fond de la même couleur que celle de la chaîne, ainsi qu'on procède à l'égard du satin à huit lisses, dans les articles pour cravates et pour gilets.

Nous nous bornerons à l'indication des évolutions relatives aux combinaisons d'armures des satins sur dix, douze et seize lisses, parce que ces mêmes armures sont celles qui s'emploient habituellement.

Dans les satins sur dix lisses, le premier coup lève la lisse n. 1 ; le deuxième, la lisse n. 4 ; le troisième, la lisse n. 7 ; le quatrième, la lisse n. 10 ; le cinquième, la lisse n. 3 ; le sixième, la lisse n. 6 ; le septième, la lisse n. 9 ; le huitième, la lisse n. 2 ; le neuvième, la lisse n. 5 ; le dixième, la lisse n. 8.

Dans les satins sur douze lisses, le premier coup lève la lisse n. 1 ; le deuxième, la lisse n. 6 ; le troisième, la lisse n. 11 ; le quatrième, la lisse n. 4 ; le cinquième, la lisse n. 9 ; le sixième, la lisse n. 2 ; le septième, la lisse n. 7 ; le huitième, la lisse n. 12 ; le neuvième, la lisse n. 5 ; le dixième, la lisse n. 10 ; le onzième, la lisse n. 3 ; le douzième, la lisse n. 8.

Dans les satins sur seize lisses, le premier coup lève la lisse n. 1 ; le deuxième, la lisse n. 6 ; le troisième, la lisse n. 11 ; le quatrième, la lisse n. 16 ; le cinquième, la lisse n. 5 ; le sixième, la lisse n. 10 ; le septième, la lisse n. 15 ; le huitième, la lisse n. 4 ; le neuvième, la lisse n. 9 ; le dixième, la lisse n. 14 ; le onzième, la lisse n. 3 ; le douzième, la lisse n. 8 ; le treizième, la lisse n. 13 ; le quatorzième, la lisse n. 2 ; le quinzième, la lisse n. 7 ; le seizième, la lisse n. 12.

SATIN EN CHAÎNE CRUE.

344. Le satin tissé en chaîne crue se fait habituellement sur douze lisses; c'est-à-dire huit lisses pour le satin et quatre pour toile taffetas. Le remettage et l'armure sont les mêmes que pour le satin avec toile taffetas dont nous avons parlé précédemment; mais il est ourdi sur deux rouleaux, la toile taffetas sur l'un el la chaîne satin sur l'autre. Il est employé plus spécialement pour articles *modes*. On a fait aussi des satins en chaîne crue dans les conditions ci-dessus, sur cinq et sur seize lisses.

SATINS JASPÉS, CHINÉS, IMPRIMÉS ET RAYÉS.

345. On a fait des satins jaspés, chinés, imprimés et rayés : les préparations de la chaîne pour tous ces satins sont les mêmes que celles subies par le taffetas.

SATINS MOIRÉS.

346. Le moirage s'obtient au moyen d'un cylindre sur lequel la moire est gravée. Par la pression de l'étoffe sur le rouleau, la moire de ce rouleau se reproduit sur l'étoffe. Cet article se fait pour *modes* et en satin léger.

SATIN CHAÎNE GRENADINE.

347. Ce tissu se fait habituellement pour gilets; en chaîne simple, *grenadine*, et sur huit lisses et huit coups. L'armure est celle du satin à huit lisses ordinaire.

SATIN MARABOUT.

348. Le satin *marabout* se fait tantôt sur huit lisses,

tantôt sur cinq lisses. Il est destiné à l'article *modes*. La chaîne est simple. L'armure de ce tissu sera la même que pour le satin à huit lisses, ou que pour le satin à cinq lisses, suivant qu'on voudra le faire sur cinq lisses ou sur huit.

SATIN ONDÉ.

349. Comme le satin marabout, ce tissu se fait aussi en chaîne simple, sur huit ou sur cinq lisses. Par conséquent, l'armure sera celle du satin sur cinq lisses ou celle du satin sur huit.

Le satin ondé est destiné pour l'article *robes*; il est employé aussi quelquefois pour *modes*.

SATIN-HERMINE.

350. Cette spécialité de tissu, qui imite la fourrure, se fait sur quarante lisses, non compris les quatre lisses pour la toile. Mais lorsqu'on est obligé d'employer un nombre de lisses aussi considérable, on se sert de *lisses à étage*, c'est-à-dire, une *haute* et une *basse*, afin d'empêcher la trop grande distance que comporteraient les lisses si elles étaient d'une égale hauteur. Entendu de cette sorte, le remisse ne comporte pas plus d'espace que si les lisses n'étaient qu'au nombre de vingt. Les petites *lamettes* sur lesquelles reposent les lisses doivent être très-minces.

On a créé ce genre de satin pour rubans. M. Robichon, l'un de nos habiles manufacturiers de Saint-Etienne, qui a reçu la décoration de la Légion-d'Honneur lors de l'Exposition de 1855, et qui précédemment avait reçu la grande médaille d'or, l'a employé il y a environ vingt ans, avec assez de succès. Depuis, et pendant ces dernières années, on a fabriqué des *satins-hermine*. Cette étoffe ressemble soit à la fourrure, ce qui lui a valu sa dénomination, soit aussi à une peluche dont le poil est couché.

Le satin-hermine est composé d'une toile taffetas qui fait corps d'étoffe et sert à donner de la consistance au tissu.

Ce satin est remis à huit fils en dent, sur un compte de peigne réduit; il y a quatre fils de toile; chaîne simple.

La toile doit être ourdie séparément.

Nous allons indiquer la combinaison d'armure de cette espèce de satin :

Le premier coup lève la lisse n. 3; le deuxième, la lisse n. 6; le troisième, le n. 9; le quatrième, le n. 12; le cinquième, le n. 15; le sixième, le n. 18; le septième, le n. 21; le huitième, le n. 24; le neuvième, le n. 27; le dixième, le n. 30; le onzième, le n. 33; le douzième, le n. 36; le treizième, le n. 39; le quatorzième, le n. 32; le quinzième, le n. 5; le seizième, le n. 8; le dix-septième, le n. 11; le dix-huitième, le n. 14; le dix-neuvième, le n. 17; le vingtième, le n. 20; le vingt-unième, le n. 23; le vingt-deuxième, le n. 26; le vingt-troisième, le n. 29 : le vingt-quatrième, le n. 2; le vingt-cinquième, le n. 35; le vingt-sixième, le n. 38; le vingt-septième, le n. 1; le vingt-huitième, le n. 4; le vingt-neuvième, le n. 7; le trentième, le n. 10; le trente-unième, le n. 13; le trente-deuxième, le n. 16; le trente-troisième, le n. 19; le trente-quatrième, le n. 22; le trente-cinquième, le n. 25; le trente-sixième, le n. 26; le trente-septième, le n. 31; le trente-huitième, le n. 34; le trente-neuvième, le n. 37; et le n. 40, le n. 40.

SATIN GREC.

351. Cette espèce de satin se fait sur quatre lisses ; seulement, comme il comporte un compte de chaîne plus fourni, il convient de le tisser sur huit lisses. La réduction de chaîne est de 100 fils simples au centimètre.

Le satin *grec* est ordinairement destiné pour doublures; on en fait cependant pour robes, et dans cet emploi cette étoffe réussit très-bien.

Dans la combinaison d'armures de ce satin, le premier coup lève les lisses n. 1 et 5 ; le deuxième, les lisses n. 2 et 6 ; le troisième, les n. 3 et 7 ; et le quatrième, les n. 4 et 8. L'armure se trouve répétée deux fois.

SATIN ÉCOSSAIS.

352. Le satin *Écossais* est susceptible de recevoir des dispositions variées, de même que le taffetas quadrillé ; seulement, les quadrilles sont formés par du satin par la trame, ou par du sergé, au moyen d'un *accrochage*, afin d'éviter l'emploi d'un nombre de cartons trop considérable.

Les deux armures sont lues sur le même carton; c'est-à-dire que la mécanique est garnie d'un double rang de crochets, et les lisses sont pourvues de doubles cordes.

Au moyen de deux petites tringles posées sur le devant des crochets, et tenant à une corde, lorsque c'est l'armure du satin par la chaîne qui travaille, un contre-poids suspendu à la corde de la tringle maintient les crochets en arrière et en dehors de la griffe, de sorte qu'ils ne fonctionnent pas. Lorsque, au contraire, c'est l'armure du satin par la trame qui opère, le contre-poids est posé à la corde de l'autre tringle, et alors les crochets qui ne travaillaient pas tout-à-l'heure, fonctionnent maintenant à leur tour avec les mêmes lisses et au moyen des doubles cordes.

En disant l'armure du satin par la trame, nous voulons dire que sept lisses sur huit lèvent, et que l'endroit du satin se fait à l'envers.

Le satin Écossais est le plus ordinairement fabriqué pour *robes*. On l'emploie pourtant assez fréquemment pour *gilets*.

SATIN-FIGARO.

353. Cette espèce de satin se fait ordinairement sur seize lisses. L'ourdissage s'effectue par un fil d'une couleur et un fil d'une autre, mais sur un seul rouleau. Remettage sur deux coups, et seize coups au rapport d'armure. Les deux armures satin sont intercalées; en sorte que le premier coup lève *satin huit lisses* sur le corps de devant, qui comporte huit lisses; et le deuxième coup lève également *satin huit lisses* sur le corps de derrière qui comporte aussi huit lisses.

Le satin-*Figaro* imite un satin chiné. Il est employé d'ordinaire soit pour *robes*, soit pour articles *modes*. Ce satin est de date déjà ancienne; il fut créé à l'époque où parut la pièce de Beaumarchais intitulée *le Mariage de Figaro*.

SATIN SANS ENVERS.

354. Le satin dit *sans envers* se fait sur seize lisses. L'ourdissage a lieu sur un seul rouleau; *remis* suivi, par un fil d'une couleur sur les lisses paires et un fil d'une autre couleur sur les lisses impaires. Une armure

est lue sur les huit lisses paires, l'*endroit dessous*, et une autre armure sur les huit lisses impaires, l'*endroit dessus*, c'est-à-dire que chaque coup lève sept lisses sur huit sur un corps, et une lisse sur huit sur l'autre corps. On se conforme du reste à l'armure du satin sur huit lisses, ordinaire.

Le satin sans envers est employé pour *écharpes, colliers*. On en fait aussi pour *rubans*.

Il se fait aussi soit noir sur noir, soit de telle autre couleur, sans mélange d'une autre.

SATIN SANS ENVERS SUR 10 LISSES.

355. L'ourdissage de ce tissu se fait comme pour le précédent. L'armure des lisses paires se fait dessus, et celle des lisses impaires, dessous.

SATIN MÉLANGÉ DE GRENADINE ET DE MARABOUT.

356. Le tissu, désigné sous la dénomination ci-dessus, est ourdi par un fil *marabout* et un fil *grenadine*. Il se fait sur cinq et sur huit lisses. Son emploi spécial est pour *modes*. Son aspect offre un mélange de mat et de brillant.

SATIN NATIONAL.

357. Le satin dit *national* se fait sur six ou sur huit lisses. Ce tissu est ourdi sur un seul rouleau, remis suivi. La seule différence qui existe entre cette espèce de satin et les autres, réside uniquement dans le système de son ourdissage, qui varie de diverses manières. Voici celles qui sont les plus usitées :

Ourdissage par un fil simple, un fil double, un fil triple, un fil quadruple; puis, en redescendant, un fil triple, un fil double et un fil simple; ainsi, on monte du fil simple jusqu'au quadruple, et on redescend du triple au simple.

L'ourdissage se fait également par deux fils simples, deux fils doubles, deux fils triples, deux fils quadruples, deux fils quintuples; et on redescend dans l'ordre inverse.

Le satin national, par ses effets d'ourdissage, forme une sorte d'*armure*. Il est employé pour *robes*.

SATINS CHINOIS.

Nous avons, dans l'une de nos précédentes livraisons, donné la nomenclature de plusieurs espèces d'étoffes fabriquées à la Chine, d'après les indications puisées dans le travail publié par M. *Isidore Hedde* (1848). Les tissus dont nous avons parlé rentraient dans la catégorie des armures taffetas. Ceux qui appartiennent à l'armure *satin* trouvent naturellement ici leur place, et nous croyons que ces documents offriront quelque intérêt à nos lecteurs.

358. *Sou-twan* (1), satin uni bouton d'or. Largeur, 75 centimètres; longueur, 44 covids de Canton; poids 38 taëls. Prix: 16 dollars, soit 5 fr. 35 cent. le mètre, de 95 grammes, et 93 fr. le kilogramme.

359. *Sou-twan*, satin uni gros bleu. Longueur, 44 covids de Canton; poids, 55 taëls. Prix: 35 dollars, soit 11 fr. le mètre de 125 grammes, et 84 fr. le kilo.

360. *Sou-twan*, satin uni cramoisi. Largeur, 73 cen-

---

(1) La dénomination de *twan* s'applique à tous les satins 8 lisses.

timètres; longueur, 44 covids de Canton ; poids, 35 taëls. Prix, 15 dollars, soit 5 fr. le mètre de 80 gram., et 62 fr. le kilogramme.

361. *Sou-twan*, satin uni bleu céleste. Largeur 75 centimètres; longueur, 44 covids de Canton; poids, 37 taëls. Prix : 13 dollars, soit 4 fr. 50 centimes le mètre de 85 grammes, et 53 fr. le kilogramme (1).

362. *Sou-twan*, satin uni blanc. Largeur, 72 centim.; longueur, 40 covids de Shang-Haï; poids, 36 taëls. Prix: 18 dollars, soit 7 fr. le mètre de 97 grammes, et 72 fr. le kilogramme.

363. *Sou-twan*, autre satin uni blanc. Largeur, 76 centimètres; longueur, 3 mètres 3/4; poids, 360 gram. Prix : 5 dollars 1/2, soit 8 fr. le mètre de 96 grammes, et 83 fr. le kilogramme.

364. *Sou-twan*, satin uni noir. Largeur, 99 centim.; longueur, 7 mètres 1/4; poids, 1190 grammes. Prix: 9 dollars, soit 6 fr. 82 cent, le mètre de 164 grammes, et 42 fr. le kilogramme.

365. *Sou-twan*, satin noir bleu uni. Largeur, 97 centim.; longueur, 40 covids de Shang-Haï; poids, 64 taëls. Prix: 21 dollars, soit 8 fr. 25 centimes le mètre de 101 grammes, et 81 fr. le kilogramme (2).

366. *Hé-pé-pé-twan*, satin double face, bleu clair sur bleu foncé. Longueur, 44 covids de Shang-Haï; poids,

---

(1) Tous les articles qui précèdent, de la fabrique de Canton, ont été exécutés en chaîne et trame cuite, teintes en grège.

(2) Tous les satins de Nankin sont fabriqués en chaîne organsin et trame quelquefois montée.

65 taëls. Prix : 40 dollars, soit 15 fr. 70 cent. le mètre de 175 grammes, et 90 fr. le kilogramme.

En parlant de cette espèce d'étoffe, M. Hedde dit qu'elle est d'une grande richesse et d'une fabrication peu ordinaire.

Il nous semble convenable de faire suivre cet aperçu donné par M. Hedde sur les étoffes satins de fabrication Chinoise, de l'indication sommaire de quelques autres tissus fond satin qui se faisaient autrefois, soit dans ce vaste empire, soit dans les Indes, et qui se confectionnent peut-être encore de nos jours, mais sous d'autres dénominations.

SATINS DORURES FAUSSES.

367. On donnait ce nom à des étoffes de provenance Chinoise, d'une fabrication très-ingénieuse et totalement inconnue en Europe. Elles étaient de satin à fleurs d'or ou d'argent ; mais l'or ou l'argent qui composaient ces fleurs n'étaient point des fils fins ou faux tirés de ces mêmes métaux ; c'étaient seulement de petits morceaux de papier doré ou argenté, coupés en fils longs et étroits, et qui avaient autant d'éclat que l'or de Lyon ou de Milan, qui s'employait dans les étoffes fabriquées en France.

A vrai dire, la fabrication des *dorures fausses* était plus remarquable comme curiosité que comme objet utile : la pluie ou l'humidité gâtaient ces tissus en les amollissant ; et il suffisait d'un usage, même fort court, pour les détériorer complètement.

SATINS DORURES FINES.

368. Les employés du commerce de la Chine appe-

laient ainsi toutes les riches étoffes d'or ou d'argent, en général, qui étaient mentionnées dans leurs factures, par opposition avec les *dorures fausses* dont nous venons de parler ci-dessus.

SATINS DORURES DE NANKIN.

369. On donnait à des satins de la Chine, à fleurs d'or, la qualification de *dorures de Nankin*, parce que ces étoffes étaient tirées de la ville qui porte ce nom, et dans laquelle l'or était plus beau et les ouvriers plus habiles que dans les autres provinces du Céleste Empire.

SATINS PELAINS.

370. Il se fabriquait en Chine des étoffes de soie, appelées *pelings*, *pelains* ou *pelangs*. Il y en avait de blanches, de couleurs, d'unies, de simples, etc. Parmi les tissus désignés sous ces diverses dénominations, il s'en trouvait qui appartenaient à la catégorie des satins. La longueur des pièces variait de 9 à 10 mètres sur 40 à 50 centimètres de largeur.

SATINS TOUANSE.

371. On donnait le nom de *touanse* à une étoffe de soie provenant de la Chine, et qui était un satin plus fort, mais moins lustré que ceux qui se fabriquent en France. Il y en avait d'unis, d'autres à fleurs ou à figures; d'autres encore où étaient figurés des oiseaux, des arbres et des nuages.

SATINS ATTLAS.

372. Ce nom désignait les satins de soie fabriqués aux Indes. Il s'en faisait de pleins, de rayés, et à fleurs;

les fleurs étaient ou d'or, ou seulement de soie. Il y en avait aussi de toutes sortes de couleurs, mais la plupart fausses, surtout les rouges et les cramoisis.

La fabrication de ces tissus était réellement singulière et digne d'admiration. Dans les *Attlas* à fleurs, notamment, la soie et l'or étaient employés avec un art que les ouvriers d'Europe ne pouvaient autrefois parvenir à imiter. En revanche, il s'en fallait de beaucoup que les Attlas possédassent cet éclat et cet aspect, que les Français savent donner à leurs étoffes de soie.

On connaissait différentes sortes d'*Attlas*. Les espèces les plus connues et les plus renommées étaient les *cotonés*, les *cancanias*, les *calquiers*, les *cotonés-bouilles*, et les *bouilles-chasmoy* ou *charmoy*.

Les Attlas *cotonés* étaient ainsi nommés, parce que le fond se composait de coton, et le reste de soie. Les *cancanias* étaient des satins rayés à chaînettes. On appelait *quemkas* ceux des tissus *cancanias* qui paraissaient plus soyeux. On entendait par *calquiers* des satins à la Turque, ou point de Hongrie. Enfin, les *bouilles-cotonés* et les *bouilles-chasmoy* étaient des étoffes de soie en façon de gros-de-Tours, et de couleur *œil-de-perdrix*.

La largeur des Attlas ainsi que leur longueur variaient depuis 5 jusqu'à 16 et 17 mètres de longueur sur 80 centimètres de largeur environ. On appelait demi-pièces les Attlas qui approchaient de la moitié des longueurs ordinaires.

Nous clorons ici la nomenclature des satins de fabrication soit européenne, soit Chinoise et Indienne. Mais il nous reste à mentionner, seulement pour mémoire, et sans entrer en des détails à cet égard, qu'il se fabrique des satins avec chaîne soie et trame filoselle; d'autres avec chaîne soie et trame fil; d'autres chaîne soie et trame coton.

Ces spécialités ont été fabriquées pour étoffes de tentures et d'ameublements, et aussi pour chaussures de dames. Elles ont même été employées souvent pour gilets.

Enfin, quelques essais de satins avec chaîne soie et trame *verre* ont été tentés pour ameublements. Mais nous n'avons rien à ajouter sur ce sujet à ce qui a été dit précédemment dans cet ouvrage, par rapport au *tissu tramé verre*, que nous avons décrit et traité dans une précédente livraison. (Voir à la page 108.)

TISSU-PAILLE CHAINE SOIE.

373. On ne s'est pas borné à coudre les tuyaux de paille ensemble et parallèlement, ni à en faire, soit en laissant la paille entière, soit en la fendant, des tresses qui, cousues, ont formé des chapeaux et autres objets d'un usage assez général; on est arrivé, en mélangeant la paille avec la soie, à faire des tissus, et même à leur appliquer toutes sortes de dessins.

Toutefois, la confection des chapeaux de dames constitue l'emploi ordinaire du *tissu paille chaîne soie*. Aussi, cet article étant susceptible de variations aussi multipliées que le comportent les capricieuses excentricités de la mode, nous ne pouvons en ce qui le concerne entrer dans d'autres détails que l'énoncé des principes généraux qui régissent sa fabrication.

La chaîne est toujours en soie, cuite ou écrue, d'un compte très-léger; la soie cuite mérite cependant d'être préférée, l'éclat de son brillant ayant beaucoup plus de rapport avec la couleur et le vernis de la paille.

Le tube de paille a d'ordinaire une longueur de 55 à 60 centimètres. On le refend en un certain nombre de parties, dont la longueur est plus ou moins réduite par l'outil employé à cette opération, et que l'on nomme *fendeur*.

La paille doit être entretenue dans une légère humidité. Lors du tissage, l'ouvrier doit veiller avec le plus grand soin à ce que les brins de paille ne se tordent pas sur eux-mêmes.

Le métier à fabriquer les tissus-paille chaîne soie sera court, étroit et léger, et peu élevé. S'il s'agit de fabriquer un *tissu uni*, on pourra l'établir à peu de frais; si, au contraire, il s'agit d'un *tissu façonné*, ce métier devra comporter les dimensions des métiers ordinaires.

La chaîne soie étant disposée sur le métier, le tisseur fait agir les pédales, et entre les fils de la chaîne, il engage les brins de paille fendue, lesquels brins doivent être présentés tantôt par le bout supérieur, tantôt par le bout inférieur.

Cette précaution est nécessaire, à raison de la nuance différente des brins de paille à leur partie supérieure, qui est exposée à l'air et un peu colorée, et à leur partie inférieure, laquelle, enveloppée quelque temps dans la gaine de la feuille supérieure, est par conséquent étiolée. Si donc on négligeait de procéder comme nous le disons plus haut, c'est-à-dire de présenter les brins supérieurs par leur extrémité supérieure et par celle inférieure, alternativement, l'étoffe offrirait des inégalités dans la teinte. Il existe d'ailleurs un autre motif pour engager les brins de cette manière : c'est que, malgré le perfectionnement des *fendeurs*, un des bouts est toujours un peu moins large que l'autre. En conséquence, si l'on plaçait constamment du même côté le bout supérieur de la paille, l'étoffe aurait plus de longueur d'un côté que de l'autre.

On se servait primitivement, pour engager les brins de paille dans la chaîne, d'une lame de bois mince, à l'extrémité de laquelle était adaptée une petite pince à ressort, qui saisissait la paille et permettait de l'entraîner. Plus tard, on reconnut que ce procédé offrait trop de complications : on a donc imaginé et on se sert actuellement d'une espèce de règle plate d'un bois dur et lisse, dont les arrêtes sont émoussées. Le bout est découpé en *crochet mousse*, et au moyen de ce crochet on saisit aisément les brins de paille humectés, placés en deux paquets à la gauche de l'ouvrier; de sorte que celui-ci prend tantôt d'un paquet (dont le bout coloré est en haut), tantôt de l'autre (dont le bout étiolé est en haut). D'ordinaire chaque brin de paille est séparé par un fil de soie placé à l'aide de la navette; et dans l'endroit où l'on ne veut pas mettre de paille, on fait en soie une bande unie et façonnée.

Si l'on veut faire, au lieu de tissus soie et paille, de la *gaze Cérès*, on se borne à faire en soie, de distance en distance, des bandes très-claires dues à l'écartement des fils.

Les genres de dessins soit de l'étoffe paille, soit de la gaze Cérès, peuvent être multipliés à l'infini. Ces étoffes ont une sorte de fermeté qui les rend très-propres à être chiffonnées en chapeaux, sous lesquels on met quelquefois une espèce de carcasse, soit métallique, soit en tissu de saule. Toutefois, elles ne possèdent jamais la fermeté ni l'éclat du *pagne* (1).

---

(1) La maison *Laselve et Chastaing* a acquis une haute réputation dans la fabrication des tissus paille et soie, aussi bien que dans celle du *pagne*.

A propos du *pagne*, qui est depuis longtemps fabriqué à Lyon par la maison *Laselve et Chastaing*, on a cru longtemps que cette brillante étoffe était due à la soie et au *phormium tenax* ou lin de la Nouvelle-Zélande. On présume aujourd'hui, avec plus de probabilité, qu'on la retire d'une espèce de *bananier*, vulgairement appelé *coffo*. Ces filaments inégaux, demi-transparents, réunissent la fermeté à une certaine flexibilité; ils prennent aisément les teintes les plus éclatantes. On les distingue sans peine, à la loupe, de toutes les autres matières, par de petites lames transversales croisant les fibres longitudinales, et qui vraisemblablement contribuent à lui procurer sa ténacité et sa fermeté. Il y a lieu de croire que lorsque cette substance sera plus abondante dans le commerce, on la préfèrera pour les chapeaux à la paille, qui ne pourra, comme elle, joindre la demi-transparence à la fermeté, et n'est pas non plus susceptible d'acquérir le brillant coloris du *coffo*. Cependant, si l'on pouvait décolorer la paille sans lui faire perdre son éclat, on arriverait à varier beaucoup plus les tissus en paille et soie; mais le moyen d'atteindre ce résultat reste encore à trouver. Nous avons vu cependant des échantillons de tissu chanvre soie tramés paille, moirés.

On n'a pas réussi non plus dans les tentatives faites jusqu'ici pour appliquer le gauffrage aux étoffes de soie et paille, et au pagne; une chaleur, même modérée, les rend très-cassantes.

Il se fait encore des tissus-paille, dans la confection desquels on ne se sert pas du crochet. Ce genre d'article, qui se nomme *agrément*, est destiné aux chapeaux à jour, aux bourrelets d'enfants, etc. Il se fait par plusieurs bandes simultanément. La chaîne est passée au peigne, de manière à laisser entre chacune des bandes une distance suffisante pour que l'ouvrier puisse passer librement la paille; car, dans ce genre de tissage, elle doit être passée avec le secours des doigts seulement.

C'est toujours par un croisement taffetas que la paille enverge dans la chaîne. Quant aux petits effets qui se produisent au tissage, ils ne sont autre chose qu'une série de zig-zags combinés de manière à former de petits dessins par flotté; dessin qui peuvent subir une multitude infinie de variétés, soit par une mise en carte donnée comme modèle, soit par une composition purement routinière.

Le brin doit être engagé et arrêté au bord de la bande, à droite ou à gauche, mais jamais au milieu; ceci doit être, de la part de l'ouvrier, l'objet d'une sérieuse attention. D'ordinaire, les pailles sont coupées sur la largeur de 25 à 30 centimètres; une plus grande dimension aurait l'inconvénient d'entourer le tissage de difficultés.

La Suisse et l'Italie produisent les pailles les plus convenables à ce genre de tissu. On en tire une assez grande quantité de l'Amérique; mais les plus belles, que l'on désigne sous le nom de *pailles de riz*, sont fournies par la Chine et par le Canada.

Il se fait beaucoup de tissus façonnés où l'on emploie la paille comme *trame lancée;* la partie qui n'est pas liée est découpée, et ses effets ressemblent à des *brochés* paille.

On fait également des tissus à deux lacs, au moyen de brins de paille de deux couleurs.

L'Italie et la Suisse ont excellé jusqu'à ce jour dans un genre de passementerie et *agréments* pour modes. Cette fabrication est des plus curieuses par le travail et par les combinaisons. Il se fait aussi beaucoup de tissus-paille où cette matière est mélangée avec du crin et de l'aloès.

même à lisses et à corps conjointement. On en fait de façonnés et d'unis. Ces derniers diffèrent entre eux soit par l'armure, soit aussi par le nombre de brins employés pour chaque coup de trame. En ce qui concerne le nombre de brins pour chaque *duite* ou *passée*, il est subordonné à la grosseur du crin et à l'épaisseur que l'on veut donner au tissu.

Les tissus-crins destinés à des tamis, à des casquettes, et à d'autres articles de ce genre, ne sont tramés qu'à un seul brin ; ceux qui doivent être employés pour cols, crinolines, etc., sont tramés à plusieurs brins à la fois.

D'ordinaire les tissus-crins sont fabriqués par l'armure taffetas; cependant, on en fait aussi en armures de sergés et de satins. L'armure satin est appliquée spécialement aux tissus pour cols. Mais on doit comprendre, par ce qui précède, que ce ne peut être que satin par effet de trame.

Les tissus-crins, genre façonné, qui sont maintenant d'une grande consommation pour ameublements, tels que garnitures de chaises, de fauteuils, etc., sont exécutés à la mécanique-armure, ou bien à la Jacquard, suivant l'importance et l'étendue du dessin.

Les grands dessins représentent assez ordinairement des sujets *à regard* et *à retour;* tels que rosaces, corbeilles de fleurs, et tous autres attributs ou ornements dont l'exécution s'opère par l'empoutage à retour, ou seulement à pointe et retour.

Bien que les tissus pour ameublements soient presque toujours à plusieurs brins de la même matière sur un même coup, on en fait aussi dont la trame-crin reçoit un mélange de brins d'une autre matière, et qui sont passés alternativement. Toutefois il faut, autant que possible, que cette matière consiste en soie écrue ou en laine peignée.

La largeur des tissus-crins dépend de la longueur du crin employé. Cette longueur dépassant rarement 85 centimètres, et les dispositions que nécessite la confection prenant toujours au moins 5 centimètres, on ne peut obtenir sans nœuds que des tissus d'une largeur de 80 centimètres environ.

Pendant quelques années le tissu-crin s'est vu un peu délaissé, mais il a maintenant repris faveur; et pour en donner une preuve, nous citerons l'emploi qui en a été fait pour les banquettes des wagons de première classe, par l'administration du chemin de fer de Paris à Lyon. Le tissu-crin, qui a été confectionné pour ces banquettes est en chaîne soie or et trame crin blanc, et produit le plus heureux effet.

Nous avons dit comment s'effectuait le passage du crin dans la chaîne (1re livraison, page 54), il est donc inutile de revenir sur ce sujet.

Quant aux crins eux-mêmes, on les emploie soit *bruts,* soit *teints,* soit *naturels.*

Ceux qui sont employés *bruts,* étant les plus gros et les plus irréguliers, sont spécialement destinés pour tamis et pour intérieurs de cols.

Les crins *naturels* blancs servent à la confection des tissus légers, chaîne coton, dont les dames font usage pour jupes ou par-dessous.

La Russie et le Brésil fournissent les meilleurs crins. Ceux qui viennent de Russie sont moins longs que ceux provenant du Brésil; leur finesse les fait néanmoins préférer.

Il en est des crins comme des cheveux. Les crins provenant d'animaux morts ne sauraient être d'un bon emploi, parce qu'ils rompent aisément au tissage, et ne se teignent qu'imparfaitement. On recherche surtout les crins de chevaux sauvages; leur crinière longue et soyeuse, n'ayant jamais été altérée par le frottement des harnais, cette qualité de crins a sur toutes les autres une incontestable supériorité.

TISSU MÉTALLIQUE.

375. On donne également la dénomination de *toile métallique* à ce tissu dont la chaîne et la trame sont en fil de fer ou de laiton, et qui est employé très-fréquemment pour les fabriques de papier, pour les paravents de cheminée, comme aussi pour garde-manger, tamis, etc.

La beauté de ce genre de tissu, qui n'admet nullement le façonné, consiste toute entière dans la finesse des fils qui servent à sa formation, mais surtout dans une réduction régulière soit en trame, soit en chaîne. Un progrès sensible s'est réalisé dans cette industrie toute spéciale; car tandis qu'elle ne reproduisait jadis que des tissus fort grossiers, le degré de finesse qu'elle atteint aujourd'hui, lui permet de rivaliser avec la toile de lin. En effet, le *tissu* ou *toile métallique* est susceptible, aussi bien que la toile de lin, de recevoir des impressions diverses qui réussissent parfaitement.

Les matières de la chaîne et de la trame doivent être toujours de nature identique, (elles se composent ou de laiton ou de fer, mais sans mélange); elles doivent être aussi d'égale grosseur. Assez ordinairement le croisement qui forme ce genre de tissu est en taffetas; quelquefois cependant on fait les toiles très-fines par une des autres armures que l'on appelle *fondamentales;* mais on applique rarement l'armure satin aux tissus métalliques; et après l'armure taffetas, c'est l'armure sergé qu'on leur applique le plus souvent.

Voici comment se pratique l'ourdissage des chaînes pour ce genre de tissu.

On met en écheveau le fil métallique au sortir de la filière, qui opère sur ces matières comme la filature sur la bourre de soie, les laines, les cotons, etc.

Les écheveaux sont ensuite dévidés ou bobinés sur des roquetins dont le nombre doit être égal à celui des fils que la chaîne doit comporter. On place ensuite ces roquetins sur une cantre, et le déroulement de chacun d'eux est réglé par un ressort ou contre-poids dont l'action est en rapport avec la grosseur de la matière employée.

Quand les fils ont été passés d'abord au peigne, puis dans le remisse, on les arrête à une tringle, laquelle passe dans le rouleau de derrière, et est assujétie dans une rainure pratiquée à un tambour. La chaîne s'enroule sur ce tambour qui a environ un mètre de diamètre. L'étendue de cette circonférence offre l'avantage d'empêcher une superposition trop répétée, et une épaisseur trop sensible; ce que l'on ne pourrait obtenir si l'enroulement se faisait sur un simple rouleau.

Pour la fabrication de ce genre de tissu, il est essentiel que la chaîne soit constamment tendue le plus possible; aussi fait-on usage des bascules indiquées pour la tension fixe.

Si la trame est trop grosse, et si, à raison de sa raideur, on ne peut l'enrouler en cannettes, on se sert alors d'une mince baguette de bois, appelée *passerelle*, et dont les extrémités forment une espèce de fourche. L'introduction de la trame dans la chaîne s'opère à l'aide de cette passerelle, dont la longueur doit dépasser la largeur du tissu.

Il convient de faire remarquer que pour maintenir la réduction en trame, il faut frapper d'abord un coup de battant, à *pas ouvert*, ensuite un second coup à *pas clos*.

Le métier servant à ce genre de tissage, ainsi que ses accessoires, doivent réunir les conditions de force et de solidité à un plus haut degré que pour les autres matières.

M. *Mage*, négociant lyonnais et fabricant de *toiles métalliques*, a fait progresser ce genre de fabrication. M. Mage a été nommé Chevalier de la Légion-d'Honneur à l'Exposition de 1855.

ÉTOFFES VELOUTÉES.

Deux systèmes de fils de chaîne, les uns destinés à la formation du tissu, les autres à faire le flotté, entrent dans la composition des étoffes dites *veloutées*, dénomination qui dérive du mot *velours*, lequel signifie lui-même *étoffe velue*, ou étoffe dans laquelle un poil se trouve superposé à un tissu.

Par suite de la combinaison du remettage des fils et des effets qui peuvent en dériver, on obtient divers types de tissus à *poil traînant*, spécifiés sous les appellations de : *velouté simple plane*, *velouté simple relevé* ; *velouté doubleté*.

VELOUTÉ SIMPLE PLANE.

376. Le caractère propre et distinctif de ce genre de

velouté consiste à représenter des effets de flottés qui se suivent les uns aux autres, et qui représentent la surface du tissu. Si dans les articles façonnés le dessin était trop isolé, les fils de poil n'adhérant au tissu que par leur passage à l'endroit de l'étoffe et à son envers, ils ne produiraient que des flottés dépourvus de fixité et de consistance; dès-lors ils ne pourraient plus présenter cet ensemble d'effet qui peut seul justifier la dénomination de *velouté*.

Le tissu reçoit le nom de *poil trainant*, quand le remettage des fils n'est que partiel, et que la forme du dessin laisse à découvert une portion considérable du tissu, lorsque, en un mot, il n'existe que très-peu de suite dans les formes du dessin.

La conformation de ce genre de tissu n'est pas toujours la même. Le poil peut n'être assujetti à une envergure par aucune espèce d'armure, et n'être adhérent au tissu que par sa position au-dessus et au-dessous de celui-ci; ou former liage dans les intervalles du dessin, concurremment avec les fils de pièce, et de manière que cet espace ne produise qu'un effet taffetas. Cependant le poil ne pourra être lié au lisse, si le dessin doit paraître avec une couleur autre que celle du fond, attendu que le mélange de fils de deux chaînes, chacune à une couleur différente, ayant lieu au taffetas et sous la même envergure, serait d'un effet disgracieux.

VELOUTÉ RELEVÉ.

377. Dans le velouté relevé, l'entente de la chaîne est la même que dans le velouté simple et plane; mais, dans le tissu dont nous parlons en ce moment les effets de poil sont produits en relief par une grosse trame, ordinairement de coton, placée entre le poil et la pièce.

TISSU-CRIN (1).

374. Quelque souple et flexible qu'il soit, le crin n'est pas susceptible de recevoir aucun nœud dans le tissage; il suit de là qu'on ne peut tisser d'un seul trait que la longueur totale du crin, moins celle de *la médée*. Pour accélérer le travail, on noue bout à bout tous les crins dont la chaîne est formée, mais à égale distance. Tous les nœuds se trouvent alors sur une même ligne; et lorsque le peigne arrive près des nœuds, l'ouvrier est obligé de *tirer en devant* pour faire passer en une seule fois tous les nœuds ensemble. Il tisse ensuite la longueur suivante, et continue, en ayant soin de laisser entre chacune des longueurs un semblable *entre-bat*; car il est évident que tous les fils se rompraient si le frottement du peigne avait lieu sur les nœuds. C'est à raison de ce motif, que pour faire un tissu dont la solution de continuité ne soit interrompue qu'après une assez longue distance, on n'emploie le crin que comme trame. La chaîne est alors en soie, coton, lin, chanvre ou laine, indifféremment; cependant la soie écrue est la matière qui convient le mieux, parce qu'elle ne craint pas le léger mouillage qui est indispensable pour le tissage du crin.

Ce genre de tissu peut être à lisses ou à corps, et

---

(1) Nous avons parlé dans notre première livraison (*V.* page 53), du *taffetas chaîne soie, tramé crin*, et nous avons indiqué la préparation que doit subir le crin avant d'être employé. Ici, nous nous occupons du tissu-crin, en général, et exécuté par toute espèce d'armure.

La tension de la pièce de velouté relevé étant beaucoup plus forte que celle de velouté simple, les fils relèveront d'autant plus que la trame sera plus grosse. Toutefois, il faut nécessairement recourir aux armures pour les effets de relevé; car la forme variée d'un dessin ne peut se rapporter au relief de la trame, qui ne peut être disposée continuellement qu'en ligne droite.

Les combinaisons d'armures de *velouté relevé* sont en général assez restreintes. Les effets de relevé tendent toujours à se rapprocher soit du chevron, soit du diamanté, soit de telles autres formes qui ont beaucoup de similitude avec celles que nous indiquons.

La cause du peu de ressources qu'offrent les armures de velouté relevé provient des bornes étroites tracées à l'armure par la grosse trame, de laquelle seule résulte l'effet qui caractérise le relevé.

En revanche, pour peu que l'on examine attentivement les effets brillants et ombrés que produit le relief d'une chaîne flottée, on comprendra sans peine les nombreuses variétés dont l'aspect *relevé* est susceptible. Par la modification partielle de la couleur et de la tension des fils du poil, le tissu acquiert une surface que l'on peut appeler prismatique, et qui a d'autant plus de mérite, comme aspect, que le moirage lui est appliqué d'une façon convenable et judicieuse.

VELOUTÉ DOUBLETÉ.

378. La désignation de *doubleté* jointe à celle de *velouté* suffit pour faire comprendre qu'il entre dans la formation de la chaîne de poil un complément de fils, dont la destination est d'alterner les effets de flotté au moyen d'une opposition de couleur. En effet, deux fils de poil, chacun de couleur différente, entre dans le remettage

simultanément avec un fil de pièce; un de ces fils de poil se nomme *simpleté,* l'autre *doubleté.* Les fils appartenant à la première de ces catégories servent à faire le sablé d'un dessin; ceux de la seconde sont consacrés à en former les parties secondaires.

On peut également, dans le but de donner à l'effet velouté une plus grande variété de couleur, établir un fil *tripleté* et même *quadruplé;* c'est-à-dire que l'on fera entrer dans le remettage en même temps qu'un fil de pièce, autant de fils de poil que l'on voudra mettre de différentes couleurs dans le dessin, et cela, en opposant formes et couleurs sur la même ligne, dans la longueur du tissu.

Il convient cependant de faire observer que le doubleté comme le tripleté et le quadruplé, tient plutôt du poil traînant que du velouté proprement dit. En effet, dans ce dernier tissu, les oppositions de couleurs n'offrent que de très-faibles ressources; si elles étaient générales, il en résulterait une confusion, à cause de la suite du flotté; si, au contraire, elles ne devaient être que partielles, il y aurait plus d'économies à les établir par une trame lancée.

ARMURES VARIÉES,

ET COMBINAISONS DE REMETTAGE.

TURQUOISE.

379. L'effet distinctif de l'étoffe appelée *Turquoise* est de représenter un gros grain en longueur de l'étoffe,

de même que le tissu dit *gros grain* le représente en travers. Il en résulte une côte, suivant une proportion de chaîne, par exemple, de 30 fils au centimètre, et une réduction de trame de 70 passées au centimètre.

La *Turquoise* se fait sur six ou huit lisses, et deux coups au rapport d'armures; remis suivi. Le premier coup lève les lisses n. 1, 2 et 3; le deuxième coup, les lisses n. 4, 5 et 6.

La difficulté que présente le tissage de ce genre d'étoffe consiste dans la grande réduction de trame, qui fait rentrer le tissu sur lui-même, en le resserrant, et qui gêne le travail; c'est-à-dire qu'à mesure que le tissage avance, le tissu perd de sa largeur, et rend plus difficile le mouvement du battant.

COTELINE.

380. L'effet du tissu appelé *coteline* consiste dans une côte formée dans la longueur de l'étoffe, et qui résulte de l'emploi d'un fil de chaîne en gros coton, lequel est entièrement recouvert par une trame dont la nature et la couleur sont susceptibles de variations. Quatre ou six fils fins qui envergent le gros-de-Tours remplissent les intervalles laissés par le gros fil coton; en sorte que l'effet général du tissu est produit par une grosse côte faisant opposition avec un groupe de quatre ou six fils. Ces fils sont destinés à donner une face du tissu d'une couleur, et une face d'une autre, au moyen de deux trames de différentes couleurs.

Le fil coton agit en taffetas, et les fils fins en gros-de-Tours; la trame est passée au moment où le fil coton a fait son évolution au-dessous du tissu; la trame ou le gros coton n'évolue pas sur le tissu. Comme l'envergure du gros-de-Tours reçoit les deux trames, elle leur permet de s'appliquer l'une sur l'autre, en même temps qu'elle les empêche d'approcher du côté opposé où se trouve une trame qui flotte, pourvu toutefois que la réduction soit assez forte. En effet, puisque les deux passées successives de trame ont un rôle indépendant, pour ainsi dire, chacune d'elles exige une réduction équivalente à celle qui convient à un tissu de 25 à 35 passées au centimètre. Le fil gros coton qui vient se placer entre les deux trames facilite les oppositions de couleurs, en changeant l'ordre d'évolution du fil coton, d'après telle ou telle combinaison de forme de dessin. Ainsi, en admettant l'emploi de deux trames d'une couleur différente, et en admettant aussi que le fil coton évolue à la passée de la trame d'une couleur sur un point, et à la passée de trame d'autre couleur sur un autre point, il se trouvera sur le même côté d'une surface des parties de tissu formant la côte, et faisant avec d'autres parties opposition de couleur; et l'on obtiendra par une combinaison qui intervertira l'opposition des fils coton, des dessins susceptibles de variété de forme, comme dans tout autre genre de tissu; seulement ici la largeur du gros fil découpera les lignes du dessin.

Deux genres parfaitement distincts peuvent être offerts par le tissu *coteline*. Dans le premier, appelé *genre ancien*, l'ordre de disposition des fils n'est pas toujours identique; un groupe de fils dont le nombre peut varier de huit à douze, et même à seize, et faisant tissu gros-de-Tours, sert à remplir l'intervalle des parties qui font l'effet de grosse côte. Ces mêmes fils peuvent former également des armures flottées de trame, lesquelles combinées avec la grosse côte, produisent des dispositions de *coteline*, qui sont d'un gracieux effet. De ce qui précède, on doit comprendre que dans la Coteline *genre ancien*, la grosse côte peut être ou droite ou armurée;

elle sera *droite,* lorsque aucun flotté de trame ne viendra remplir son intervalle, c'est-à-dire que le premier aussi bien que le dernier fil de la chaîne compris dans cet intervalle, envergera la trame directement de chaque côté du gros coton ; au contraire, elle sera *armurée* lorsque la trame qui recouvre le gros fil ne trouvera son envergure que dans un point du nombre de fils formant la distance, et cela de passée en passée d'une manière différente.

Quant à la Cotéline *genre nouveau,* c'est positivement celui que nous avons décrit au commencement de l'article qui traite de ce tissu. Ce type n'admet pas de variété dans la disposition des fils; et il faut bien le dire, la possibilité de varier n'offrirait aucune ressource, eu égard au caractère particulier à ce genre d'étoffe, caractère qui consiste à n'opposer que des effets de couleur, sans changement dans le tissu.

Il arrive pourtant quelquefois que pour former la grosse côte, on emploie deux ou trois fils coton, chacun d'eux dépendant de lisses différentes pourront agir d'abord ensemble pour faire le fond général du tissu ; puis, séparément dans un ordre donné, afin de produire les liages de flotté de trame dont on veut garnir la surface de la Coteline, comme embellissement.

On produit bien, à la vérité, des flottés de trame même sans avoir recours à cette combinaison de fils, mais ces flottés seront grossièrement découpés ; et il se voit bien peu de tissus cotelinés à effet de flottés, sans que les gros fils coton soient indépendants.

Il serait difficile de déterminer d'une manière précise la réduction de chaîne qu'exige la Coteline ; cette réduction est purement arbitraire, ou plutôt toute de convenance, et l'effet cotelinné sera tout aussi nettement dessiné, soit que la réduction comporte cinq côtes au centimètre, soit qu'elle en comporte davantage. Ceci rentre dans les combinaisons du genre de tissu que l'on veut obtenir.

TISSU TUBULAIRE

PAR L'ARMURE SATIN.

381. Ce genre de tissu se fait sur dix lisses, remettage suivi. Le rapport d'armure est de dix coups. Le premier lève les lisses n. 2, 3, 4, 6, 8 et 10; le deuxième, les lisses n. 2, 4, 6 et 8; le troisième, les lisses n. 2, 4, 6, 8, 9 et 10; le quatrième, les lisses n. 2, 4, 8 et 10; le cinquième, les lisses n. 2, 4, 5, 6, 8 et 10; le sixième, les lisses n. 2, 6, 8 et 10; le septième, les lisses n. 1, 2, 4, 6, 8 et 10; le huitième, les lisses n. 4, 6, 8 et 10; le neuvième, les lisses n. 2, 4, 6, 7, 8 et 10; le dixième, les lisses n. 2, 4, 6 et 10.

Les tissus *tubulaires* sont employés pour cols-cravattes, et aussi pour couvrir les gros cordons qui servent à retenir des rideaux, et que l'on appelle des *embrasses*.

Nous avons indiqué la confection de ce tissu par l'armure satin sur dix lisses; mais il se fait également par l'armure taffetas, et par toute autre armure, même en façonné.

ÉTOFFES UNIES,

OU ARMURES A DOUBLE FACE, DITES SANS ENVERS.

Au moyen de certaines combinaisons particulières, on peut obtenir des étoffes dont les deux faces présentent le même aspect en chaîne et en trame. De plus, les deux faces présentent le même aspect en chaîne et en trame, comme également les deux faces peuvent être formées soit par une même armure, soit par des armures différentes; comme aussi, chaque face peut être produite par une couleur dissemblable.

La destination de ces sortes de tissus est plus spécialement pour étoffes à l'usage de draperies-tentures, rideaux, etc., où les deux côtés de l'étoffe sont susceptibles d'être vus.

ÉTOFFES A DOUBLE FACE, PAR UNE SEULE ARMURE SERGÉE AMALGAMÉE.

382. Les tissus de cette combinaison s'ourdissent sur une seule chaîne, sur six lisses, remettage suivi, et six coups au rapport d'armure. Ils forment un sergé dessus et dessous.

Première armure.

Le premier coup lève les lisses n. 1, 4 et 6; le deuxième, les lisses n. 2, 3 et 4; le troisième, les lisses n. 1, 5 et 6.

Deuxième armure.

Le premier coup lève les lisses n. 1, 2 et 6; le deuxième, les lisses n. 2, 3 et 4; le troisième, les lisses n. 5 et 6.

ARMURE SERGÉ, DESSUS ET DESSOUS, EN DEUX CORPS, SUR 6 LISSES.

383. Ourdissage sur une chaîne simple ou double, suivant la destination du tissu; mais sur un seul rouleau. Remettage par un fil sur le premier corps, et un

fil sur le deuxième corps; puis ainsi de suite jusqu'à la fin du cours, en observant le même ordre.

Le premier coup lève la lisse n. 1 du premier corps, et les lisses n. 1 et 2 du deuxième corps; le deuxième coup lève la lisse n. 2 du premier corps, et les lisses n. 1 et 3 du deuxième corps; le troisième coup lève la lisse n. 3 du premier corps, et les lisses n. 2 et 3 du deuxième corps.

ARMURE SATIN DESSUS ET DESSOUS, SUR UN SEUL CORPS DE REMISSE.

384. L'ourdissage se fait sur une seule chaîne, remettage suivi, sur seize lisses et huit coups au rapport d'armure; armure intercallée.

Huit lisses pour le satin du dessus, et huit lisses pour le satin du dessous.

ARMURE SERGÉ D'UN CÔTÉ ET SATIN DE L'AUTRE, EN DEUX CORPS DE REMISSES.

385. Il faut observer que dans les étoffes à double face, si l'*embuvage* des deux armures n'est pas le même, la quantité de chaîne étant cependant égale, la chaîne devra être sur deux rouleaux. Il faudra par conséquent se rendre compte de la différence qui existe dans l'*embuvage*, pour faire ourdir moins longue la pièce qui emboit le moins.

Les tissus spécifiés dans le titre qui précède se font sur seize lisses, huit lisses pour le satin, et huit lisses pour le sergé; remettage amalgamé. Le premier fil du rouleau n. 1 est passé sur la lisse n. 1; le premier fil du rouleau n. 2 est passé sur la lisse n. 2; et ainsi de suite, en faisant passer successivement les fils du rouleau n. 1 sur les lisses impaires, et ceux du rouleau n. 2 sur les lisses paires. Et ainsi de suite, on lira l'armure amalgamée du satin huit lisses avec celle du sergé huit lisses.

ARMURE SATIN DESSUS ET DESSOUS, SUR UN SEUL CORPS ET SUR 10 LISSES.

386. Ourdissage sur une seule chaîne ; remettage suivi sur dix lisses et cinq coups au rapport d'armure.

Le premier coup lève les lisses n. 1, 4, 6, 8 et 10; le deuxième, les lisses n. 2, 4, 6, 7 et 10; le troisième, les lisses n. 2, 3, 6, 8 et 10; le quatrième, les lisses n. 2, 4, 6, 8 et 9; le cinquième, les lisses n. 2, 4, 5, 8 et 10. L'armure se trouve ainsi amalgamée.

ARMURE SATIN 5 LISSES D'UN CÔTÉ, ET SERGÉ 5 LISSES DE L'AUTRE.

387. La chaîne de ce tissu est ourdie sur deux rouleaux, par moitié. Il se fait sur dix lisses et sur cinq coups au rapport d'armure.

Le premier fil du rouleau n. 1 est passé sur la lisse n. 1; le premier fil du rouleau n. 2, sur la lisse n. 2; et on observe cet ordre sur les dix lisses, en faisant passer successivement les fils du rouleau n. 1 sur les lisses impaires, et les fils du rouleau n. 2 sur les lisses paires.

Le premier coup lève les lisses n. 1, 4, 6 et 10; le deuxième, les lisses n. 2, 6, 7, 8 et 10; le troisième, les lisses n. 2, 3, 4, 8 et 10; le quatrième, les lisses n. 2, 4, 6, 9 et 10; le cinquième, les n. 2, 4, 5, 6 et 8.

L'armure est amalgamée; elle se fait dessus ou des-

ÉTOFFES A DOUBLE FACE. 239

sous, et *vice versâ*, comme toutes les armures double face; seulement il convient de préférer la combinaison qui lève le nombre de lisses le moins grand.

ARMURE FOND FILOCHE DESSUS ET DESSOUS.

388. Les tissus confectionnés d'après cette combinaison sont ourdis sur une seule chaîne, remettage en deux corps, sur seize lisses; savoir, huit pour le premier corps, et huit pour le deuxième. Chaque armure a ainsi son corps particulier.

Le premier fil est passé sur la lisse n. 1 du premier corps; le deuxième, sur la lisse n. 1 du deuxième corps; le troisième fil, sur la lisse n. 2 du premier corps; le quatrième, sur la lisse n. 2 du deuxième corps, en suivant ainsi sur les seize lisses jusqu'à la fin du cours.

Le premier coup lève les lisses n. 4, 5, 10, 11, 12, 13, 14 et 15; le deuxième, les lisses n. 3, 6, 9, 11, 12, 13, 14 et 16; le troisième, les lisses n. 2, 7, 9, 10, 12, 13, 15 et 16; le quatrième, les lisses n. 1, 8, 9, 10, 11, 14, 15 et 16; le cinquième, les mêmes lisses que le quatrième; le sixième, les mêmes que le troisième; le septième, les mêmes que le deuxième; et le huitième, les mêmes que le premier.

Il faut, par cette combinaison d'armure, que les cordons *gros-de-Tours* de la pièce soient contresemplés, afin de retenir la trame, qui s'en retournerait aux coups où lèvent les mêmes lisses.

ARMURE TAFFETAS 6 LISSES D'UN CÔTÉ, ET SERGÉ 3 LISSES DE L'AUTRE.

389. Les tissus faits d'après cette combinaison sont ourdis sur deux chaînes, la chaîne sergée, en double. Ils

se font sur neuf lisses, dont six pour le corps taffetas, et trois pour le corps sergé. Le rapport d'armure est de six coups. Remettage : 2 fils taffetas passés sur la première et la deuxième lisses. Corps taffetas : 1 fil sergé sur la première lisse corps sergé ; 2 fils taffetas suivis sur les troisième et quatrième lisses (premier corps), et un fil sergé sur la lisse n. 2 (deuxième corps); 2 fils taffetas suivis sur les cinquième et sixième lisses (premier corps); un fil sergé sur la lisse n. 3 (deuxième corps).

Le premier coup lève les lisses n. 1, 3, 5 et 7 ; le deuxième, les lisses n. 2, 4, 6 et 8; le troisième, les lisses n. 1, 3, 5 et 9; le quatrième, les mêmes lisses que le premier; le cinquième, les mêmes que le deuxième, et le sixième, les mêmes que le troisième.

ARMURE SERGÉ D'UN CÔTÉ ET CANNELÉ DE L'AUTRE.

390. Pour cette combinaison, l'ourdissage de la chaîne est en sergé pour 2/3, et pour 1/3 en cannelé ; c'est-à-dire que s'il y a 6400 fils simples pour le rouleau sergé, il y en aura 3200 doubles pour le rouleau cannelé; les deux chaînes sergé et cannelé sont ourdies séparément.

Remettage sur six lisses, en deux corps, savoir, quatre lisses pour le corps sergé, et deux pour le corps cannelé. Le rapport d'armure est de quatre coups.

Les 4 premiers fils du rouleau sergé chaîne simple sont remis suivis sur le premier corps (sergé); le premier et le deuxième fils du rouleau cannelé, chaîne double, sont également remis suivis sur les deux premières lisses du deuxième corps (cannelé) ; et on recommence par les quatre fils du premier corps, remis suivis.

ÉTOFFES A DOUBLE FACE.

Le premier coup lève les lisses n. 1 du premier corps et n. 1 du deuxième ; le deuxième coup, la lisse n. 2 du premier corps et la lisse n. 1 du deuxième corps ; le troisième coup lève la lisse n. 3 du premier corps et la lisse n. 2 du deuxième ; le quatrième lève la lisse n. 4 du premier corps et la lisse n. 2 du deuxième corps.

Presque toutes les armures peuvent se superposer, c'est-à-dire produire leur effet une d'un côté, une de l'autre. Seulement, à l'égard des armures dont le nombre de passées n'est pas le même pour le rapport, il faut les répéter jusqu'à ce qu'elles arrivent à s'accorder. Ainsi, pour la Levantine dont le rapport d'armures est de quatre coups, et pour le satin six lisses dont le rapport est de six coups, il faudra peindre trois fois l'armure de quatre et deux fois l'armure de six, pour les faire arriver à passées égales. Ceci peut s'appliquer à toutes les diverses combinaisons de ce genre.

On fait également des armures satin d'un côté, et cannelé de l'autre ; comme aussi des armures sergé d'un côté et Batavia de l'autre.

TAFFETAS RAYÉ D'UN CÔTÉ, ET TAFFETAS UNI DE L'AUTRE.

391. Ce tissu est ourdi sur deux rouleaux ; il pourrait l'être cependant sur un seul, mais deviendrait beaucoup plus difficile, parce que l'ourdisseuse serait sujette à commettre souvent des erreurs, attendu qu'il y a un pas *uni* et un pas *à dispositions*.

Il est tissé sur deux corps de remisses, dont chacun comporte six lisses.

La combinaison d'armure pour le taffetas dont nous parlons en ce moment est la même que celle qui sert à la confection du taffetas à double face et à deux trames, que nous avons décrit à la page 86 (3ᵉ livraison).

TAFFETAS UNI D'UN CÔTÉ, ET ÉCOSSAIS DE L'AUTRE.

392. Nous n'avons rien à ajouter à ce qui est indiqué ci-dessus par rapport à l'ourdissage, car il se fait dans les mêmes conditions.

Pour le tissage, il faut que le corps de lisses où sont passés les fils *écossais* se fasse *l'endroit dessus*, afin de rendre plus facile le travail de l'ouvrier, et de lui permettre de *quadriller* son tissu *en travers* par la trame, de même qu'en longueur par la chaîne.

La même combinaison d'armure que celle du taffetas à double face et à deux trames, est aussi employée pour ce genre de tissu.

TAFFETAS ÉCOSSAIS AVEC SUPERPOSITION DE GAZE.

393. Ce genre de taffetas doit être ourdi sur deux rouleaux. La chaîne taffetas comporte 100 fils doubles au centimètre; la chaîne crue, pour le second corps, doit être d'un organsin cru marabout très-fin, du titre de 18 à 20 deniers, et comporter 100 fils simples au centimètre.

Remettage amalgamé sur huit lisses; un fil double est passé sur les lisses impaires pour le premier corps; et le fil simple de la chaîne crue, sur les lisses paires pour le second corps; et en suivant ainsi jusqu'à la fin du cours.

Le rapport d'armure est de quatre coups.

Le premier coup lève les lisses n. 1 et 3 du premier corps, et les lisses n. 1, 2, 3 et 4 du deuxième corps, à la première passée de trame cuite, qui constitue la pièce de dessous. Le deuxième coup lève les lisses n. 1 et 3 du deuxième corps, la première passée de trame s'effectuant en organsin cru, de même matière que la chaîne. Le troisième coup lève les lisses n. 2 et 4 du premier corps (taffetas), et les lisses n. 1, 2, 3 et 4 du deuxième corps (gaze). Le quatrième coup lève les lisses n. 2 et 4 du deuxième corps (gaze). Il faut observer que pour lier la gaze au corps d'étoffe, quatre fils crus du deuxième corps doivent être pris sur le corps gaze, et placés de distance en distance sur un troisième corps de lisses. Ces fils seront liés avec le corps de dessous pour faire taffetas d'intervalle en intervalle, ainsi qu'on le jugera convenable, et dans l'écartement d'un centimètre; écartement qui doit être le même que celui qui a été disposé par la chaîne. De sorte que ces fils ainsi liés, et qui forment un troisième corps de lisses, fonctionneront à tour et rang; savoir : la première lisse de ce troisième corps avec la première du deuxième; la deuxième avec la seconde du deuxième corps; la troisième avec la troisième du deuxième; et la quatrième avec la quatrième du deuxième corps. De cette manière, ces fils reprennent leur place dans le corps d'étoffe taffetas-gaze. Par suite de cette combinaison, il y a en réalité douze lisses au lieu de huit. Ce tissu se confectionne à l'aide d'une mécanique d'armure, à cause de l'adaption des *petits points.*

Le taffetas Ecossais avec superposition de gaze est employé pour robes; il exige par conséquent des couleurs vives, pour produire tout l'effet nécessaire sous le corps gaze, afin de mieux faire ressortir le corps taffetas.

TAFFETAS UNI EN COULEURS PURES, RECOUVERT D'UNE CHAÎNE GAZE.

394. L'ourdissage et le remettage de ce tissu doivent être entendus absolument de même que dans l'article qui précède.

Il peut également se faire en gaze de couleur sur fond blanc.

TISSU FOND SATIN RECOUVERT D'UN CORPS GAZE.

395. La chaîne satin est ourdie sur un rouleau et la chaîne gaze sur un autre.

Remettage sur huit lisses pour le corps satin et deux lisses pour le corps gaze. La réduction de chaîne pour le satin doit comporter 200 fils simples au centimètre; celle de la chaîne pour la gaze faisant le dessus de l'étoffe, comporte 50 fils au centimètre.

Les 4 premiers fils satin sont remis suivis sur les 4 premières lisses du premier corps (satin); un fil cru est remis sur la première du deuxième corps (gaze); puis 4 autres fils satin sont remis suivis sur les 4 dernières lisses du premier corps; et un fil cru est remis sur la deuxième lisse du deuxième corps.

Dans cette combinaison, le rapport d'armure est de 12 coups.

Les deux premiers coups en satin huit lisses; le troisième coup en gaze-taffetas; le quatrième et le cinquième en satin; le sixième en gaze; le septième et le huitième en satin; le neuvième en gaze; le dixième et le onzième en satin, et le douzième en gaze.

Par conséquent le corps satin marche par deux coups successivement.

Il convient pour ce tissu de faire le satin l'endroit dessus; mais la gaze étant superposée, ce système permettra de surveiller plus facilement la bonne fabrication de l'étoffe.

Les tissus fond satin recouverts d'un corps de gaze sont employés pour robes.

Pour le liage de la gaze au corps d'étoffe satin, on devra avoir soin d'observer les mêmes indications que nous avons données à l'article taffetas écossais avec superposition de gaze.

TISSU SATIN ÉCOSSAIS AVEC SUPERPOSITION DE GAZE BLANCHE.

396. L'ourdissage et le remettage de ce tissu doivent être entendus de même que pour ce qui concerne l'article précédent.

Il en est de même de toutes les conditions de tissage et de rapport d'armure. Nous n'aurons donc rien à ajouter aux indications ci-dessus; seulement, comme l'étoffe dont nous parlons en ce moment est destinée pour robes, elle exige des couleurs très-vives, afin de produire plus d'effet.

GAZE BLANCHE ET GAZE DE COULEUR, L'UNE SUPERPOSÉE A L'AUTRE.

397. L'ourdissage peut se faire sur un seul rouleau. Remettage en deux corps sur huit lisses, dont quatre pour chaque corps.

Le premier fil de couleur est remis sur la lisse n. 1 du premier corps; le premier fil blanc, sur la lisse n. 1 du deuxième corps; le deuxième fil de couleur, sur la lisse n. 2 du premier corps; le deuxième fil blanc, sur la lisse n. 2 du deuxième corps; et on continue de la sorte jusqu'à la fin du cours.

Ce tissu se fait à 2 fils en dent sur un peigne de la réduction de 50 dents au centimètre.

Le rapport d'armure est de quatre coups. Le premier lève les lisses n. 1 et 3 du premier corps, et les lisses 1, 2, 3 et 4 du deuxième; le deuxième coup lève les lisses

n. 1 et 3 du deuxième corps; le troisième coup lève les lisses n. 2 et 4 du premier corps, et les lisses n. 1, 2, 3 et 4 du deuxième corps; le quatrième coup lève les lisses n. 2 et 4 du deuxième corps.

Les combinaisons relatives au liage des deux gazes sont les mêmes que celles précédemment indiquées pour le liage du corps taffetas et corps satin, avec superposition de gaze. C'est-à-dire qu'il faut détacher quatre fils de l'un des corps pour les appliquer à un troisième, que lient les deux gazes, le tout comme nous l'avons dit plus haut : (Taffetas écossais avec superposition de gaze).

Il convient d'observer, à l'égard de ce tissu, que la réduction de trame et celle de chaîne doivent être les mêmes ; c'est-à-dire que cette réduction est carrée. La chaîne et la trame doivent aussi être de même matière.

On peut faire ce tissu avec un corps organsin cuit et un corps organsin cru, en couleurs pures, parce que l'effet brillant résiste à l'effet mat, et que l'opposition se produit.

On le fait aussi en couleur cuite pour une gaze, et en couleur crue pour l'autre.

Enfin, en camoyeux, c'est-à-dire vert foncé pour une gaze, et vert clair pour l'autre.

Le tissu que nous venons de décrire est destiné à des robes de bals et de soirées. On l'emploie aussi pour modes. Il produit des effets de moire, par la simple superposition des deux tissus.

OBSERVATIONS SUR LES ÉTOFFES A DOUBLE FACE FORMÉE PAR UNE MÊME ARMURE ET SUR DEUX REMISSES.

On verra que les armures ainsi désignées ne diffèrent de celles sur un seul remisse, qu'en ce que le remettage étant établi sur deux remisses, chacun d'eux confectionne du tissu la face qui lui est spéciale.

Quoique cette dernière méthode exige un remettage interrompu au lieu d'un remettage suivi, elle a néanmoins la préférence sur la précédente, en ce qu'elle occasionne moins de frottement, et de plus a encore l'avantage de supprimer l'amalgamage des deux armures nécessaires à la formation des étoffes sans envers. Si dans toutes ces figures on suit attentivement la levée des lisses à chaque marche, on remarquera que chaque duite passe dessous la plus forte partie de la chaîne qui forme le dessus de l'étoffe, tandis que cette même duite ne lie que la plus faible partie de l'étoffe de dessous. Cet examen explique comment chaque côté des tissus produit un semblable effet de chaîne, et, au moyen de l'ourdissage par un et un, peuvent aussi être formés de couleurs différentes, bien que l'un et l'autre soient tissés par une seule et même trame; mais nous ferons remarquer qu'en faisant l'ourdissage sus mentionné, soit, par exemple, noir dessus et blanc dessous, et que le tissage ait lieu par une trame noire, le côté de dessus sera d'un noir parfait, tandis que le dessous ne sera pas d'un blanc proportionnellement aussi pur; le cas contraire arriverait si le tissage avait lieu par une trame blanche. Il est donc de toute nécessité que lorsqu'on fait l'application de deux couleurs de chaîne, il ne faut employer que des armures et des réductions capables de donner de la couverture à l'étoffe; seul moyen d'éviter au tissu la transpiration qu'une nuance contraire pourrait produire sur la face opposée.

OBSERVATIONS SUR LES ÉTOFFES A DOUBLE FACE, FORMÉES PAR DES ARMURES DIFFÉRENTES.

Quoique ces sortes de dispositions exigent plus de difficultés que les précédentes, on y arrive néanmoins encore facilement en ayant soin de n'employer que des armures dont les nombres de fils composant chaque course soient ou semblables ou bien sous-multiples l'une de l'autre. Dans le premier cas, elles peuvent être formées par un seul remisse, et dans le second on en emploie deux ou plus, selon la nécessité des circonstances; un point essentiel, c'est de disposer les armures de ces genres de tissus de manière que la prise ou le liage d'un côté quelconque corresponde le plus près possible au milieu des brides adjacentes qui appartiennent à l'autre côté du tissu. Cette condition est principalement de rigueur, toutes les fois que les deux côtés de l'étoffe sont formés d'une couleur opposée. Il est tout naturel que les tissus à double face soient faits dans des conditions de réduction de chaîne, double de celle des tissus ordinaires. Ce que nous venons de dire pour les tissus à deux faces par effet de chaîne, s'applique également aux tissus à double face par effet de trame. Dans cette circonstance, c'est la réduction de la trame qui augmente, au lieu de celle de la chaîne; et pour obtenir deux faces par effets de couleurs opposées, il convient de passer alternativement un coup de trame d'une couleur et un coup de trame d'une autre, et ainsi de suite.

OBSERVATIONS SUR LES ÉTOFFES DOUBLES.

Quoique les dispositions pour le montage d'un métier destiné à la fabrication des étoffes doubles aient beaucoup d'analogie avec celles des tissus sans envers, l'étoffe qui en résulte en diffère cependant d'une manière très-sensible.

Les étoffes doubles peuvent être confectionnées, aussi bien dans toute leur largeur qu'accidentellement. Dans le premier cas, elles produisent l'effet d'un fourreau où manchon continu, tandis que dans le second elles procurent des convexes unis ou façonnés, réguliers ou irréguliers. Dans l'un et dans l'autre cas on peut indistinctement faire l'application d'une armure semblable ou différente pour chaque étoffe, en observant toutefois de combiner les dispositions d'armures et de remettage de telle sorte que les deux envers soient toujours placés l'un contre l'autre, c'est-à-dire renfermés dans l'intérieur des deux étoffes.

Il est à remarquer que les étoffes doubles exigent indubitablement le double des marches employées pour les tissus ordinaires, puisque, d'après le principe qui sert de base pour ce genre de fabrication, chaque étoffe a ses marches spéciales; d'où il résulte que si les marches paires forment l'étoffe de dessus, les marches impaires forment celle de dessous, ainsi qu'il est facile de s'en rendre compte.

Dans les désignations d'armures, on remarquera aussi que la chaîne supérieure lève entièrement lors du passage de la navette dans la chaîne inférieure, et que celle-ci reste entièrement en fond lors du coup de trame dans la chaîne supérieure.

Comme pour ce genre de tissu l'ourdissage a ordinairement lieu par un fil d'une couleur et un fil de l'autre, le tissage alors est aussi exécuté par l'emploi de deux trames de couleurs différentes passées alternativement.

ARMURES DIVERSES.

ARMURE ISABELLE.

398. Le tissu ainsi dénommé se fait sur huit lisses et six coups au rapport d'armure; remettage suivi; ourdissage et chaîne simple et sur un seul rouleau. La réduction de chaîne comporte 100 fils doubles au centimètre; celle de la trame doit être de 80 coups au centimètre.

Le premier coup lève les lisses n. 1 et 5; le deuxième, les lisses n. 2 et 6; le troisième, les n. 4 et 8; le quatrième, les n. 3 et 7; le cinquième, les n. 4 et 8; et le sixième, les n. 2 et 6.

Le tissu armure Isabelle est employé pour articles *robes*.

ARMURE VICTORIA.

399. Pour ce tissu l'ourdissage est en chaîne double ou triple; ourdi sur un seul rouleau; réduction 80 fils au centimètre. Il se fait sur huit lisses. Le rapport d'armures de huit coups. Le premier coup lève les lisses 2, 3, 7 et 8; le deuxième coup, les lisses n. 3, 4, 6 et 7; le troisième coup, les lisses n. 4, 5, 7 et 8; le quatrième coup, les lisses n. 1, 3, 4 et 8; le cinquième coup, les lisses n. 1, 2, 6 st 7; le sixième coup, les lisses n. 2, 3, 5 et 6; le septième coup, les lisses, n. 1, 2, 4 et 5; le huitième coup, les lisses n. 1, 5, 6 et 8.

Cette armure se fait pour robes, cravates, et pour modes. Son caractère se prête aux articles à dispositions accompagnés de bandes satin cannelées, etc.; et surtout en glacés, où la trame produit son effet par moitié, et par conséquent les deux tons dominent par égale proportion.

ARMURE DONA MARIA.

400. Ce tissu s'ourdit sur une seule chaîne; réduction de 80 fils doubles ou simples au centimètre, et s'emploie également pour robes, cravates, châles soie et articles modes. L'armure se fait sur huit lisses, et le rapport d'armure, douze coups. Le premier coup lève les lisses n. 1, 2, 3 et 4; le deuxième coup, les lisses n. 1, 2, 3 et 4; le troisième coup lève les lisses n. 1, 2, 5 et 6; le quatrième coup, les n. 5, 6, 7 et 8; le cinquième coup, les n. 5, 6, 7 et 8; le sixième coup, les n. 3, 4, 7 et 8; le septième coup, les n. 1, 2, 3 et 4; le huitième coup, les n. 1, 2, 3 et 4; le neuvième coup, les n. 1, 2, 5 et 6; le dixième coup, les n. 5, 6, 7 et 8; le onzième coup, les n. 5, 6, 7 et 8; le douzième coup, les n. 3, 4, 7 et 8.

Cette armure est susceptible d'un léger apprêt, et se marie très-bien également avec bandes de satin et effets cannelés.

ARMURE PIÉMONTAISE.

401. Ce tissu est une espèce de sergé qui s'ourdit sur une seule chaîne, réduction de 80 fils doubles au centimètre. Il se fait sur douze lisses, et douze coups pour le rapport de l'armure.

Le premier coup lève les lisses n. 2, 3 et 8; le deuxième, la lisse n. 1, 2 et 9; le troisième, les n. 4, 5 et 10; le quatrième, les n. 3, 4 et 11; le cinquième, les n. 6, 7 et 12; le sixième, les n. 1, 5 et 6; le septième, les n. 2, 8 et 9; le huitième, les n. 3, 7 et 8; le neuvième, les n. 4, 10 et 11; le dixième, les n. 5, 9 et 10; le onzième, les n. 1, 6 et 12; le douzième, les n. 7, 11 et 12.

Cette armure s'emploie pour robes et gilets, et se fait ordinairement pour la main, c'est-à-dire sans apprêt.

ARMURE REPS VARIÉ PAR LA CHAÎNE.

402. Ce tissu s'ourdit sur un seul rouleau, en chaîne double, réduction de 50 fils au centimètre. L'effet de cette armure se produit par la chaîne qui fait l'effet d'un poil traînant à l'endroit. L'armure se fait sur quatre lisses et douze coups pour le rapport d'armure.

Le premier coup lève la lisse n. 1; le deuxième, le n. 3; le troisième, le n. 1; le quatrième, le n. 3; le cinquième, le n. 1; le sixième, le n. 3; le septième, le n. 2; le huitième, le n. 4; le neuvième, le n. 2; le dixième, le n. 4; le onzième, le n. 2; le douzième, le n. 4.

Ce tissu s'emploie pour robes et articles modes. Il s'apprête légèrement, vu son peu de consistance.

ARMURES SATINÉES COUPÉES SANS ENVERS.

403. Ce tissu s'ourdit sur un seul rouleau, chaîne simple; réduction de 180 fils au centimètre. Cette armure se fait sur seize lisses, et trente-deux coups pour le rapport d'armures.

Le premier coup lève les lisses n. 1, 2, 3, 4, 9, 10, 11 et 12; le deuxième, les n. 3, 4, 5, 6, 11, 12, 13 et 14; le troisième, les n. 5, 6, 7, 8, 13, 14, 15 et 16; le quatrième, les n. 1, 2, 7, 8, 9, 10, 15 et 16; le cinquième, les

ARMURES DIVERSES. 253

n. 1, 2, 3, 4, 9, 10, 11 et 12; le sixième, les n. 3, 4, 5, 6, 11, 12, 13 et 14; le septième, les n. 5, 6, 7, 8, 13, 14, 15 et 16; le huitième, les n. 1, 2, 7, 8, 9, 10, 15 et 16; le neuvième, les n. 3, 4, 5, 6, 11, 12, 13 et 14; le dixième, les n. 5, 6, 7, 8, 13, 14, 15 et 16; le onzième, les n. 1, 2, 7, 8, 9, 10, 15 et 16; le douzième, les n. 1, 2, 3, 4, 9, 10, 11 et 12; le treizième, les n. 3, 4, 5, 6, 11, 12, 13 et 14; le quatorzième, les n. 5, 6, 7, 8, 13, 14, 15 et 16; le quinzième, les n. 1, 2, 7, 8, 9, 10, 15 et 16; le seizième, les n. 1, 2, 3, 4, 9, 10, 11 et 12; le dix-septième, les n. 5, 6, 7, 8, 13, 14, 15 et 16; le dix-huitième, les n. 1, 2, 7, 8, 9, 10, 15 et 16; le dix-neuvième, les n. 1, 2, 3, 4, 9, 10, 11 et 12; le vingtième; les n. 3, 4, 5, 6, 11, 12, 13 et 14; le vingt-unième, les n. 5, 6, 7, 8, 13, 14, 15 et 16; le vingt-deuxième, les n. 1, 2, 7, 8, 9, 10, 15 et 16; le vingt-troisième, les n. 1, 2, 3, 4, 9, 10, 11 et 12; le vingt-quatrième, les n. 3, 4, 5, 6, 11, 12, 13 et 14; le vingt-cinquième, les n. 1, 2, 7, 8, 9, 10, 15 et 16; le vingt-sixième, les n. 1, 2, 3, 4, 9, 10, 11 et 12; le vingt-septième, les n. 3, 4, 5, 6, 11, 12, 13 et 14; le vingt-huitième, les n. 5, 6, 7, 8, 13, 14, 15 et 16; le vingt-neuvième, les n. 1, 2, 7, 8, 9, 10, 15 et 16; le trentième, les n. 1, 2, 3, 4, 9, 10, 11 et 12; le trente-unième, les n. 3, 4, 5, 6, 11, 12, 13 et 14; le trente-deuxième, les n. 5, 6, 7, 8, 9, 10, 15 et 16.

Cet article se fait pour gilets et pour robes, et ne s'apprête pas, comme tous les articles sans envers.

ARMURE ÉCAILLE.

404. Ce tissu s'ourdit sur une seule chaîne à fils doubles, réduction de 100 fils au centimètre, sur six lisses et trente-deux coups au rapport d'armure; remis suivis.

Le premier coup lève la lisse n. 6; le deuxième coup,

les n. 5 et 4 ; le troisième, le n. 6 ; le quatrième, les n. 5 et 4 ; le cinquième, le n. 3 ; le sixième, les n. 1 et 2 ; le septième, le n. 3 ; le huitième, les n. 1 et 2 ; le neuvième, le n. 6 ; le dixième, les n. 5 et 4 ; le onzième, le n. 6 ; le douzième, les n. 4 et 5 ; le treizième, le n. 3 ; le quatorzième, les n. 1 et 2 ; le quinzième, le n. 3 ; le seizième, les n. 1 et 2 ; le dix-septième, les n. 2 et 3 ; le dix-huitième, le n. 4 ; le dix-neuvième, les n. 2 et 3 ; le vingtième, le n. 4 ; le vingt-unième, les n. 5 et 6 ; le vingt-deuxième, le n. 1 ; le vingt-troisième, les n. 5 et 6 ; le vingt-quatrième, le n. 1 ; le vingt-cinquième, les n. 2 et 3 ; le vingt-sixième, le n. 4 ; le vingt-septième, les n. 2 et 3 ; le vingt-huitième, le n. 4 ; le vingt-neuvième, les n. 5 et 6 ; le trentième, le n. 1 ; le trente-unième, les n. 5 et 6 ; le trente-deuxième, le n. 1.

Ce tissu s'emploie pour robes et pour modes. Cet article s'apprête ordinairement.

ARMURE TAFFETAS CARREAUTÉ FLOTTÉ.

405. Cet article s'ourdit sur une seule chaîne double, sur douze lisses, et dix coups par le rapport d'armure, réduction de cinquante fils doubles au centimètre ; remis suivis.

Le premier coup lève la lisse n. 1, 3 et 5 ; le deuxième, les n. 2, 4 et 6 ; le troisième, les n. 1, 3 et 5 ; le quatrième, les n. 2, 4 et 6 ; le cinquième, les n. 1, 3, 5, 7, 9 et 11 ; le sixième, les n. 8, 10 et 12 ; le septième, les n. 7, 9 et 11 ; le huitième, les n. 8, 10 et 12 ; le neuvième, les n. 7, 9 et 11 ; le dixième, les n. 2, 4, 6, 8, 10 et 12.

Ce tissu s'applique aux articles modes et à dispositions, et s'apprête ordinairement.

ARMURES DIVERSES.

SATIN TULLE.

406. Ce tissu s'ourdit en deux chaînes; largeur, 60 centimètres. Premier rouleau : 7,200 fils doubles vert anglais; deuxième rouleau : 960 fils triple blanc.

Lissage, huit lisses satin de 900 mailles chaque; deux lisses de 450 mailles chaque pour tulle; remis suivis; huit fils satin sur les huit premières lisses du rouleau n. 1, et un fil sur la lisse n. 9 du rouleau n. 2, pour l'effet tulle; ensuite, huit fils rouleau n. 1 sur les huit premières lisses satin, passée suivie, et un fil du rouleau n. 10 sur la dixième lisse tulle passée au peigne à neuf fils par dent par huit fils satin et un fil tulle.

Le premier coup lève les lisses n. 2 et 9; le deuxième, les n. 5 et 9; le troisième, les n. 8 et 9; le quatrième, les n. 3 et 9; le cinquième, les n. 6 et 9; le sixième, les n. 1 et 9; le septième, les n. 4 et 9; le huitième, les n. 7, 1 et 9; le neuvième, les n. 1, 2, 3, 4, 5, 6, 7 et 8; le dixième, les n. 2 et 10; le onzième, les n. 5 et 10; le douzième, les n. 8 et 10; le treizième, les n. 3 et 10; le quatorzième, les n. 6 et 10; le quinzième, les n. 1 et 10; le seizième, les n. 4 et 10; le dix-septième, les n. 7 et 10; le dix-huitième, les n. 1, 2, 3, 4, 5, 6, 7 et 8.

Ce tissu s'emploie pour robes, modes et articles de goût.

ARMURE GEORGIENNE.

407. Ce tissu s'ourdit sur une seule chaîne, sur seize lisses, remis suivis; seize coups pour le rapport d'armure; réduction, 100 fils doubles au centimètre.

Le premier coup lève les lisses n. 6, 8, 10, 12, 14 et 16; le deuxième, les n. 1, 3, 5, 11, 13 et 15; le troisième, les n. 2, 4, 6, 8, 10 et 16; le quatrième, les n. 5, 7, 9, 11, 13 et 15; le cinquième, les n. 2, 4, 10, 12, 14 et 16; le sixième, les n. 1, 3, 5, 7, 9 et 15; le septième, les n. 4, 6, 8, 10, 12 et 14; le huitième, les n. 1, 3, 9, 11, 13 et 15; le neuvième, les n. 2, 4, 6, 8, 14 et 16; le dixième, les n. 3, 5, 7, 9, 11 et 13; le onzième, les n. 2, 8, 10, 12, 14 et 16; le douzième, les n. 1, 3, 5, 7, 13 et 15; le treizième, les n. 2, 4, 6, 8, 10 et 12; le quatorzième, les n. 1, 7, 9, 11, 13 et 15; le quinzième, les n. 2, 4, 6, 12, 14 et 16; le seizième, les n. 1, 3, 5, 7, 9 et 11.

Ce tissu s'emploie pour robes, cravates et articles modes.

GEORGIENNE VARIÉE.

408. Même entente de réduction pour la chaîne que le tissu précédent, sur dix lisses, et dix coups pour le rapport d'armures; remis suivis.

Le premier coup lève les lisses n. 1, 3, 5 et 7; le deuxième, les n. 2, 4, 8 et 10; le troisième coup, les n. 1, 5, 7 et 9; le quatrième, les n. 2, 4, 6 et 8; le cinquième, les n. 1, 3, 5 et 9; le sixième, les n. 2, 6, 8 et 10; le septième, les n. 3, 5, 7 et 9; le huitième, les n. 2, 4, 6 et 10; le neuvième, les n. 1, 3, 7 et 9; le dixième, les n. 4, 6, 8 et 10.

Même application que la première.

ARMURE ORIENTALE.

409. Pour ce tissu la chaîne s'ourdit double ou triple sur un seul rouleau; remis suivis sur dix-huit lisses; dix-huit coups au rapport d'armures; réduction, 100 fils au centimètre.

Le premier coup lève les lisses n. 1, 2, 6, 8, 12, 13, 14, 16 et 18; le deuxième, les n. 1, 5, 6, 7, 9, 11, 12, 13 et 17; le troisième, les n. 2, 4, 5, 6, 10, 12, 16, 17 et 18; le quatrième, les n. 3, 5, 9, 10, 11, 13, 15, 16 et 17; le cinquième, les n. 2, 3, 4, 6, 8, 9, 10, 14 et 16; le sixième, les n. 1, 2, 3, 7, 9, 13, 14, 15 et 17; le septième, les n. 2, 6, 7, 8, 10, 12, 13, 14 et 18; le huitième, les n. 1, 3, 5, 6, 7, 11, 13, 17 et 18; le neuvième, les n. 4, 6, 10, 11, 12, 14, 16, 17 et 18; le dixième, les n. 3, 4, 5, 7, 9, 10, 11, 15 et 17; le onzième, les n. 2, 3, 4, 8, 10, 14, 15, 16 et 18; le douzième, les n. 1, 3, 7, 8, 9, 11, 13, 14 et 15; le treizième, les n. 1, 2, 4, 6, 7, 8, 12, 14 et 18; le quatorzième, les n. 1, 5, 7, 11, 12, 13, 15, 17 et 18; le quinzième, les n. 4, 5, 6, 8, 10, 11, 12, 16 et 18; le seizième, les n. 1, 3, 4, 5, 9, 11, 15, 16 et 17; le dix-septième, les n. 2, 4, 8, 9, 10, 12, 14, 15 et 16; le dix-huitième, les n. 1, 2, 3, 5, 7, 8, 9, 13 et 15.

Cette armure peut se faire en glacé, et s'emploie pour gilets et pour robes. La moitié de l'effet se produit par la trame, et par la chaîne on fait un tramé cuit. Cette armure est sans envers.

ARMURE CANNETILLÉE.

410. Ce tissu s'ourdit sur deux chaînes; la première compose la toile; la seconde fait le cannetillé. Le cannetillé ressemble à un cannelé contre-semplé. Le remettage se fait sur huit lisses, dont quatre lisses de toile, deux pour le premier effet cannetillé, et les deux autres pour le deuxième effet cannetillé. Il y a huit coups pour le rapport d'armure; réduction de chaîne de 128 fils au centimètre; passée au peigne à huit fils en dent sur une réduction de seize dents au centimètre. La toile

est ourdie par fil simple; le cannetillé qui compose la deuxième chaîne est ourdi par fil double, remis de la manière suivante :

Le premier fil sur la lisse n. 1 pris sur le rouleau n. 1; le deuxième fil du rouleau n. 2 sur la lisse n. 7; le troisième fil du rouleau n. 1 passé sur la lisse n. 2; le quatrième fil du rouleau n. 2 passé sous la lisse n. 8; le cinquième fil du rouleau n. 1 passé sur la lisse n. 3; le sixième fil, rouleau n. 2 passé sur la lisse n. 7; le septième fil rouleau n. 1 passé sur la lisse n. 4; le huitième fil, rouleau n. 2 passé sur la lisse n. 8. On continuera ainsi de suite trois fois jusqu'à trente-deux fils.

Premier fil du rouleau n. 1 passé sur la lisse n. 1; deuxième fil rouleau n. 2 passé sur la lisse n. 5; troisième fil rouleau n. 1 passé sur la lisse n. 2; quatrième fil rouleau n. 2 passé sur la lisse n. 6; cinquième fil rouleau n. 1 passé sur la lisse n. 3; sixième fil rouleau n. 2 passé sur la lisse n. 5; septième fil rouleau n. 1 passé sur la lisse n. 4; huitième fil rouleau n. 2 passé sur la lisse n. 6, et ainsi de suite jusqu'à trente-deux fils, qui portent le rapport à quatre fois; ensuite on recommencera par les trente-deux premiers.

Le premier coup lève les lisses n. 1 et 3; le deuxième, les n. 2 et 4; le troisième, les n. 1, 3, 5 et 6; le quatrième, les n. 2, 4, 5 et 6; le cinquième, les n. 1 et 3; le sixième, les n. 2 et 4; le septième, les n. 1, 3, 7 et 8; le huitième, les n. 2, 4, 7 et 8.

Cette armure s'applique aux articles à dispositions pour robes, gilets, et principalement aux articles meubles.

SATIN A FILS TIRÉS.

411. En créant ce genre de satin, on s'est proposé de l'employer pour chapeaux de dames appelés *calèches*. Ce tissu se compose de six ou huit gros fils placés de deux en deux dents sur un fond taffetas, et d'une partie d'environ 3 centimètres corps d'étoffe satin. Par suite de cette combinaison, la modiste n'avait qu'à tirer les gros fils, pour que l'étoffe se plissât d'une manière régulière. Ce genre de tissu obtint une grande vogue, vers 1840, soit en France, soit à l'étranger, parce qu'il fut adopté généralement par la mode. Cette conception assez ingénieuse, parce qu'elle s'adaptait parfaitement à la destination qui lui était fixée d'avance par son auteur, est due à M. *Tuvé*, commissionnaire pour articles modes, et domicilié à Paris. Ce n'est pas, du reste, en cette occasion seulement que M. Tuvé a fait preuve de goût et d'imagination. On lui doit encore le *violet minéral*, le *gris minéral*, et une foule d'autres nuances qui se sont produites successivement, d'année en année. Les essais auxquels M. Tuvé faisait procéder par les teinturiers d'après ses données, ont tous parfaitement réussi.

Nous ne devons pas oublier de mentionner qu'à Lyon ce fut la maison *Maurier et Bernard* qui la première exploita soit le satin à fils tirés, soit les taffetas ombrés, également à fils tirés.

La maison *Champagne et Gariot* traita cet article avec des jours *gaze* et des effets d'armure; et cette innovation produisit un très-heureux effet.

260   ARMURES DIVERSES.

ARMURE DIAMANTÉE, PAR EFFET DE CHAÎNE.

412. Pour le tissu désigné sous le nom d'armure diamantée, l'ourdissage se fait sur un seul rouleau; la réduction de chaîne est de 100 fils doubles au centimètre; celle de trame est de vingt coups au centimètre; remettage suivi, sur douze lisses et huit coups pour le rapport d'armure.

Le premier coup lève les lisses n. 2, 4, 6, 8, 10 et 12; le deuxième, les lisses n. 2, 4, 6, 7, 9, 10 et 12; le troisième, les lisses n. 1, 3, 5, 7, 9 et 11; le quatrième, les lisses n. 1, 3, 4, 6, 8, 10 et 12; le cinquième, les lisses n. 2, 4, 6, 8, 10 et 12; le sixième, les lisses n. 1, 3, 4, 6, 8, 10 et 12; le septième, les lisses n. 1, 3, 5, 7, 9 et 11; le huitième, les lisses n. 2, 4, 6, 7, 9, 10 et 12.

L'armure diamantée est spécialement faite pour articles *gilets*.

ARMURE ORLÉANTINE, PAR EFFET DE CHAÎNE.

413. Pour ce tissu, la réduction de chaîne est de 100 fils doubles au centimètre; la réduction de trame, de 23 coups au centimètre. La chaîne est ourdie sur un seul rouleau; remettage sur huit lisses, ainsi qu'il suit:

Le premier fil sur la lisse n. 8; le deuxième fil sur la lisse n. 7; le troisième, sur la lisse n. 8; le quatrième, sur la lisse n. 7; le cinquième, sur la lisse n. 8; le sixième, sur la lisse n. 7. Six autres fils sont remis de la manière suivante: un sur la lisse n. 6; un sur la lisse n. 5; un sur la lisse n. 4; un sur la lisse n. 3; un sur la lisse n. 2; un sur la lisse n. 1; et on recommence dans le même ordre.

Le rapport d'armure est de six coups. Le premier

coup lève les lisses n. 1 et 7; le deuxième, les lisses n. 2 et 7; le troisième, les lisses n. 3 et 7; le quatrième, les lisses n. 4 et 8; le cinquième, les lisses n. 5 et 8; le sixième, les lisses n. 6 et 8.

Ce tissu s'emploie pour robes. On l'intercalle dans les articles à dispositions.

ARMURE GROS GRAIN ET A CÔTES TRANSVERSALES, PAR EFFET DE POIL.

414. La réduction de chaîne pour le tissu dont il s'agit, est de 80 fils au centimètre; celle de la trame, de 25 coups au centimètre. La chaîne est ourdie sur deux rouleaux avec un même compte de chaîne; un rouleau triple, l'autre simple. Ce dernier est destiné pour la toile.

Remettage suivi sur quatre lisses; un fil de toile sur les lisses n. 2 et 4; le fil de poil sur les lisses n. 1 et 3; et ainsi de suite. Le rapport d'armure est de six coups.

Le premier coup lève la lisse n. 1; le deuxième, la lisse n. 3; le troisième, la lisse n. 1; le quatrième, la lisse n. 3; le cinquième, la lisse n. 1; le sixième, les lisses n. 2 et 4.

Cette étoffe est destinée pour robes. On l'emploie également pour articles *modes*.

VARIÉTÉ DE L'ARMURE GROS GRAIN ET A CÔTES TRANSVERSALES.

415. Ici l'ourdissage se fait par deux chaînes, de compte égal, l'une à fil simple, l'autre à fil double, blanc. La réduction est la même que ci-dessus, soit pour la chaîne, soit pour la trame. Remettage suivi sur quatre lisses, et six coups pour le rapport d'armure.

Le premier coup lève la lisse n. 1 ; le deuxième, la lisse n. 2 ; le troisième, les lisses n. 2 et 4 ; le quatrième, la lisse n. 1 ; le cinquième, la lisse n. 2 ; le sixième, les lisses n. 3 et 4. Les deux coups qui lèvent chacun une lisse, c'est-à-dire le premier, le deuxième, le quatrième et le cinquième, sont tramés de couleur opposée, et les deux coups qui lèvent deux lisses à la fois sont tramés de la même couleur que celle de la chaîne.

ARMURE ROYALE PIQUETÉE SUR DEUX CHAÎNES.

416. La chaîne destinée à la confection de ce tissu est ourdie sur un seul rouleau, mais à deux chaînes, un fil d'une couleur et un fil de l'autre.

Réduction de chaîne, 100 fils doubles au centimètre ; réduction de trame, 32 coups au centimètre. Remettage suivi sur seize lisses ; six coups pour le rapport d'armure.

Le premier coup lève les lisses n. 1, 3, 5, 7, 9, 11, 13 et 15 ; le deuxième, les lisses n. 1, 3, 6, 8, 10, 12 et 14 ; le troisième, les lisses n. 2, 4, 6, 9, 11, 14 et 16 ; le quatrième, les lisses n. 1, 3, 5, 7, 9, 11, 13 et 15 ; le cinquième, les lisses n. 2, 5, 7, 10, 12 et 14 ; le sixième, les lisses n. 2, 4, 6, 8, 10, 13 et 15.

L'armure royale piquetée, qui est d'un joli effet, se fait pour gilets et aussi pour robes.

VARIÉTÉ DE L'ARMURE CI-DESSUS, AUSSI SUR DEUX CHAÎNES.

417. L'ourdissage a lieu dans des conditions identiques à celles qui régissent l'armure précédemment décrite ; même réduction de chaîne et de trame ; le remettage est également suivi, sur seize lisses ; mais le rap-

ARMURES DIVERSES. 263

port d'armure n'est pas le même ; ici, il n'est que de trois coups.

Le premier coup lève les lisses n. 1, 3, 5, 7, 12, 14 et 16 ; le deuxième, les lisses n. 1, 3, 5, 7, 9, 11, 13 et 15 ; le troisième, les lisses n. 2, 4, 6, 8, 10, 12, 14 et 16.

L'emploi de ce tissu est le même que celui du précédent ; c'est-à-dire pour gilets et robes à dispositions.

ARMURE DAMIER, PAR EFFET DE DOUBLE ÉTOFFE.

418. La réduction de chaîne doit comporter 70 fils doubles au centimètre ; celle de trame, 50 coups au centimètre. L'ourdissage a lieu sur une seule chaîne, par un fil d'une couleur et un fil d'une autre. L'étoffe doit être tramée de deux couleurs comme la chaîne, un coup d'une couleur et un de l'autre.

Remettage sur deux corps de remisses de quatre lisses chacun. Le premier fil est passé sur la lisse n. 1 du premier corps ; le deuxième fil sur la lisse n. 2 ; le troisième fil sur la lisse n. 3 ; le quatrième sur la lisse n. 4 ; le cinquième fil sur la lisse n. 1 ; le sixième fil sur la lisse n. 2 ; le septième sur la lisse n. 3 ; le huitième sur la lisse n. 4 ; le neuvième fil sur la première lisse du deuxième corps ; le dixième fil sur la deuxième ; le onzième fil sur la troisième ; le douzième fil sur la quatrième ; le treizième sur la première lisse du deuxième corps ; le quatorzième sur la deuxième ; le quinzième sur la troisième, et le seizième sur la quatrième (toujours du deuxième corps) ; on recommence par 8 fils sur le premier corps, et ainsi de suite, en ayant soin de passer les fils d'une des deux couleurs sur les lisses impaires de chaque corps et les fils de l'autre couleur sur les lisses paires.

264 ARMURES DIVERSES.

Le rapport d'armure comporte seize coups; mais l'étoffe étant sur deux corps, nous n'en désignerons qu'un seul dans l'énonciation des lisses que fait lever chaque coup, et nous suivrons les lisses par numéro d'ordre. Ainsi nous dirons :

Le premier coup lève les lisses n. 1, 5, 6 et 8; le deuxième coup, les lisses n. 1, 2, 3 et 6; le troisième, les lisses n. 3, 6, 7 et 8; le quatrième, les lisses n. 1, 3, 4 et 8; le cinquième, les lisses n. 1, 5, 6 et 8; le sixième, les lisses n. 1, 2, 3 et 6; le septième, les n. 3, 6, 7 et 8; le huitième, les lisses n. 1, 3, 4 et 8; le neuvième coup lève les lisses n. 1, 2, 4 et 5; le dixième, les n. 2, 5, 6 et 7; le onzième, les n. 2, 3, 4 et 7; le douzième, les n. 4, 5, 7 et 8; le treizième, les n. 1, 2, 4 et 5; le quatorzième, les n. 2, 5, 6 et 7; le quinzième, les n. 2, 3, 4 et 7; et le seizième, les n. 4, 5, 7 et 8.

Cet article se confectionne pour robes-foulards. Il a aussi divers autres emplois.

ARMURE LÉONTINE.

419. L'ourdissage se fait sur une seule chaîne, par un fil blanc (double) et un fil pensée (double), en répétant trois fois ces mêmes fils; puis, un fil noir (double) et un fil pensée (double), que l'on répète également trois fois. Réduction de chaîne, 80 fils au centimètre; réduction de trame, 50 coups au centimètre.

Ce tissu doit être en trame cuite, et tramé à deux bouts.

Remettage suivi sur quatre lisses; le rapport d'armure est de huit coups.

Le premier coup lève les lisses n. 2, 3 et 4; le deuxième, les lisses n. 1, 2 et 4; le troisième, les lisses n. 2,

3 et 4 ; le quatrième, les lisses n. 1, 2 et 3 ; le cinquième, les lisses n. 1, 3 et 4 ; le sixième, les lisses n. 1, 2 et 3 ; le septième, les n. 1, 3 et 4 ; le huitième, les n. 1, 2 et 4.

L'armure Léontine est employée pour robes et pour modes.

ARMURE DAMIER DOUBLETÉE PAR EFFET DE CHAÎNE.

420. L'ourdissage s'effectue sur un seul rouleau, et de la manière suivante : un fil noir, un fil blanc ; on répète dix fois ces fils ; puis un fil grenat et un fil blanc, que l'on répète aussi dix fois ; ensuite on recommence dans le même ordre.

Réduction de chaîne, 100 fils au centimètre ; de trame, 40 coups au centimètre.

Le remettage a lieu sur deux corps de lisses de quatre lisses chacun, et de la manière que nous allons indiquer :

Le premier fil est passé sur la lisse n. 1 du premier corps ; le deuxième fil, sur la lisse n. 2 du même corps ; le troisième, sur la lisse n. 3 (toujours du premier corps) ; le quatrième, sur la lisse n. 4 ; ensuite on recommence le même nombre de passées sur le premier corps.

Pour le deuxième corps, le premier fil est passé sur la lisse n. 1 ; le deuxième fil, sur la lisse n. 2 ; le troisième, sur la lisse n. 3, et le quatrième, sur la lisse n. 4 ; puis on reprend, comme pour le premier corps, le même nombre de passées.

Le rapport d'armure est de 14 coups. Le premier coup lève les lisses n. 1, 3 et 7 (1) ; le deuxième coup, les

---

(1) Comme nous l'avons fait pour l'armure damier par effet de double étoffe, nous n'indiquons les levées de lisses que pour un seul corps.

lisses n. 1 et 5; le troisième, les lisses n. 3 et 7; le quatrième, les lisses n. 1 et 5; le cinquième, les n. 3 et 7 ; le sixième, les n. 1 et 5; le septième, les n. 3, 6, 7 et 8; le huitième, les n. 1, 3, 4 et 8; le neuvième, les n. 2 et 6 ; le dixième, les n. 4 et 8 ; le onzième, les n. 2 et 6; le douzième, les n. 4 et 8; le treizième, les n. 2 et 6 ; et le quatorzième, les n. 4, 6 et 8.

On confectionne cet article pour cravates et pour *colliers.*

ARMURE BRIQUETÉE.

421. Ourdissage sur un seul rouleau, par un fil blanc et un fil bleu. Réduction: de chaîne, quatre-vingts fils doubles au centimètre ; de trame, quarante coups au centimètre.

Remettage suivi sur 16 lisses. Les fils blancs sont passés sur les lisses paires, et les fils bleus sur les lisses impaires. Quatre coups pour le rapport d'armure.

Le premier coup lève les lisses n. 1, 3, 5, 7, 9, 11, 13 et 15; le deuxième coup lève les lisses n. 1, 2, 4, 6, 8, 10, 12, 14 et 15; le troisième, les mêmes lisses que le premier ; et le quatrième, les lisses n. 2, 4, 6, 7, 9, 10, 12, 14 et 16.

On fait servir l'étoffe appelée armure briquetée, pour robes, colliers, cravates, et même pour gilets.

ÉTOFFES RAYÉES

PAR COMBINAISONS D'ARMURES, ET AUTRES.

Sous cette dénomination, nous comprenons toutes les étoffes rayées en général : rayées par effets de couleur; rayées par effets d'armures; rayées par une opposition de matières, telles que soie et laine, soie et coton, soie et or, soie et argent, etc., etc.

Dans le nombre des étoffes dites rayées doivent entrer les *Pékins,* qui tirent leur nom de la Chine, d'où ce genre de tissu est originaire, selon toutes probabilités.

Mais avant de donner la désignation des nombreuses variétés qui peuvent se présenter dans les étoffes rayées, par suite des diverses combinaisons que nous énonçons ci-dessus, il n'est pas inutile de jeter un coup d'œil rapide sur les anciens tissus à raies, à bandes, à barres, etc., qui ont été en usage dans les siècles passés. Si, à des époques reculées, la mode était beaucoup moins inconstante et capricieuse que de nos jours, c'était elle pourtant qui introduisait l'usage des tissus destinés soit aux vêtements, soit aux ameublements et tentures, et qui prescrivait les dispositions à donner à ces mêmes tissus. Nous pensons donc que prendre les étoffes rayées à leur origine, les suivre dans les modifications et perfectionnements qu'elles ont subis en traversant les siècles, avant de parvenir au point qu'elles ont atteint de nos jours, sera pour nos lecteurs une agréable diversion et un sujet intéressant.

De tous les dessins usités aux temps de la Chevalerie,

le plus ordinaire était une suite de raies, dont on trouve la mention à chaque instant dans les romanciers de l'époque (1).

On désignait également ce dessin par les épithètes de *vergé*, de *barré*, que l'on appliquait aux étoffes sur lesquelles il était figuré :

> Montés estoit sor un corant destrier,
> Et fu covert d'un vert paile *vergiet*.
> (La Chevalerie. Ogier de Danemarche, t. 1er, p. 180.)

> Gentement fu vestis d'une robe *barrée*.
> (*Li Romans de Baudrien de Seboure*, ch. 1er, t. 1er, p. 29.)

Au XIVe siècle, époque où nous reporte cette dernière citation, le dessin dont il s'agit dut perdre, si ce n'est chez nous, du moins chez nos voisins les Anglais, une partie de la faveur qui lui avait été acpuise jusques-là, généralement. Nous voyons, en effet, dans l'ouvrage de Stow, sous l'année 1352, qu'Adam Frauncins, maire de la ville de Londres, obtint du Parlement un acte en vertu duquel il était interdit aux femmes *notoirement prostituées* de porter sur la tête chaperon ou tout autre ornement, si ce n'est d'une étoffe rayée de plusieurs couleurs.

Les voleurs de grand chemin avaient aussi adopté les étoffes à raies; et l'auteur d'un ancien poème sur

---

(1) Nous ne voulons pas faire abus de citations; mais nous indiquerons quelquefois les auteurs anciens qui ont décrit les vêtements et les armures des preux et des paladins. Ainsi, à propos des tissus rayés, on trouve, dans la *Chanson d'Antioche*, ch. VIII, 16me couplet :

> Là peust-on voir maint fort escu *roé*.

Dans le *Roman de Gérard de Vienne* :

> A son col pant une targe *roée*.

Nous n'avons pas besoin de citer d'autres exemples, bien qu'il y en ait de très-nombreux.

le fameux Robin Hood nous apprend que les compagnons de ce célèbre bandit, ses *yeomen*, portaient des manteaux d'écarlate et d'étoffe rayée (1).

Si les étoffes rayées paraissent avoir été interdites aux ecclésiastiques, en revanche, on voit, par les inventaires de l'époque, qu'elles figuraient en grande quantité dans les églises. Ainsi, dès l'année 1160, la Chapelle du palais des Rois de Sicile, à Palerme, contenait bon nombre d'ornements décorés de raies, de listes, de vergeures de soie et d'or; quelques-uns de ces ornements sont indiqués comme venant d'Afrique (2) ; quelques autres, comme ayant été fabriqués en Espagne. En 1419, l'église de Noyon possédait un grand voile de soie rayée et armoriée, un petit voile de même matière à raies de soie de diverses couleurs, deux autres rideaux d'étamine rayés de rouge, de jaune et d'azur, et une chape, or et soie, rayée de diverses couleurs.

Souvent ces raies étaient des bandes d'or. Ainsi, dans le roman d'Agolant, Charlemagne, en train de s'armer, ceint d'abord Joyeuse, sa bonne épée :

> Et puis li ont son escu aporté,
> La guige en fu de paile d'or *roé*.

Les étoffes rayées continuèrent d'être en faveur au XIVe siècle, non seulement en Sicile, mais encore chez nous. On peut s'en convaincre, en lisant l'inventaire de Charles V, où l'on en trouve une grande variété. D'abord, ce sont « trois pièces à drap d'or sur champ blanc

---

(1) Voir l'ouvrage intitulé : *A lyttel geste of Robin-Hood*. (Robin-Hood, etc. Londres, 1820, in-12, pages 30 et 31.

(2) Afrique, Afrika, ou *Afrikia*. La ville désignée sous ce nom, et d'où passèrent en Sicile les ornements dont on parle ici, était une ville de la régence de Tunis, fondée, suivant les traditions Arabes, par Afrikis, descendant de Kahtan.

« royez de menues royes d'or, lesquels servent à mectré
« sur les degrez quand l'on mect les relicques »; puis
des parements d'autel « de drap d'or d'outtre-mer an-
« cien royez de vert, de rouge, d'azur »; enfin, une
multitude de *touailles* et de nappes de soie et de *soyerie*,
dont les unes étaient ornées de raies, quelquefois d'or,
et plus ou moins décorées, et de *littez,* mot que l'on doit
traduire par *listes* ou *bandes*. Ces serviettes, ces nappes
de soie à barres de fil de soie et d'or, n'étaient pas
moins communes au XVe siècle qu'au XIVe; et, ce qui
tend à le prouver, c'est qu'on en trouve un assez grand
nombre mentionnées dans l'inventaire de Charles-le-
Téméraire, duc de Bourgogne.

La mode des étoffes rayées se maintint et régna encore pendant le XVIe siècle. Dans un fragment qui nous
reste de la vie de son père, François de Bourdeille,
Brantôme (1) nous apprend que sa mère, Anne de Vi-
vonne, « fut superbement habillée pour ses nopces;
« car la reyne Anne, ajoute-t-il, luy legua par testament
« deux robbes de drap d'or, deux de toile d'argent, et
« deux de Damas rayés d'or et d'argent, ainsi que ceste
« façon en couroit pour lors. » Le même auteur, dans
son livre intitulé: *Les Dames galantes,* en parlant d'une
femme qui fit le personnage de Diane, lors de l'entrée
de Henri II à Lyon, en septembre 1548, dit que « ses
« compaignes estoient accoustrées de diverses façons
« d'habits et de taffetas royés d'or, tant plein que vuide,
le tout à l'antique, » etc.

Enfin, sous le règne de Louis XIII, on voyait encore
des taffetas rayés d'or pour ameublements; c'est ce qui
résulte de l'inventaire, fait en 1634, des meubles du

---

(1) Voir les *Œuvres complètes de Brantôme,* édition du *Panthéon littéraire,* tome II, page 493.

Roi, existant dans le château de Pau, où l'on trouve à l'article 13 : « Plus ung autre petit ciel de taffetas rouge « royé d'or, » etc.

Il y a tout lieu de présumer que ce genre d'étoffe provenait d'Espagne, pays avec lequel la Navarre était alors plus directement en communication qu'avec la France, et d'où elle tirait beaucoup de denrées et marchandises, entr'autres des mantes ou couvertures, qui de nos jours encore sont rayées assez ordinairement. L'inventaire que nous venons de citer mentionne parmi les meubles qui se trouvaient dans le château de Pau, « plus vingt mantes ou couvertures tant d'Espagne « que de Montpellier. » (1)

Ce qui est de toute certitude, c'est que, de l'autre côté des Pyrénées, on fabriquait une étoffe de soie rayée, qui avait une grande ressemblance avec le taffetas, et dont on faisait aussi des doublures et des vêtements de dessus; on lui donnait le nom de *zarzahan*, mot que Covarruvias traduit par *tela serica virgata*.

Le zarzahan était d'origine arabe, aussi bien que son nom. Lorsque, en 1415, l'empereur Sigismond vint à Perpignan pour conférer avec Benoît XIII, le roi d'Aragon lui envoya deux vêtements moresques (*dos aljubas moriscas*), l'un de *zarzahan* broché d'or, l'autre de *ricomas*, c'est-à-dire probablement d'étoffe brodée; plus un manteau de très-fine écarlate (*grana*).

Si nous remontons jusqu'à une haute antiquité, nous voyons que nos ancêtres avaient un goût prononcé pour

---

(1) Il paraît cependant que l'Espagne tirait ses draps de France; car une Chronique prétend que lorsque l'empereur vint à Perpignan, en 1415, toutes les rues étaient couvertes de pièces de drap entières, et que devant les portes on avait suspendu beaucoup de *draps français* et de riches ornements.

les dessins à raies. Virgile, dans le VIII° livre de l'Enéide, nous représente quelques Gaulois vêtus d'habits d'or et d'étoffes rayées. Diodore de Sicile (liv. V, chap. xxx), dit que le vêtement des Gaulois offre une bizarrerie frappante. « Ils portent, dit cet auteur, des « tuniques peintes et semées de fleurs de diverses cou- « leurs, et ils s'attachent sur les épaules, avec des agra- « fes, des saies rayées, d'une étoffe à carreaux de cou- « leur et très-serrés, » etc., etc. Au dire du moine de Saint-Gal, les Francs furent séduits par la nouveauté du costume qu'ils voyaient aux Gaulois; de sorte que, divorçant avec leurs anciennes habitudes, ils adoptèrent la saie rayée du peuple vaincu.

Nous avons vu tout-à-l'heure que les Arabes portaient aussi des vêtements à raies de couleurs, appelés *bord* et *hibarah;* les anciens Perses affectionnaient ce genre d'étoffes. En parlant des ambassadeurs envoyés par Caracallus au roi Artabane, Hérodien mentionne et désigne les étoffes précieuses en usage chez les Parthes, et leurs habits rayés et enrichis d'or. (Hérodien, *Histoire*, liv. IV, chap. 18 et 20.)

En dehors des citations qui précèdent, il en est beaucoup d'autres que nous avons dû omettre pour ne pas fatiguer nos lecteurs par une trop longue énumération.

Nous avons voulu décrire l'origine des étoffes rayées avant de terminer les *armures*, parce que nous aurons à traiter quelques armures qui rentrent dans la catégorie rayée, à raison des effets qu'elles produisent. En conséquence, nous continuerons les armures; mais comme il s'en est produit un nombre considérable, parmi lesquelles il en est qui n'ont aucun mérite, et qui sont pour ainsi dire *mortes-nées*, nous nous bornerons à mentionner les bonnes; et par bonnes, nous entendons celles qui peuvent s'appliquer à toute espèce de tissus.

TISSUS APPELÉS MUSULMANES.

422. Il y a environ un siècle, M. *Louis*, fabricant à Lyon, chargea M. *Paulet*, dessinateur et fabricant de soieries de la ville de Nîmes (1), de trouver un nouveau genre d'étoffe propre pour habits d'hommes et pour robes de femmes, étoffe qui fût susceptible d'être portée pendant le printemps et l'automne, et ne fut pas même ridicule en hiver. Ce qui détermina M. Louis à confier à M. Paulet une mission semblable, c'est que ce dernier avait réussi précédemment à monter de la manière la plus satisfaisante, pour ce même M. Louis, une *Egyptienne en Prussienne*, étoffe alors toute nouvelle, et dont le montage était encore un secret. M. Paulet avait d'ailleurs tout récemment mis au jour une autre création, qui lui valut de la part du Gouvernement des encouragements mérités. Nous empruntons à M. Paulet lui-même les détails qu'il donne sur les opérations à l'aide desquelles il parvint à combiner la confection du tissu qui devait remplir les vues du fabricant lyonnais. Il avait été convenu que les premiers essais seraient faits en petit. Profitant des connaissances qu'il possédait sur la partie de la passementerie qui concernait le *passage des rames sur la haute lisse*, M. Paulet vint à bout d'exécuter, avec un seul remisse de satin à huit lisses, cinq des dix à douze dessins qu'il avait faits de ce nouveau genre, à côté les uns des autres, et sans autre armure que celle du satin. Il fit ensuite la même opération sur cinq autres dessins, et sur un remisse de

---

(1) Plusieurs fois déjà, dans le cours de cet ouvrage, nous avons cité le nom de M. Paulet, auteur d'un excellent ouvrage intitulé: *L'art du fabricant d'étoffes de soie*, publié en 1776.

satin à dix lisses sur la même armure. La singularité de cette opération, dit M. Paulet, consistait en ce que, sous l'armure du satin, il avait exécuté des bandes taffetas, des raies sergées, des raies cannelées, d'autres à doubles cannelés, auxquels on donna le nom de *parisiennes*, des bandes carrelées, des bandes satinées, des bandes gros-de-Tours et des bandes façonnées. Il n'obtint ces divers effets que par les différentes manières de passer les fils de la chaîne qui furent employés à chacun de ces différents tissus en particulier; c'est ce qui étonna ceux qui les virent, à tel point que les plus habiles fabricants de Lyon ne purent jamais comprendre comment ces fils avaient été disposés, et par quel moyen on était parvenu à réunir tous ces divers tissus sous une même armure, et cela par le seul procédé de passer ces fils sur huit ou sur dix lisses (1).

Cette manière d'opérer, continue M. Paulet, est excessivement compliquée. Elle exigeait d'ailleurs la connaissance de la haute lisse des passementiers pour l'appliquer à cette opération. M. Paulet avoue qu'il n'eût peut-être pas tenté cette application lui-même, s'il ne lui était venu à la pensée que l'on faisait communément en fabrique, surtout à la tire, les lisières d'un satin en taffetas par les mêmes lisses qui forment le satin; que tout consistait dans la manière d'en combiner le passage des fils; partant de ce point, que ces combinaisons rendaient le tissu du taffetas, il tira de là cette induction qu'on pouvait en faire qui rendraient les divers autres tissus.

---

(1) M. Paulet, qui était non seulement un très-habile dessinateur, mais aussi un fabricant consommé, est un des premiers qui aient su tirer un parti avantageux des effets de remettage, très-peu connus de son temps, et qui depuis se sont multipliés à l'infini.

Toutefois, M. Paulet a soin de nous apprendre que, pour l'exécution de ce nouveau genre d'étoffe, il ne continua pas de faire d'après sa première idée les remettages dont il avait besoin; il pensa qu'il serait trop difficile aux ouvriers de suivre ses premiers errements, et qu'après avoir créé une nouvelle étoffe, il convenait d'en déterminer le montage suivant les usages reçus et adoptés généralement. En conséquence, il se décida à faire faire des ligatures analogues aux effets des échantillons qu'on devait monter.

Nous ne suivrons pas M. Paulet dans les explications qu'il fournit sur les divers dessins faits par lui pour son nouveau tissu. Depuis lors, on a essayé beaucoup d'autres combinaisons applicables à la confection de l'étoffe dont il fut le créateur. Disons toutefois qu'on s'empara rapidement de son idée. Voici comment il acquit la conviction que l'on avait cherché à le copier. L'ouvrier chez lequel il faisait ses essais communiqua l'entreprise à quelques autres. M. Paulet apprit plus tard qu'un individu rendait de fréquentes visites au Piémontais chez lequel il faisait ses opérations; mais il ne s'y rendait que le soir, et à une heure où M. Paulet avait discontinué de travailler : toutefois, sur ce qu'il vit, il se hâta de monter des étoffes qui réussirent en peu de temps, et qui reçurent le nom de *Musulmanes*. Les Musulmanes ne tardèrent pas de subir de nombreuses variations. M. Paulet en cite plusieurs, entre autres des Musulmanes brochées, qui eurent une grande vogue. Par Musulmanes brochées, on désignait, dit-il, les étoffes qui ont le fond Musulmane, et par-dessus un dessin broché à fleurs en soie nuancée, ou en or ou argent, et quelquefois l'un et l'autre; on en fabriquait aussi qui avaient des bandes satin et cannelé, et dans le fond des bouquets brochés en or, argent ou soie. Il ajoute que c'est une des étoffes de soie les plus riches qui se soient produites depuis que la fabrication existe ; qu'elle se vendait aussi cher que les plus beaux Damas, et quelquefois même à un prix plus élevé, bien que le montage des Damas fût plus dispendieux.

M. Paulet nous apprend plus loin, qu'il ne se borna pas à faire la Musulmane en soie, et qu'il trouva le moyen d'y ajouter l'or et l'argent. Ainsi, lors du mariage du Dauphin, qui fut plus tard le roi Louis XVI, avec l'archiduchesse Marie-Antoinette, M. Paulet fit fabriquer une Musulmane en soie avec des raies en lame en argent. Cette étoffe, montée pour M. *Delmance*, négociant à Paris, rue Quincampoix, fut fabriquée chez le sieur Brunet, ouvrier, rue de Charonne, au faubourg St-Antoine, et chez le sieur Cler, rue de l'Oursine, faubourg St-Marcel. Le montage ne présenta de difficultés que par la combinaison des ligatures; mais, en revanche, elle en offrit beaucoup pour le travail, parce que la lame était liée à l'envers et non à l'endroit, ce qui la faisait souvent casser à chaque coup de battant.

Les détails qui précèdent nous ont paru assez intéressants au point de vue historique pour mériter de trouver place dans notre ouvrage, d'autant plus que l'étoffe créée par M. Paulet eut, dans son temps, une grande vogue, et que la confection des Musulmanes occupa beaucoup d'ouvriers dans la fabrique de Lyon.

Nous sommes forcés de renvoyer le lecteur à M. Paulet lui-même, quant à la description des différentes combinaisons d'armures qu'il a appliquées à la composition des *Musulmanes*, lorsqu'il inventa ce genre d'étoffe. On pourra consulter son ouvrage de l'*Art du fabricant d'étoffes de soie*, (1re partie, 7me section, chapitre 8me, page 791; la planche 86, figures 1 et 2, et la planche 87, figures 2 et 3 pour le lissage.

L'ouvrage de M. Paulet est dans les principales bibliothèques : on y trouvera tous les détails qu'il donne, et qu'il serait trop long de transcrire ici.

L'entente de ce tissu, qui n'était connue ni des anciens, ni des Chinois, peut être considérée comme une véritable invention ; il a fallu toute l'habileté de M. Paulet dans les combinaisons du remettage, à une époque où elles étaient si peu connues, pour réussir dans l'entreprise dont il s'était chargé, et qu'il mena à bonne fin ; car les *Musulmanes* obtinrent, dès leur apparition, une grande vogue, et un succès qui se maintint pendant fort longtemps.

Aujourd'hui, ces articles à bandes ne se confectionnent plus par les procédés auxquels on avait recours autrefois : on préfère les ligatures, dont la petite mécanique d'armure a simplifié l'emploi, en rendant le travail plus facile. Nous devons cependant faire remarquer que les moyens dont M. Paulet a donné les notions premières, ont suggéré l'idée de la combinaison d'une foule d'armures, que l'on a depuis variées à l'infini, pour des fonds de tissus.

Ce qui nous a déterminé à ne pas reproduire les détails de composition et d'exécution des *Musulmanes*, tels que M. Paulet les indique, c'est que ces détails sont d'une longueur immense ; d'ailleurs ils ne sont pas aujourd'hui d'application usuelle, puisque ce tissu n'est plus en cours de fabrication. En parlant des Musulmanes, nous avons voulu les citer au point de vue historique, qui rentre aussi dans le cadre de notre publication.

TISSU APPELÉ PRUSSIENNE.

423. Ce genre d'étoffe fut inventé, au dire de M. *Paulet*, vers le milieu du XVIIIe siècle, c'est-à-dire à-peu-près

en 1750. Les créations en matière de tissus de soie étaient rares à cette époque, et les villes où il existait des fabriques importantes, se montraient fort jalouses de leurs prétentions plus ou moins fondées à la priorité de la fabrication des tissus qui se produisaient. C'est ce qui arriva pour l'étoffe désignée sous le nom de *Prussienne*. Les Lyonnais en revendiquèrent l'invention; les Tourangeaux la leur contestèrent. Il y a lieu de présumer, et telle est l'opinion de M. Paulet, que la dénomination de Prussienne donnée à cette étoffe, lui vint de ce qu'elle avait déjà été fabriquée en Prusse, ou plutôt dans le Brandebourg; car Berlin fut le berceau des manufactures de soieries établies en Prusse, et de toutes les villes de ce royaume, Berlin fut celle où la fabrication des tissus de soie fit les plus rapides progrès (1). La *Prussienne*, qui, au temps où M. Paulet publiait son livre intitulé : *L'art du fabricant d'étoffes de soie*, constituait une des branches importantes du commerce des soieries, se fabriquait dans toutes les manufactures françaises, soit à la *marche*, soit à la *tire*. M. Paulet observe à cet égard que la seule différence entre les Prussiennes fabriquées par la marche et celles faites à la tire, consistait uniquement dans la grandeur des dessins.

La Prussienne était, à l'époque où nous reporte l'auteur auquel nous empruntons ces documents, une étoffe dont le fond était gros-de-Tours ou taffetas; c'était la

---

(1) Frédéric II, plus connu sous le nom de *Grand-Frédéric*, attira en Prusse des trieurs de soie, des dévideuses, des dessinateurs, des mouliniers, des apprêteurs, des faiseurs de métiers, etc., qui vinrent de Lyon, de Turin, de la Suisse, de la Saxe, de la Hollande, etc. Il leur assigna à tous des pensions, qu'il continua toute sa vie de leur payer, tandis qu'ailleurs ces divers ouvriers étaient entretenus par les fabriques.

chaîne qui y faisait les parties façonnées; on ourdissait cette chaîne en deux couleurs, lorsqu'on voulait que les effets du dessin fussent opposés par les couleurs; telle avait été l'idée qui donna lieu à la création de cette étoffe. Ainsi, il avait fallu, en ourdissant, mettre un *pas* d'une couleur et un *pas* d'une autre. M. Paulet ajoute que l'on réussissait toujours bien, en donnant des oppositions sensibles aux deux couleurs, c'est-à-dire, en mettant un vert foncé avec un vert tendre, un mordoré avec un petit jaune, un gris foncé avec un blanc, etc.; mais qu'il fallait observer de ne pas mettre deux couleurs à la même teinte. Enfin, il nous apprend que l'on avait trouvé moyen de faire ressortir une troisième couleur à ces étoffes, sans rien augmenter au travail non plus qu'à la disposition du métier. Cet effet ne dépendait que du lissage ou de l'armure. Il était produit par la trame qui formait le tissu; de sorte que si la chaîne était ourdie par un pas gros-bleu, et un pas blanc, on employait une trame couleur de rose, couleur d'or, etc., etc.; et cette trame faisait elle-même les effets du dessin, qui, pour cela, devait être fait en conséquence.

Le caractère de la *Prussienne* est de ne pas avoir d'envers; seulement lorsqu'elle est combinée avec une autre étoffe, il en résulte que le tissu a alors un envers dans la partie qui est entendue différemment et qui se trouve jointe à la Prussienne.

Nous allons citer comme exemple de l'armure *Prussienne* une petite armure carreautée contresemplée.

Ourdissage sur une seule chaîne, en deux couleurs, savoir: un fil blanc (double), un fil bleu Napoléon (double). Réduction de chaîne, 70 fils au centimètre; réduction de trame, 40 coups au centimètre.

Remettage sur huit lisses, ainsi qu'il suit:

Le premier fil (blanc) sur la lisse n. 1; le deuxième

fil (bleu Napoléon), sur la lisse n. 2; le troisième fil (blanc), sur la lisse n. 1; le quatrième fil (bleu), sur la lisse n. 2; le cinquième fil (1), sur la lisse n. 3; le sixième fil, sur la lisse n. 4; le septième fil, sur la lisse n. 3; le huitième fil, sur la lisse n. 4; le neuvième, sur la lisse n. 1; le dixième, sur la lisse n. 2; le onzième, sur la lisse n. 1; le douzième, sur la lisse n. 2; le treizième, sur la lisse n. 5; le quatorzième, sur la lisse n. 6; le quinzième, sur la lisse n. 5; le seizième, sur la lisse n. 6; le dix-septième, sur la lisse n. 7; le dix-huitième, sur la lisse n. 8; le dix-neuvième, sur la lisse n. 7; le vingtième, sur la lisse n. 8; le vingt-unième, sur la lisse n. 5; le vingt-deuxième, sur la lisse n. 6; le vingt-troisième, sur la lisse n. 5; le vingt-quatrième, sur la lisse n. 6; puis on recommence dans le même ordre.

Le rapport d'armure est de seize coups. Le premier coup lève les lisses n. 2, 4, 5 et 7; le deuxième, les lisses n. 1, 3, 5 et 7; le troisième, les lisses n. 2, 4, 5 et 7; le quatrième, les n. 1, 3, 5 et 7; le cinquième, les n. 2, 4, 5 et 7; le sixième, les n. 1, 3, 5 et 7; le septième, les n. 2, 4, 6 et 7; le huitième, les n. 1, 3, 5 et 8; le neuvième, les n. 2, 4, 6 et 7; le dixième, les n. 1, 3, 5 et 8; le onzième, les n. 2, 3, 6 et 7; le douzième, les n. 1, 3, 5 et 8; le treizième, les n. 1, 3, 6 et 7; le quatorzième, les n. 1, 3, 5 et 8; le quinzième, les n. 2, 3, 6 et 7; et le seizième, les n. 1, 3, 5 et 8.

Dans le siècle passé, la Prussienne a obtenu une vogue assez soutenue; actuellement il s'en fait peu, et ce qui se confectionne maintenant dans ce genre est plutôt une imitation de la Prussienne décrite par M.

---

(1) Nous ne répéterons pas davantage les désignations de bleu et de blanc, mais en faisant observer que les fils blancs sont toujours passés sur les lisses impaires, et les bleus sur les lisses paires.

Paulet, que ce tissu lui-même; car aujourd'hui on donne un envers aux tissus qui ont le plus de rapport avec la Prussienne. D'ailleurs, il faut remarquer qu'autrefois on n'exécutait ce tissu que sur de petits dessins, dont les caractères étaient les mêmes, à très-peu de chose près; enfin, il faut remarquer que ce qui se confectionne de nos jours, en ce genre, fait une meilleure étoffe que la Prussienne; d'autres fois, parce que les fils flottés sont liés en dessous, ce qui n'avait pas lieu jadis.

Nous aurons occasion de reparler de l'étoffe Prussienne, en traitant les étoffes façonnées, dans la catégorie desquelles elle doit aussi être classée. Si nous avons cité précédemment un exemple d'armure prussienne, c'est pour indiquer que ce tissu appartient également au genre armure.

TISSUS APPELÉS CIRSAKAS.

424. Sous la dénomination générique de Cirsakas, on classait diverses espèces de tissus, appelés, les uns Cirsakas d'été; d'autres, Cirsakas d'automne; d'autres, Cirsakas d'hiver. Nous suivrons, en l'abrégeant toutefois considérablement, la description faite par M. Paulet, des différentes espèces de Cirsakas.

CIRSAKAS D'ÉTÉ.

425. C'était une étoffe rayée en or ou en argent, dont le fond était gros-de-Tours ou taffetas très-fort; le tissu en était confectionné de manière que les raies d'or ou d'argent se trouvassent dans le sens de la longueur de l'étoffe, bien qu'elles fussent produites par une navette qui portait la dorure. Ce tissu se formait d'ordinaire par deux petites raies, l'une en fond, et l'autre en do-

rure. Cette dorure était du filé lancé par une navette que l'ouvrier passait après chaque passée de trame ou après deux passées, suivant la richesse que l'on voulait donner au tissu. Par la manière de régler la grosseur de la trame, on parvenait à donner à l'étoffe la qualité que l'on désirait; il fallait toutefois avoir soin d'employer du filé d'une grosseur en harmonie avec celle de la trame, afin qu'il couvrît mieux. Le filé étant rond, on voyait toujours, lorsque l'étoffe était fabriquée, un intervalle sensible entre les duites de la dorure, quelque rapprochées qu'elles fussent par la finesse de la trame et par le coup du battant; d'ailleurs cette sorte de dorure n'offrant pas beaucoup d'éclat, pour lui en procurer, on passait au cylindrage l'étoffe une fois confectionnée; le cylindre, en aplatissant le filé, lui donnait un brillant qui approchait de celui de la lame.

Quant à l'exécution du tissu, M. Paulet nous apprend qu'elle ne pouvait avoir lieu que par des ligatures ou lisses à jour, qui faisaient en même temps lisses de fond; la chaîne entière était passée dans ces ligatures. Le nombre de lisses était invariable pour les Cirsakas dont nous parlons, mais la quantité de mailles qu'elles contenaient variait en raison de la disposition des raies qui les composaient. Ainsi, pour une disposition à raies égales, tant pour le fond que pour la dorure, chaque lisse devait nécessairement avoir un même nombre de mailles; de sorte que si l'on faisait ces raies de quatre dents de largeur sur un huit cents de peigne à quatre fils par dent pour huit lisses, nombre qu'il fallait, chaque lisse devenant égale, elles avaient chacune quatre cents mailles; mais ces mailles devaient être espacées quatre par quatre, et chaque champ de quatre laissait un espace égal à celui qu'il occupait. Pour le remettage, on rangeait ces lisses quatre par quatre. Ces huit lisses formaient deux corps de remisse que l'on plaçait l'un devant l'autre ; en sorte que les chaînes des mailles de l'un se trouvassent en face des espaces qui séparaient les champs de l'autre. On passait les premiers champs des lisses du premier corps de remisse, d'après l'ordre général du remettage du taffetas à quatre lisses, ensuite les premiers champs des lisses du second corps, de sorte que chaque champ d'un corps formait, par suite de la division des mailles, quatre cours de quatre mailles chacun. Ainsi, toutes les fois qu'on avait passé quatre cours sur un corps de remisse, on passait à l'autre corps pour y en passer le même nombre, ce qui s'exécutait d'un corps à l'autre alternativement.

Lorsque les corps de remisses étaient inégaux quant au nombre des mailles, il n'y avait pas d'autre méthode à suivre ; seulement on changeait la disposition des lisses : ainsi, les lisses servant pour le fond devaient avoir la moitié moins de mailles dans chaque champ que celles faisant les raies de dorure ; on ne changeait donc au remettage que la quantité de fils que l'on passait de plus dans les champs d'un corps de remisse que dans ceux de l'autre corps ; mais on suivait alternativement d'un champ à l'autre sur les deux corps de remisses, quelque fût le nombre de mailles qui les composât.

CIRSAKAS D'HIVER ET D'AUTOMNE.

426. Les dispositions pour les Cirsakas d'hiver et d'automne étaient les mêmes que celles décrites ci-dessus, c'est-à-dire toujours de petites raies en dorures, séparées par des raies de fond. La différence consistait en ce que les raies de fond étaient en satin, dans les Cirsakas d'hiver, et en serge dans les Cirsakas d'au-

tomne. Cette dernière espèce pouvait se fabriquer sur le même nombre de lisses que les Cirsakas d'été. L'une et l'autre se confectionnaient en changeant seulement l'armure; mais pour les Cirsakas d'hiver, il fallait nécessairement douze lisses au moins; on en mettait même jusqu'à seize, lorsqu'on voulait économiser la soie.

Les Circakas d'hiver se faisaient sur plusieurs dispositions de lisses : celle de douze lisses était pourtant d'un plus fréquent usage. Quatre lisses faisaient un fond taffetas sur lequel reposait la dorure, les huit autres étaient destinées à faire les raies satin ; soit les lisses 1, 2, 3, 4, pour le taffetas, et les lisses 5, 6, 7, 8, 9, 10, 11 et 12 pour le satin. Ces lisses étaient à jour, de même que celles dont on a parlé à propos des Cirsakas d'été; le compte des mailles établi en raison des dents qu'occupait dans le peigne chaque champ des lisses. En supposant que les premières de ces raies occupassent deux dents chacune dans le peigne, et les autres quatre, il fallait que chacune des lisses du taffetas eût un nombre de mailles double de celle du satin. Si l'on traitait cette étoffe sur un 800 de peigne, chaque lisse de satin devait avoir 266 mailles espacées deux à deux, et chaque lisse du taffetas 534 mailles, espacées de quatre en quatre. Ces lisses étaient rangées comme on l'a indiqué pour les Cirsakas d'été. Quant au remettage, il se faisait de la manière suivante : Il fallait d'abord deux chaînes, l'une pour le taffetas, l'autre pour le satin. D'ordinaire la chaîne du taffetas était ourdie double, et celle du satin ourdie simple; les deux chaînes étaient indispensables, tant pour l'accord du travail que pour la différence de l'ourdissage. (On en usait de même pour les Cirsakas d'automne, quoique la partie du sergé et celle du taffetas fussent ourdies doubles toutes deux.) La raison déterminante de l'emploi des deux chaînes était que celle du satin ne s'embuvait pas, tandis que celle du taffetas s'embuvait très-facilement; de sorte que les raies de satin auraient été trop lâches, et celles du taffetas trop tendues.

A l'égard des Cirsakas, dont nous traitons en ce moment, il était à propos que la chaîne du taffetas fût ourdie de la dorure blanche ou couleur d'or, ce qui dispensait de mettre une soie d'accompagnage qui aurait renchéri l'étoffe par sa valeur, et augmenté la main-d'œuvre, puisqu'il eût fallu mener une navette de plus; d'ailleurs cette soie aurait été employée en pure perte, et l'étoffe, loin d'être meilleure, eût été inférieure en qualité.

Le remettage pour cette étoffe était soumis aux mêmes errements qui ont été indiqués pour les premiers Cirsakas dont nous avons parlé. On passait les cours aussi souvent sur les lisses que les champs pouvaient en contenir. Si les champs de taffetas étaient de quatre cours, on passait seize fils de suite de la chaîne du taffetas; si les champs de satin étaient de deux cours, on passait aussi seize fils de la chaîne du satin. Ainsi, pour le taffetas, on prenait pour chaque cours par les lisses 1, 2, 3 et 4, en les recommençant autant de fois qu'il le fallait pour remplir les mailles du champ; pour le satin, on prenait par les lisses 5, 6, 7, 8, 9, 10, 11 et 12, et l'on recommençait ainsi autant de fois que l'exigeait la quantité des mailles qu'il y avait sur chaque lisse. Il est bien entendu qu'on passait alternativement un champ du taffetas et un champ du satin, autant qu'il s'en trouvait. A cet effet, on préparait les deux chaînes à la fois pour le remettage. Cependant, les ouvriers qui voulaient avancer la besogne, commençaient par passer une chaîne de suite, et passaient l'autre après; ils éprouvaient alors d'autant moins de difficultés, qu'ils faisaient le remettage de la première chaîne sans interruption, et n'avaient besoin de compter que pour la seconde.

L'emploi de la dorure n'était pas nécessaire, ajoute M. Paulet, pour que les Cirsakas qui viennent d'être décrits composassent un corps d'étoffe produisant d'heureux effets; leur agrément dépendait de la variété des rayures que l'on y exécutait, et cette variété allait jusqu'à l'infini. On variait encore ce genre de tissu par les couleurs : tantôt le fond était blanc, et le satin couleur de rose, vert, bleu, etc. Cette étoffe, qui fit son apparition de 1746 à 1750, n'eut alors que peu de succès; mais vers 1764, on en reprit la fabrication, et la vogue lui fut acquise, grâce au luxe qui régnait à la Cour de Louis XV, et grâce aussi aux perfectionnements et à la grande variété qu'on était parvenu à lui donner.

On fabriquait une autre espèce de Cirsakas d'hiver; mais la seule différence qui existât entre celle-ci et celle que nous venons de décrire, consistait en ce que tout se faisait en satin, tant ce qui se montrait que ce qui se trouvait sous la dorure. Ainsi, tout était armé en satin, excepté les marches de la dorure, qui faisaient toujours lever un des corps de remisse, comme s'il eût été en taffetas. Pour ne pas travailler des deux pieds, on mettait douze marches, huit pour le satin et quatre pour la dorure. On prétendait que le satin étant au-dessous de la dorure, et d'une couleur propre à lui servir d'accompagnage, l'étoffe gagnait en beauté ; seulement elle exigeait un apprêt plus fort que les autres Cirsakas.

CIRSAKAS D'ÉTÉ, D'AUTOMNE ET D'HIVER, OU LA DORURE ÉTAIT ENCHAÎNÉE.

427. Les Cirsakas dont il vient d'être question étaient fabriqués de manière que la dorure se passât à travers,

au moyen d'une navette; mais on en faisait d'autres où la dorure se trouvait en long, de sorte que les raies étaient formées par un poil en or ou en argent.

M. Paulet fait observer, à l'égard des étoffes dont nous allons traiter d'après ses données, qu'elles n'étaient pas connues partout sous la dénomination de Cirsakas. Toutefois, ajoute-t-il, quelque soit le nom sous lequel les fabricants aient voulu les désigner, il n'existe de différence entre les tissus précédemment décrits et ceux qui vont l'être, qu'en ce que dans ceux-ci la dorure était employée en chaîne et non en trame : ce qui changeait considérablement l'ordre du tissu et la manière de le travailler.

Dans les Cirsakas que nous avons cités plus haut, les accompagnages se faisaient par la trame, tandis qu'ici c'était par la chaîne; souvent on y ajoutait un poil blanc ou couleur d'or qui se liait au corps de l'étoffe avec la dorure; quelquefois aussi ce poil était une seconde chaîne, laquelle remplissait elle-même l'espace occupé par la dorure, et faisait un travail différent de celui du fond.

On fabriquait de ces Cirsakas pour l'été, pour l'automne et pour l'hiver. Les étoffes d'automne pouvant servir aussi au printemps, on ne mentionnait que trois saisons.

Les Cirsakas d'été étaient en taffetas pour le fond; ceux d'automne, en serge ou gros-de-Tours, et ceux d'hiver, en satin. On mêlait quelquefois du satin et du taffetas pour fabriquer une étoffe qui fût de mise dans les trois saisons.

On faisait de ces Cirsakas pour les trois saisons avec une chaîne d'or ou d'argent en filé ou en lame. Parfois on mettait l'une et l'autre, c'est-à-dire, une chaîne de lame et une de filé.

Lorsqu'on ne mettait qu'une chaîne de filé, le montage du métier était facile, car ce filé devenait un poil. On se servait alors de lisses à jour ; mais ces lisses devaient être à maillons de verre. La différence entre les poils de soie et ceux en or, consistait en ce que d'ordinaire on ne mettait qu'un fil d'or par dent. On se servait de peignes très-fins pour que cette dorure fût plus rapprochée ; cependant lorsque la dorure ne couvrait pas assez, on la mettait double : elle ne comptait que comme un fil de chaîne ourdi double, qui n'était divisé ni dans l'envergure, ni dans les mailles des lisses.

Les bandes en or ou en argent, que l'on faisait faire à la dorure, étaient ordinairement en serge ; de sorte que si le fond était taffetas ou satin, la bande de dorure formait une serge satinée à quatre lisses ; quelquefois on la faisait découper en cannelé ; d'autres fois on la faisait chevronner. On devait observer, en général, que le fond sur lequel posait la dorure fût gros-de-Tours ou taffetas, mais toujours de la couleur de la dorure. On essaya de mettre des poils d'accompagnage pour faire mieux détacher la dorure des effets du fond : on y réussit en ce que le jaune et le blanc dominaient les fonds de couleur sur lesquels étaient exécutées ces étoffes ; mais cela *enterrait* la dorure, parce que l'on faisait serger ou satiner ce poil d'accompagnage, et que la dorure ne pouvait se monter. M. Paulet avait imaginé un moyen qui donnait de meilleurs résultats ; au lieu d'un poil, il avait fait passer une navette d'accompagnage ; alors on faisait les corps de remisses comme ceux que nous avons cités pour les premiers Cirsakas, afin de passer la navette d'accompagnage comme celle de la dorure ; par ce moyen, la dorure des Cirsakas dont il est question actuellement se croisait avec l'accompagnage, et elle dominait davantage. Cependant, ajoute M. Paulet, la fabrication devenait ainsi un peu plus longue, parce qu'il fallait toujours deux navettes consécutives, l'une de fond, l'autre d'accompagnage.

Le remettage de ces Cirsakas était le même que si l'on passait une bande de satin et une bande de taffetas pour les Cirsakas d'hiver; c'est-à-dire qu'il fallait des lisses à jour pour qu'elles pussent remplir les objets qu'on se proposait de faire; ainsi on réglait les lisses en proportion de la grandeur des raies que l'on voulait faire paraître. Les Cirsakas qui n'étaient qu'en *filé* ne présentaient pas de difficultés pour le montage; mais ceux *à lame* demandaient un arrangement très-régulier et bien différent.

Lorsqu'on employait un poil en or avec un poil en lame, car il faut regarder ici la lame comme un poil ajouté à une étoffe, voici comment on procédait:

Supposons une disposition où l'on employât le filé or et la lame, la chaîne destinée pour le fond de l'étoffe serait un poil en filé or, et celui en lame serait superposé par les brins de la cantre, qui viendraient se rejoindre au remisse: ce remisse serait alors composé de neuf lisses. Les quatre premières pour le poil lame; la cinquième pour le poil filé or; les lisses 6, 7, 8 et 9, pour le fond de l'étoffe, que nous admettrons encore en taffetas ou en gros-de-Tours. Quelquefois on mettrait un plus grand nombre de lisses, suivant les effets que l'on voudrait faire faire au poil.

Quant au rapport d'armure, il serait de neuf coups. Le premier lèverait les lisses n. 5, 7 et 9; le deuxième, les mêmes que le premier; le troisième, les lisses n. 4, 5, 7 et 8; le quatrième, les lisses n. 6 et 8; le cinquième, les lisses n. 3, 6 et 8; le sixième, les lisses n. 7 et 9; le septième, les lisses n. 2, 7 et 9; le huitième, les lisses n. 6 et 8; le neuvième, les lisses n. 1, 7 et 8.

TISSUS APPELÉS AMBOISIENNES.

428. Ce fut, au dire de M. Paulet, vers 1768, que parurent les Amboisiennes, et à l'époque où il publia son livre de l'*Art du fabricant*, cette étoffe nouvelle faisait une branche considérable du commerce des étoffes de soie. Après avoir dit qu'il ignorait l'auteur de cette création, et que le nom donné à l'étoffe semblerait indiquer que les premières Amboisiennes furent confectionnées à Amboise, notre auteur fait remarquer qu'il serait surprenant qu'une manufacture d'un établissement tout récent eût, dès son principe, procuré à la fabrication des soieries un avantage aussi important. Il ajoute que les Tourangeaux et les Lyonnais se disputèrent l'invention de ce tissu; mais que, selon lui, le mérite de cette création semble devoir appartenir aux Lyonnais plutôt qu'à leurs compétiteurs; qu'ils ont pour eux les probabilités, à raison des rapports qui existent entre les étoffes appelées Amboisiennes, les Droguets et les Egyptiennes.

Le tissu dont nous parlons en ce moment ne fut d'abord qu'une petite étoffe à raie, façonnée. Plus tard, on modifia la première conception; les variétés se multiplièrent ensuite; enfin, ce genre d'étoffe devint la base de beaucoup d'autres; on en fit le fond de plusieurs étoffes brochées, destinées à des habits d'hommes, soit d'été, soit d'hiver.

Le fond des Amboisiennes était taffetas; les raies façonnées qui se voyaient par-dessus étaient produites par les effets d'un poil; quelques-unes de ces raies portaient sur le fond de l'étoffe; d'autres étaient exécutées par le poil seulement, c'est-à-dire qu'à l'endroit du peigne où les raies étaient formées, il n'y avait point de fils de chaîne; ainsi, dans le remettage, on devait avoir soin de ne point passer de fils de chaîne entre les fils de poil.

Ce qui faisait, d'après M. Paulet, la beauté des raies des Amboisiennes, c'est qu'elles étaient très fournies en poil; ainsi, au lieu des deux fils doubles par dent comme la plupart des autres étoffes façonnées, les Amboisiennes en avaient quatre. Il est vrai que la soie employée était plus fine, mais aussi elle était plus belle. D'ailleurs, les Amboisiennes se fabriquaient, en général, à raison de mille dents de peignes sur la largeur ordinaire de onze-vingt-quatrièmes d'aune (soit vingt dents environ au centimètre). Si quelques fabricants les établirent sur des comptes de peigne plus grossiers, les étoffes furent moins belles; et cette largeur de onze-vingt-quatrièmes fut généralement adoptée par tous les fabricants de Lyon. Ceux de Tours, de Nîmes et d'Amboise firent des Amboisiennes sur cinq douzièmes, largeur donnée aux petits taffetas rayés, appelés *petit-gros-de-Tours*. Quant aux fabricants de Paris, ils confectionnèrent des Amboisiennes sur l'une et l'autre de ces deux largeurs.

Les Amboisiennes, ajoute M. Paulet, exigeaient les plus belles qualités de soie tant pour la chaîne que pour le poil. On les tramait à deux bouts de soie montée en *trame double* très-fine, ou en *poil d'Alais*.

Enfin, notre auteur dit que l'on fabriqua des Amboisiennes dans le goût des Egyptiennes, c'est-à-dire, en mettant de petits dessins lancés entre les raies. Il ajoute que l'on mêla de ces petites raies façonnées en Amboisiennes avec des raies serge et avec des raies satin, et qu'on en fit de fort grandes rayures. Ces rayures réussissaient très-bien, pourvu que les nuances fussent habilement ménagées, car il faut observer que dans ce cas on les faisait de plusieurs couleurs.

A la description qui précède, nous ajouterons que, dans l'origine de l'apparition du genre de tissu appelé Amboisiennes, c'était simplement un article rayé à bandes chevron, taffetas et cannelé, à bandes chaînette, taffetas et chevron, à bandes cannelé contresemplé, ou à bandes sergées, mais toujours avec une rayure taffetas ou gros-de-Tours, variant de deux à trois millimètres de dimension; quelquefois même, c'était un petit article cannelé, à bandes taffetas ; le milieu de l'étoffe étant garni d'une raie à pois superposés, ou bien d'une petite tige à deux feuilles.

Voilà à-peu-près en quoi se résumait le tissu que nous venons de décrire d'après M. Paulet, et qui reçut, on ne sait pourquoi, le nom d'*Amboisiennes*. Aujourd'hui on confectionne des étoffes du même genre, ou à-peu-près ; mais le nom d'*Amboisienne* a disparu, et les tissus qui ont du rapport avec celui qui portait cette dénomination se nomment *petits taffetas rayés à poil*, ou *taffetas cannelés*.

TISSUS APPELÉS DROGUETS (1).

DROGUETS ORDINAIRES.

429. Les étoffes désignées sous le nom de *droguets ordinaires* furent jadis très-recherchées, et, depuis leur

---

(1) Nous ne parlons ici que des droguets de soie; et nous parlerons en temps et lieu des droguets de laine, et des droguets moitié laine et moitié fil. Les droguets de laine pure ou mélangés de fil se faisaient soit croisés, soit sans croisure. Il y en avait de façonnés.
Parmi ceux qui se confectionnaient à Rouen, et on y en faisait de

invention, constituèrent une des principales branches de commerce de la ville de Lyon. Peu de villes manufacturières fabriquèrent les droguets; et ce qui en fut confectionné hors de Lyon mérite à peine d'être cité; car, dit M. Paulet, « je suis certain que Nismes, Tours et « Paris n'en ont pas fait travailler vingt métiers, tandis « que Lyon en avait près de deux mille. » Il ajoute : « J'ai vu, il y a environ vingt-cinq ans, qu'on regar- « dait encore comme très-habile l'homme qui était ca- « pable de monter un métier à faire des droguets. »

L'invention de ce genre de tissu fut attribuée à plusieurs des artistes qui jouissaient d'une certaine réputation à l'époque où les droguets commencèrent à paraître. Toutefois, on ne sut jamais positivement auquel de ces artistes appartenait le mérite de cette création; cependant la grande majorité des voix se prononça pour le fameux *Galantier*, avignonnais, dont le nom restera toujours célèbre soit à Lyon, soit dans toutes les autres villes manufacturières (1). M. Paulet, sans donner de détails sur l'origine des droguets, se borne à nous apprendre que cette étoffe fut d'abord exécutée à la tire

---

trois espèces, les uns se nommaient *Berluche*, d'autres étaient appelés *Espagnolettes*.

La fabrication des droguets était très-répandue sur plusieurs points de la France. En dehors des villes de Rouen, de Reims et d'Amboise où elle avait une grande importance, cette fabrication occupait des ouvriers dans quantité d'autres localités; à Troyes, à Chaumont, à Langres, à Niort, à Darnetal, à Bourg, à Cluny, à Dijon, à Louhans, etc.

(1) Il faut remarquer que les *droguets de soie façonnés* se fabriquaient à Lyon dès le XVIIe siècle. *Savary* en parle dans la sixième édition de son *Dictionnaire du Commerce*, édition qui fut tirée en 1650. Il paraîtrait même au dire de Savary, que lui-même, à l'époque où il était fabricant, aurait fait confectionner des étoffes qui portaient le nom de droguets.

par les métiers à *boutons*, avec des corps de maillons. On en fait également à ligatures et à la tire, comme aussi à ligatures et à la marche.

Les droguets faits à la marche ne suivirent pas le même ordre que ceux faits à la tire, quant à la quantité de soie que l'on mettait à la chaîne et au poil. Il est à propos d'observer que les dessins de ce genre d'étoffe étaient produits par un poil dont la couleur devait être la même que celle de la chaîne. A ce sujet, M. Paulet remarque que les droguets de soie fabriqués à Lyon et les droguets de laine ou de laine mélangée avec du fil, qui se fabriquaient à Rouen, à Reims, et dans bon nombre d'autres localités, n'étaient point confectionnés par les mêmes procédés, et qu'il n'existait entre eux aucune analogie, soit dans la matière, soit dans les combinaisons qui concouraient à l'exécution.

Voici, d'après le même M. Paulet, en quoi consistait la différence entre les droguets à la marche et ceux à la tire.

Ces derniers se firent primitivement à seize cents fils doubles de poil sur des huit cents de peigne à deux fils par dent et quatre fils de chaîne. Dans l'origine, cette chaîne était sur un seul ensuple ou rouleau; plus tard, on la divisa en deux parties, l'une nommée *pièce tirante*, l'autre, *pivot*. Par cette division de la chaîne, on rendait les dessins d'une manière plus régulière. Le poil en seize cents ne couvrait pas assez le fond de l'étoffe: on mit des peignes de mille fils doubles au poil. Ces droguets étaient assez beaux, mais ils n'atteignaient pas la perfection désirable; d'ailleurs, la réduction de ce peigne rendait difficile la fabrication de l'étoffe. On eut encore recours au *huit cents*, auquel on mit trois fils de poil par dent; ce fut par ce compte de poil que l'on réussit à confectionner ces beaux droguets qui firent longtemps une notable partie du commerce d'étoffes de la ville de Lyon.

DROGUETS-MAUBOIS.

430. Les droguets appelés *Maubois* suivirent le compte de seize cents et de deux mille fils au poil ; on s'en tint à ce dernier compte pour ceux qui étaient fabriqués à la marche. Les droguets faits à ligature, quoique à la tire, portèrent aussi la dénomination de *Maubois*. Ce nom leur fut conservé, attendu que c'étaient toujours de petits dessins que l'on exécutait avec des ligatures, soit à la marche, soit à la tire, parce qu'il aurait fallu une trop grande quantité de ligatures pour faire en ce genre de grands dessins.

DROGUETS A LA REINE.

431. Cette espèce de droguet tirait son origine des autres droguets que nous venons de décrire ; il existait cependant une différence que nous allons expliquer.

Dans les droguets dont il vient d'être parlé, on était astreint à mettre tout de la même couleur, tandis que dans les droguets appelés *à la Reine* on pouvait mettre le poil d'une couleur, la chaîne de l'autre, et la trame encore d'une autre ; ces différences ne pouvaient nuire à l'étoffe, parce que le poil ne s'y incorporant pas, il ne pouvait faire aucun faux dans le fond ; aussi ce poil flottait à l'endroit comme à l'envers.

M. Paulet fait remarquer qu'il n'existait pas de différence entre les espèces de droguets quant à la disposition du métier ; car, dit-il, on pouvait confectionner un droguet ordinaire sur un métier monté pour des *droguets à la Reine,* et *vice versâ.*

Le *Dictionnaire raisonné universel des Arts et métiers,* de M. l'abbé Jaubert (Paris, 1793), contient quelques détails sur la manière dont se fabriquaient les droguets de soie. Nous citons textuellement cette description, qui complètera ce que M. Paulet dit de la division de la chaîne en deux rouleaux :

« La petite *tire* est particulièrement affectée à la fabrication des droguets de soie, que l'on divise en général en *droguets satinés* et *droguets brillantés.* Dans l'une et l'autre de ces étoffes, la chaîne, ainsi que le *poil* ou la soie qui sert à faire le figuré de l'étoffe, est de 40 à 50 portées. Après qu'on a ourdi deux fois la chaîne, dont une des portées est plus longue que l'autre et qu'on appelle *pivot,* on la met ordinairement sur deux *ensuples* (rouleaux). Cette chaîne, qui n'est point passée dans les *maillons des corps,* qui sont des fils passés dans des bandes de verre, dont les deux bouts sont attachés à l'*arcade* ou nœud à la hauteur d'un pied, et sur quatre lisses avec une armure en *taffetas,* dont les quatre lisses sont horizontales, et les deux marches perpendiculaires ou verticales, de manière que le *pivot* est sur deux lisses, et l'autre partie de la chaîne sur deux autres, à l'exception des droguets satinés où il y a ordinairement cinq lisses. Le poil n'est point passé dans les lisses, mais seulement dans le corps. Le droguet uni se travaille à deux marches, dont l'une sert pour le coup de plein, et l'autre pour le coup de tire; les cinq lisses du droguet satiné sont tirées au moyen du *bouton,* qui est une petite boule de bois traversée de ficelles, qui se rend à la *rame,* ou faisceau de cordes, et qui tient lieu de semple dans les ouvrages à la petite tire.

« L'armure de la chaîne ou du fond étant, comme nous l'avons dit, en taffetas, une marche fait lever

« la chaîne, et l'autre le pivot. Le coup de plein passe
« sur la chaîne, et le coup de tire sur le pivot; sans
« cette précaution, il arriverait que la partie de soie
« qui lèverait avec la partie de poil, se trouverait plus
« haute que celle qui lève seule, et empêcherait l'étoffe
« de serrer.

« Avant qu'on eût imaginé les *pivots*, les fabricants
« étaient obligés de changer le mouvement des quatre
« lisses de taffetas, et de lever tour-à-tour les deux
« lisses dont la soie était plus tirante sur le coup de
« plein. Quelque attention que l'on pût apporter à re-
« médier à tous les inconvénients qui étaient la suite
« de cette manœuvre, on n'y parvenait jamais aussi
« avantageusement qu'avec le pivot.

« Les *droguets d'or ou d'argent* sont des tissus couverts
« dont la dorure est liée par la découpure ou par la
« corde. Cette étoffe, dont les dessins sont de petite di-
« mension, se fabrique avec quatre marches, parce qu'il
« ne se lève point de lisses au coup de dorure; deux de
« ces marches servent pour le fond, et deux pour l'ac-
« compagnage, qui doit être en taffetas ou en gros-de-
« Tours. »

Nous aurons occasion de revenir sur les *Droguets*, à propos des étoffes façonnées, car ce genre d'étoffe compte parmi ces dernières aussi bien que dans les armures et étoffes à raies. Nous indiquerons alors les procédés qui s'appliquent à la confection des *droguets*.

TISSUS APPELÉS ÉGYPTIENNES.

432. On a donné le nom d'*Egyptienne*, dit M. Paulet, à un goût qu'on a fait régner depuis environ quatorze ou quinze ans sur plusieurs genres d'étoffes (1). Ce furent d'abord les taffetas qui prirent la dénomination d'Egyptiennes, parce qu'on avait ajouté dessus de petites raies satinées; on fit aussi ces mêmes petites raies en serge, sans cependant changer le dénomination de l'étoffe, dont le fond fut quelquefois confectionné en gros-de-Tours.

On travaillait ces sortes d'Egyptiennes comme les droguets à la Reine, avec cette différence que pour le fond on devait avoir quatre marches, si les raies étaient serge, et huit marches si elles étaient satin.

Les Egyptiennes pouvaient encore être exécutées en droguet Maubois, comme aussi en Prussiennes; mais il fallait alors doubler le nombre des ligatures qui déterminaient le fond de l'étoffe et les effets du dessin, et supprimer les lisses de fond.

Enfin, il se faisait des Egyptiennes liserées ou lancées, qui ne différaient de celles à poil que parce que les effets du dessin étaient produits par la trame formant le fond, ou par une navette de lancé en soie, chenille, cordonnet, dorure, etc., etc. Alors, on faisait

---

(1) M. Paulet écrivant en 1776, il résuite que les Egyptiennes remontent à 1760 environ.

les ligatures qui concouraient à la formation du dessin, comme pour les taffetas et les gros-de-Tours liserés; on ajoutait seulement les raies de satin, lesquelles étaient censées formées par un corps de ligatures séparé.

Il nous semble inutile de suivre ici M. Paulet dans les détails qu'il donne sur les diverses combinaisons que l'on appliquait aux tissus appelés Egyptiennes; détails dont la prolixité fatiguerait nos lecteurs, sans avoir aucun attrait d'utilité ou d'intérêt, puisque de nos jours il ne se fait plus d'étoffes désignées sous le nom d'Egyptiennes, et que celles qui présentent quelque analogie avec ces tissus se confectionnent par des procédés différents de ceux que nous indique notre auteur. Nous ferons seulement remarquer avec lui que les tissus appelés Egyptiennes étaient susceptibles de nombreuses variétés soit par les raies satin qui pouvaient être d'une ou de deux ou trois dents, soit par les dessins et les grandeurs des diverses bandes de fond, soit enfin par les différents genres d'ouvrages que l'on pouvait y appliquer. Nous remplacerons donc par quelques mots et par un énoncé sommaire la longue description de M. Paulet, en disant, qu'en résumé, les *Egyptiennes* étaient des tissus à rayures de deux ou trois dents de satin, distancées de cinq à dix millimètres, et séparées par une partie taffetas, qui faisait le fond de l'étoffe; sur ce fond se produisaient des effets de flotté de trame ou de chaîne, figurant de petits losanges, de petits pois, etc.

Ces genres de tissus se faisaient sur des comptes de peigne très-fournis.

FIN DU PREMIER VOLUME.

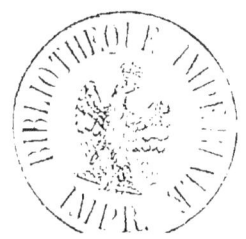

TABLE DES MATIÈRES

CONTENUES DANS LE TOME 1er

DU

DICTIONNAIRE GÉNÉRAL DES TISSUS.

	Pages.
Dédicace. (A M. Arlès-Dufour).	v
Préface	VII
Introduction au *Dictionnaire général des Tissus*	I
Avant-propos	*ibid.*
Origine des tissus en général	III
Des peaux d'animaux.	VI

De la Laine — VII

1° Feutrage	VIII
2° Etoffes de laine teintes en diverses couleurs	IX
3° Draperie	XI
4° Premières fabriques de drap établies :	
Dans les Pays-Bas.	XIV
En Angleterre	XV
En France	XVII
5° Laines d'Espagne, d'Angleterre, etc.	*ibid.*
6° Etat actuel des manufactures de draperies :	
En Espagne.	XIX
En Angleterre	XXI
En Allemagne, en Prusse, en Saxe, etc.	XXII
En Russie	XXIII
En Italie, à Naples; etc.	*ibid.*
7° Laines de France. — Pays qui en produisent le plus	XXIV
8° Manufactures françaises les plus renommées.	*ibid.*
9° Poil de chèvre	XXV

Du Lin et du Chanvre. — XXVI

1° Matières filamenteuses comprises sous la dénomination générique de *lin*, et servant aux mêmes usages, en diverses contrées	*ibid.*

	Pages.
2° Chanvre des Scythes, et chanvre du pays des Sabins	XXVII
3° Lin d'Italie et lin d'Espagne	XXVIII
4° Usage du lin chez les peuples de l'Antiquité, notamment chez : Les Egyptiens	XXIX
Les Hébreux.	ibid.
Les Grecs	XXX
Les Romains	XXXI
5° Distinction à établir entre *toiles* et *toileries* .	XXXII
6° Autre distinction à faire entre *fabrique* et *manufacture*.	ibid.
7° Contrées de l'Europe où l'on récolte le plus de lin et de chanvre	XXXIV
8° Provinces ou départements de la France où le lin et le chanvre se récoltent en plus grande quantité	ibid.
9° Manufactures de toiles et toileries en France, savoir :	
A Rouen et dans le départem. de la Seine-Inférieure	XXXV
A Caën et dans le département du Calvados. . .	XXXVI
Dans la Picardie	ibid.
Dans la Bretagne	XXXVIII
A Laval	XXXIX
Dans le Maine et l'Anjou	XL
Dans le Dauphiné.	ibid.
Dans l'Auvergne	XLI
Dans le Béarn et le Bigorre	XLII
Dans le haut Languedoc.	ibid.
A Troyes et dans la Champagne	ibid.
A Villefranche, et dans le Beaujolais. . . .	XLIII
10° Manufactures de toiles dans les autres pays de l'Europe, savoir :	
Angleterre.	XLIII
Pays-Bas	XLIV
Allemagne, Westphalie, duché de Berg, etc.	ibid.
Silésie	ibid.
Hesse et Hanovre	ibid.
Bohême.	ibid.
Lusace	XLV
Espagne et Portugal	ibid.
Russie	ibid.

Du Coton.

	Pages.
1° Variétés de l'arbuste qui produit le coton. .	XLV
2° *Capoc*, *ouatte*, *Gossampin*, etc.	XLVI
3° *Coton de Silésie*, *typha*, etc.	XLVII
4° *By-sus* des Indiens et des Egyptiens. . . .	XLIX
5° Toiles de coton fabriquées dans l'île de Cos.	*ibid.*
6° Pays qui produisent du coton	L
7° *Coton des îles* et *coton du Levant*	*ibid.*

De la Soie.

1° Premiers vers à soie apportés en Europe, .	LII
2° Manufactures de soie établies par Justinien .	*ibid.*
3° Etablissement des manufactures de soieries en Sicile	LIII
4° Fabrication des étoffes de soie dans le Comtat Venaissin au XIIIe siècle	*ibid.*
6° Louis XI et Charles VIII établissent à Tours les premières fabriques d'étoffes de soie. . . .	*ibid.*
7° Henri IV s'occupe de répandre la culture du mûrier	*ibid.*
8° Au XVIIe siècle, la fabrique de Lyon acquiert une haute importance.	LV
9° Progrès de la fabrication des étoffes de soie dans tous les pays de l'Europe.	LVI
10° Etat actuel des fabriques de soieries : à Venise, à Gênes, en Piémont, en Espagne et en Portugal.	LVII
11° Importance que les fabriques de soieries ont acquise dans les états de l'empire d'Autriche . .	LVIII
12° Epoque où des fabriques de soieries commencèrent à s'établir en Prusse. Etat actuel des manufactures dans ce pays	*ibid,*
13° Industrie de Crefeld et d'Elberfeld . . .	LIX
14° Fabriques de soieries à Moscou, établies au XVIIe siècle ; nombre de métiers occupés actuellement dans cette ville.	*ibid.*
15° Des anciennes manufactures de soieries de la Hollande, et des nouvelles fabriques de Bruxelles et de Loost	LX
16° Fabrication des étoffes de soie en Suisse .	LXI

TABLE DES MATIÈRES

Pages.

17° Premières fabriques de soieries établies en Angleterre ; leurs progrès après la Révocation de l'Edit de Nantes ; principaux lieux de fabrication des soieries et rubans LXII

18° Industrie de la soie en Chine dès la plus haute antiquité ; procédés des Chinois en matière de fabrication . . . . ibid.

19° Fabriques de soieries en France, et notamment à Lyon, Saint-Etienne, Nîmes, Avignon, Tours, etc. LXIII

20° Origine de l'industrie rubannière. . . . LXIV

21° Nombre de métiers employés en France au tissage des articles où la soie domine. . . . . . ibid.

Notions préliminaires. 11
Tissage à la main. . . . . ibid.
— au bouton 13
— au fouet. 15
Tissage mécanique. 16
Différence existante entre les taffetas tissés sur métiers mécaniques, et ceux tissés sur métiers à la main . 18
Tissage au battant-marcheur. . . . . ibid.
Métier-marcheur 19
Métier à tisser en même temps deux pièces superposées 20

DICTIONNAIRE GÉNÉRAL DES TISSUS ANCIENS ET MODERNES. 23
  1. Taffetas . . . . ibid.
      De la fabrication du taffetas uni . . . . . ibid.
      Conditions requises dans les matières employées pour taffetas. 27
  2. Taffetas glacés 28
  3. Taffetas changeants ou *caméléons* . . . . . . ibid.
  4. Gros-de-Naples 29
  5. Poult de soie . . . . ibid.
      DU MOIRAGE. . . . . ibid.
      Moire antique, dite *moire anglaise* 33
  6. Taffetas chinés 39
      Préparation de la chaîne pour faire le taffetas chiné ibid.
      Ourdissage . . . . ibid.
      Montage des branches. 40

DU TOME PREMIER. 305

	Pages.
Tracé du dessin sur les branches	41
Assemblage des branches	42
Ourdissage et dévidage	ibid.
Proportion de grosseur que les branches doivent avoir.	44
Chiné irrégulier	45
Accompagnage	47
Chinage du velours	ibid.
Ourdissage de diverses couleurs pour chiné.	49
Tissus qui peuvent être employés pour chinés.	ibid.
Travail des étoffes chinées	50

7. Taffetas imprimés sur chaîne . . . . ibid.
8. Taffetas peint 51
9. Marabout 52
10. Taffetas chaîne soie tramé crin 53
11. — chaîne grège et trame grège. 55
12. — chaîne organsin cuit, tramé marabout . 56
13. — — tramé grenadine . 56
14. — chaîne et trame grenadine 56
15. — chaîne organsin, tramé ondé 56
16. Gros des Indes 56
17. Gros d'Afrique 57
18. Gros d'Afrique cordé 57
19. Taffetas à deux pas 58
20. Velours français 58
21. Taffetas caméléon à deux chaînes 58
22. Foulard 58
23. Taffetas cuit tramé laiton. 59
24. Taffetas à deux chaînes. 59
25. Caméléon à deux chaînes 59
26. Taffetas poult-de-soie tramé coton 59
27. — — tramé jaspé soie et coton . 59
28. — — tramé laine montée en laine anglaise. 59

Notice sur les anciens taffetas. 60

Anciennes dénominations des taffetas. . . . . ibid.

Taffetas lustrés inventés par *Octavio-Mey* ; procédés que ce fabricant mit en œuvre pour lustrer les taffetas. Description de la machine à lustrer d'*Octavio-Mey*. 62

Dénominations et emplois des taffetas anciens . . 63

29. Taffetas noirs . . . . ibid.
30. — dits *bonne-femme*. 64
31. — d'Espagne. . . . . ibid.
32. — d'Angleterre. 65

TOME I. 20

		Pages.
33. Taffetas de Tours.		65
34. — de Florence.		66
35. — d'Avignon		66
36. — armoisins.		66

Taffetas des Indes : Caiquiers, Longuis, Arains, Kemeas, etc. 66

Taffetas de la Chine :

37. *Sou-sse-Tcheou*, foulard écru	67
38. *Sou-Sha*, gaze lisse écrue	68
39. *Seng-fong-Tcheou*, taffetas écru blanc	68
40. *Seng-fong-Tcheou*, taffetas écru apprêté	68
41. *Tchong-Kuen*, taffetas léger écru	69
42. *Tchong-Kuen*, — —	69
43. Sorte de gros-de-Naples, appelé *Yu-tuun* par les Chinois, et *Wollen-comlets*, par les Anglais	ibid.

Etoffes fabriquées au Japon. 70

Popelines unies; *taffetas crêpe*, imprimé de plusieurs couleurs; *taffetas crêpe*, dits *de Chine*, et de couleur ponceau . . . . ibid.

Tissus Chinois damassés :

44. *Hwa-mien-Tcheou*, popeline coton.	71
45. *Hwa-yu-Twan*, popeline laine	71
46. *Hwa-sien-Tseou*, gros-de-Naples ondé.	71
47. *Hwa-Tcheou*, gros-de-Naples apprêté	72
48. *Sou-ning-Tcheou*, sergé uni	72
49. *Ho-mien-Tcheou*, toile fantaisie	73
50. *Sou-po-Kuen-Kin*, taffetas pour mouchoirs	73
51. *Kien-Tcheon*, foulard gauffré	73
52. *Hong-Tcheon*, foulard uni	73
53. *Pou-youen-Tcheou*, foulard appelé *pongi* en langage Cantonais, décrué	74
54. *Pou-youen-Tcheou-Kin*, mouchoir foulard, aussi appelé *pongi*, décrué	74
55. *Fang-Tcheou*, foulard décrué, tissu formant l'intermédiaire entre le crêpe et le *pongi*	74
56. *Sou-sien-Tseou*, gros-de-Naples ondé, uni.	75
57. Taffetas ombré par la trame	75
58. — ombré par le peigne	76
59. — ombré par la chaîne	ibid.
60. — gauffré.	77

Description des procédés de gauffrage . . . . . ibid.
Machine à gauffrer inventée par *Chandelier*. . . . 78

DU TOME PREMIER.

Pages.

61. Taffetas piqué ou à jour, imitant la dentelle 79
62. — dit crêpe 80
63. Crêpes de Chine 81
Procédé de la torsion des fils en sens contraire, dans la fabrication des crêpes de Chine, découvert par MM. Dugas de St-Chamond 82
Méthode inventée et adoptée par M. Bancel de Paris, pour obtenir des crêpes en plusieurs couleurs variées ensemble 83
64. Taffetas de Florence . . . . *ibid.*
65. — dit Marceline 84
66. — dit Louisine . . . . *ibid.*
67. Poult-de-soie inéraillable, c'est-à-dire, n'étant pas sujet à s'érailler . . . . *ibid.*
68. Gaze droite 85
69. Taffetas à double face, à une seule trame . . . 86
70. — — à deux trames . . . . *ibid.*
71. Foulard écru 87
72. Taffetas fleuret . . . . *ibid.*
73. — arc-en-ciel ou prismatique 88
74. — Ferrandine ou Burail . . . . . . *ibid.*
Origine de la dénomination de *ferrandiniers* . . . 89
75. Grisettes . . . . *ibid.*
76. Siamoises 90

Etoffes unies fabriquées à la Chine et aux Indes-Orientales, savoir :

77. *Allegeas* ou *allegias*, (étoffes les unes de soie, les autres de coton) 91
78. Armoisins des Indes : *arains*, taffetas rayés ou à carreaux ; *damaras*, taffetas à fleurs 91
79. Belelacs (taffetas fabriqué au Bengale) 92
80. Chuquelas (étoffes de soie et de coton, fabriquées aux Indes) 92
81. Chercolées ou chercornées (à-peu-près semblables aux chuquelas 92
82. Cirsakas ou sersukers (étoffe de coton et de soie) . 92
83. Gilhams (sorte d'étoffe de soie fabriquée à la Chine) 92
84. Kemeas (taffetas à fleurs de soie) 93
85. Linthées (espèce de tissu qui se fabrique à la Chine) 93
86. Maaypoosten (étoffe de soie fabriquée aux Indes-Orientales) 93

TABLE DES MATIÈRES

Pages.

87. Montichicours (tissus mêlés de coton et de soie fabriqués aux Indes) 94
88. Pang-fils (étoffe de soie fabriquée à la Chine) . . 94
89. Patoles (pièces de soie colorées et cordées, fabriquées à Surate 94
90. Pelings, pelains ou pelangs (étoffes de soie fabriquées à la Chine. 94
91. Pinasses ou Biambonnées (étoffes fabriquées aux Indes, de l'écorce d'un arbre qui se file comme le chanvre 94
92. Shaub ou Baffetas (étoffes mêlées de soie et de coton, fabriquées aux Indes). 95
93. Spies (petits taffetas fabriqués à Canton) . . . 95
94. Susces (espèce de taffetas qui se font au Bengale) 95
95. Tepis, étoffe de soie et de coton fabriquée aux Indes-Orientaless 95
96. Tonquin blanc (étoffe de soie blanche, provenant de la Chine 96
97. Modène (étoffe mêlée de fleuret. de poil, de fil, de laine et de coton. . . . . *ibid.*
98. Papeline (étoffe fabriquée jadis dans le Comtat-Venaissin) . . . . *ibid.*
99. Samis ou Samilis (ancienne étoffe riche, tramée de lame d'or). 97
100. Tabis (sorte de gros taffetas ondé) . . . . . *ibid.*
101. Toiles de soie (petite étoffe très-claire, très-légère et non croisée) 98
102. Moncahiar ou Mocayar (appelés aussi *Burat* ou *Burail*) . . . . *ibid.*
103. Bombasin de soie (étoffe fabriquée d'abord à Milan, puis en France) 99
104. Canabassette. (Il y en avait de rayées de soie, d'autres où il n'entrait pas de soie) . . . . *ibid.*
105. Velours simulé . . . . *ibid.*
106. Gros de Tours 100
107. Gros d'Orléans . . . . *ibid.*
108. Velours d'Italie, ou velours à la Reine . . . 101
109. Gros d'été.. . . . . *ibid.*
110. — de Lyon. 102
111. — de Berlin . . . . *ibid.*
112. — de Suisse . . . . *ibid.*
113. — d'Alger . . . . *ibid.*
114. — de Chine . . . . *ibid.*
115. Taffetas toile d'or et d'argent. . . . . . . *ibid.*

	Pages.
116. Taffetas à carreaux	103
117. — rayés à dispositions	104
118. Tissus-taffetas tramés cheveux, chaîne soie	105
119. — tramés bois, chaîne soie crue	107
120. — canevas	ibid.
121. — tramé verre	108
122. Tissu-plume sur fond taffetas	110
123. Velours ottoman (*primitif* et *dérivé*)	112
124. Taffetas cannelé (simple, double, alternatif et composé)	114
125. Taffetas cannelé à deux pas	115
126. Cannelé simple	116
127. — double	117
128. — alternatif	119
129. — composé	120
130. Reps	121
131. Reps proprement dit	122
132. Basiné	124
133. Reps à côtes	ibid.
134. Tissus sergés	126
Différences qui existent entre la *serge* et le *taffetas*.	ibid.
Variétés de l'armure *sergé*, quant au nombre de fils.	127
135. Batavia	ibid.
136. Serge	128
137. Tissus sergés à trois lisses	129
138. Ras de Saint-Cyr	ibid.
139. Ras de Saint-Maur	130
140. Ras de Saint-Maur, avec taffetas à l'envers	131
141. Virginie	ibid.
142. Lévantine	132
143. Serge à six lisses, ou serge satinée	ibid.
144. Draps de soie	133
Variétés dans les combinaisons de l'armure drap de soie, savoir :	
145. Drap de prince	134
146. Chaînette	134
147. — variée (n. 1)	ibid.
148. — variée (n. 2)	135
149. Grenadine	135
150. Serge de Rome	ibid.
151. Chevron (1re armure chevron)	ibid.
152. Chevron varié (n. 1)	136
153. — (n. 2)	ibid.

TABLE DES MATIÈRES

	Pages.
154. Chevron varié (n. 3)	136
155. Tissuté	ibid.
156. Pastourelle	ibid.
157. Hongroise	137
158. Peau de poule	ibid.
159. — variée	ibid.
160. Côte satinée	ibid.
161. Chevron à deux faces	ibid.
162. Suédoise	ibid.
163. Bâton rompu	138
164. Anglaise	ibid.
165. Œil de perdrix	ibid.
166. Œil de perdrix varié	ibid.
167. Prunelle bâtarde	ibid.
168. *Autre* prunelle bâtarde	ibid.
169. *Autre* prunelle bâtarde variée	139
170. Prunelle	ibid.
171. — variée (n. 1)	ibid.
172. — variée (n. 2)	140
173. — variée (n. 3)	ibid.
174. — variée (n. 4)	ibid.
175. — variée (n. 5)	ibid.
176. Petits-carreaux	ibid.
177. — variés (n. 1)	141
178. — variés (n. 2)	ibid.
179. — variés (n. 3)	ibid.
180. — variés (n. 4)	ibid.
181. — variés (n. 5)	ibid.
182. — variés (n. 6)	142
183. — variés (n. 7)	ibid.
184. — variés (n. 8)	ibid.
185. — variés (n. 9)	ibid.
186. — variés (n. 10)	ibid.
187. — variés (n. 11)	143
188. — variés (n. 12)	ibid.
189. — variés (n. 13)	ibid.
190. — variés (n. 14)	ibid.
191. Samardine	ibid.
192. Id. variée (n. 1)	ibid.
193. Id. variée (n. 2)	144
194. Id. variée (n. 3)	ibid.
195. Id. variée (n. 4)	ibid.
196. Id. variée (n. 5)	ibid.
197. Id. variée (n. 6)	145

				Pages.
198.	Samardine variée (n. 7)			145
199.	Mailles de bas			ibid.
200.	Grosse chaînette.			ibid.
201.	Grains d'orge, ou de poule			146
202.	Id.	Id.	variés (n. 1).	ibid.
203.	Id.	Id.	variés (n. 2).	ibid.
204.	Id.	Id.	variés (n. 3).	ibid.
205.	Id.	Id.	variés (n. 4).	147
206.	Id.	Id.	variés (n. 5).	ibid.
207.	Id.	Id.	variés (n. 6).	ibid.
208.	Id.	Id.	variés (n. 7).	ibid.
209.	Id.	Id.	variés (n. 8).	148
210.	Id.	Id.	variés (n. 9).	ibid.
211.	Id.	Id.	variés (n. 10)	ibid.
212.	Id.	Id.	variés (n. 11)	ibid.
213.	Id.	Id.	variés (n. 12)	ibid.
214.	Id.	Id.	variés (n. 13)	149
215.	Id.	Id.	variés (n. 14)	ibid.
216.	Id.	Id.	variés (n. 15)	ibid.
217.	Caroline			ibid.
218.	Piqué Anglais.			150
219.	Id.	varié (n. 1).		ibid.
220.	Id.	varié (n. 2).		ibid.
221.	Filoche.			ibid.
222.	Grosse et petite côtes			151
223.	Côtes égales			ibid.
224.	Côtes variées (n. 1).			ibid.
225.	Id.	(n. 2).		ibid.
226.	Id.	(n. 3).		152
227.	Id.	(n. 4).		ibid.
228.	Id.	(n. 5).		ibid.
229.	Id.	(n. 6).		ibid.
230.	Id.	(n. 7).		153
231.	Id.	(n. 8).		ibid.
232.	Id.	(n. 9).		ibid.
233.	Id.	(n. 10)		ibid.
234.	Id.	(n. 11)		154
235.	Id.	(n. 12)		ibid.
236.	Id.	(n. 13)		ibid.
237.	Côte satinée			ibid.
238.	Côte piquée			ibid.
239.	Côte Anglaise façonnée ou Syrienne (n. 1)			155
240.	Id.	Id.	Id. (n. 2)	ibid.
241.	Id.	Id.	Id. (n. 3)	ibid.

		Pages.
242. Côte Anglaise façonnée, on Syrienne (n. 4)		155
243. Côte menue		156
244. Id. variée (n. 1)		ibid.
245. Id. variée (n. 2)		ibid.
246. Bâtarde		ibid.
247. Double côte		157
248. Id. variée (n. 1)		ibid.
249. Id. variée (n. 2)		ibid.
250. Id. variée (n. 3)		158
251. Id. variée (n. 4)		ibid.
252. Id. variée (n. 5)		ibid.
253. Id. variée (n. 6)		159
254. Id. variée (n. 7)		ibid.
255. Orléantine		ibid.
256. Id. variée (n. 1)		ibid.
257. Id. variée (n. 2)		160
258. Id. variée (n. 3)		ibid.
259. Grosse grenadine		ibid.
260. Id. variée (n. 1)		161
261. Id. variée (n. 2)		ibid.
262. Id. variée (n. 3)		ibid.
263. Id. variée (n. 4)		ibid.
264. Id. variée (n. 5)		ibid.
265. Id. variée (n. 6)		162
266. Id. variée (n. 7)		ibid.
267. Id. variée (n. 8)		ibid.
268. Id. variée (n. 9)		ibid.
269. Id. variée (n. 10)		ibid.
270. Id. variée (n. 11)		163
271. Drap de milord		ibid.
272. Id. varié (n. 1)		ibid.
273. Id. varié (n. 2)		164
274. Id. varié (n. 3)		ibid.
275. Id. varié (n. 4)		ibid.
276. Id. varié (n. 5)		ibid.
277. Id. varié (n. 6)		165
278. Id. varié (n. 7)		ibid.
279. Id. varié (n. 8)		ibid.
280. Id. varié (n. 9)		ibid.
281. Id. varié (n. 10)		166
282. Id. varié (n. 11)		ibid.
283. Id. varié (n. 12)		ibid.
284. Id. varié (n. 13)		ibid.
285. Id. varié (n. 14)		167

			Pages.
286.	Drap de milord varié (n. 15)	. . . . . .	167
287.	Id. varié (n. 16)	. . . . . .	ibid.
288.	Id. varié (n. 17)	. . . . . .	ibid.
289.	Id. varié (n. 18)	. . . . . .	ibid.
290.	Id. varié (n. 19)	. . . . . .	168
291.	Id. varié (n. 20)	. . . . . .	ibid.
292.	Id. varié (n. 21)	. . . . . .	ibid.
293.	Id. varié (n. 22)	. . . . . .	169
294.	Id. varié (n. 23)	. . . . . .	ibid.
295.	Id. varié (n. 24)	. . . . . .	ibid.
296.	Id. varié (n. 25)	. . . . . .	170
297.	Id. varié (n. 26)	. . . . . .	ibid.
298.	Armures drap de soie variées (n. 1)	. . . .	ibid.
299.	Id. variées (n. 2)	. . . .	171
300.	Id. variées (n. 3)	. . . .	ibid.
301.	Id. variées (n. 4)	. . . .	ibid.
302.	Id. variées (n. 5)	. . . .	172
303.	Id. variées (n. 6)	. . . .	ibid.
304.	Id. variées (n. 7)	. . . .	ibid.
305.	Id. variées (n. 8)	. . . .	173
306.	Id. variées (n. 9)	. . . .	ibid.
307.	Id. variées (n. 10)	. . . .	ibid.
308.	Id. variées (n. 11)	. . . .	174
309.	Id. variées (n. 12)	. . . .	ibid.
310.	Id. variées (n. 13)	. . . .	ibid.
311.	Id. variées (n. 14)	. . . .	175
312.	Id. variées (n. 15)	. . . .	ibid.
313.	Id. variées (n. 16)	. . . .	ibid.
314.	Id. variées (n. 17)	. . . .	ibid.
315.	Id. variées (n. 18)	. . . .	176
316.	Id. variées (n. 19)	. . . .	ibid.
317.	Id. variées (n. 20)	. . . .	ibid.
318.	Id. variées (n. 21)	. . . .	177
319.	Id. variées (n. 22)	. . . .	ibid.
320.	Id. variées (n. 23)	. . . .	ibid.
321.	Drap de soie royale	. . . . . .	178
322.	Id. Id. dite *Vénitienne*	. . . .	179
323.	Id. piqueté	. . . . . .	ibid.
324.	Id. *Russienne*	. . . . . .	180
325.	Id. *Allemande*	. . . . . .	181
326.	Id. *Brésilienne*	. . . . . .	182
327.	Id. *Polonaise*	. . . . . .	183
328.	Id. *Américaine*	. . . . . .	ibid.
329.	Id. ondulé	. . . . . .	184

TABLE DES MATIÈRES

	Pages.
Satin	185
De la fabrication du satin chez les Chinois et les Indiens.	186
Avantages que nous avons sur eux pour cette fabrication	189
Progrès accomplis dans nos manufactures pour la confection des satins	190
Du satin et de sa fabrication	ibid.
330. Satin à 8 lisses	191
Conditions exigées pour le dévidage, le pliage et le remondage, etc., à l'égard des satins	ibid.
331. Satin à 5 lisses	193
332. Satin pelure d'oignon	194
333. Variété du satin à 8 lisses.	ibid.
334. Variété du remettage du satin à 8 lisses.	195
335. Satins divers, savoir : de Gênes, de Lucques, de Milan, etc.	ibid.
Satin de Bruges, appelé *caffard*; étymologie de ce mot.	ibid.
Satin de *Maliques*; étymologie probable de cette désignation	196
Satin de *Chypre*.	197
Prix des satins en France au XVIe siècle.	ibid.
Satins unis ou imprimés, ou peints de diverses couleurs, appelés *furies*.	ibid.
Satins mêlés de fil et de fleuret, appelés satins *de Chine*.	198
Etoffe appelée *demi-satin*.	ibid.
Satanin. Etymologie de ce mot, et de celui de *Satallin*	199
Etoffe appelée *Soudanin*	200
336. Satin à 4 lisses, appelé aussi *satin Turc*	ibid.
337. Satin à 4 lisses, dit *satin princesse*	201
338. Satin à 5 lisses, dit *Alcyonne*, ou *satin de Chine*.	ibid.
339. Satin à 6 lisses	203
340. Satin *à la Reine*, sur 6 lisses	ibid.
341. Satin *Romain*, sur 6 lisses.	204
342. Satin sur sept lisses	205
343. Satins sur un nombre de lisses indéterminé	ibid.
344. Satin en chaîne crue	207
345. Satins jaspés, chinés, imprimés et rayés.	ibid.
346. Satins moirés.	ibid.
347. Satin chaîne grenadine.	ibid.
348. Satin marabout	ibid.

DU TOME PREMIER. 315

	Pages.
349. Satin ondé	208
350. Satin hermine	ibid.
351. Satin Grec, sur 4 lisses	210
352. Satin Ecossais	ibid.
353. Satin Figaro	211
354. Satin dit *sans envers*	ibid.
355. Satin *sans envers* sur 10 lisses	212
356. Satin mélangé de grenadine et de marabout	ibid.
357. Satin national	213

Satins Chinois, savoir :

358. *Sou-twan*, satin uni, bouton d'or	213
359. *Sou-twan*, satin uni, gros bleu	ibid.
360. *Sou-twan*, satin uni, cramoisi	ibid.
361. *Sou-twan*, satin uni, bleu céleste	214
362. *Sou-twan*, satin uni, blanc	ibid.
363. *Sou-twan*, autre satin uni blanc	ibid.
364. *Sou-twan*, satin uni, noir	ibid.
365. *Sou-twan*, satin uni, noir bleu	ibid.
366. *Hé-pé-pé-twon*, satin double face, bleu clair sur bleu foncé	ibid.

Autres satins Chinois et Indiens, savoir :

367. Satins appelés *dorures fausses*	215
368. Satins appelés *dorures fines*	ibid.
369. Satins appelés *dorures de Nankin*	216
370. Satins *Pelains* ou *Pelangs*	ibid.
371. Satins *Touanse*	ibid.
372. Satins *Attlas*	216
Variétés des Attlas : *cotonés, conconias, calquiers*, etc.	217

373. Tissu-paille chaîne soie	218
Procédés de fabrication	219
Gaze Cérès, pagne, etc. Tissus paille, appelés *agrément*.	221
374. Tissu-crin, et procédés de fabrication	223
375. Tissu-métallique, moyens de fabrication	226

Etoffes veloutées	228
376. Velouté simple plane	ibid.
377. Velouté relevé	229
378. Velouté doubleté	230

Armures variées, et combinaisons de remettage	231
379. Turquoise	ibid.
380. Coteline, genre *ancien* et genre *nouveau*	232
381. Tissu tubulaire par l'armure satin, sur 10 lisses.	235

Etoffes unies, ou armures à double face, dites *sans envers* 235
382. Etoffes à double face, par une seule armure sergée amalgamée (première et deuxième armure) . 236
383. Armure sergé dessus et dessous, en deux corps sur six lisses. .... *ibid.*
384. Armure satin dessus et dessous, sur un seul corps de remises 237
385. Armure sergé d'un côté et satin de l'autre, en deux corps de remise. .... *ibid.*
386. Armure satin dessus et dessous, sur un seul corps et sur dix lisses 238
387. Armure satin cinq lisses d'un côté, et sergé cinq lisses de l'autre. .... *ibid.*
388. Armure fond filoche dessus et dessous. 239
389. Armure taffetas six lisses d'un côté, et sergé 3 lisses de l'autre .... *ibid.*
390. Armure sergé d'un côté et cannelé de l'autre . . 240
391. Taffetas rayé d'un côté et taffetas uni de l'autre. 241
392. Taffetas uni d'un côté et Ecossais de l'autre . 242
393. Taffetas Ecossais avec superposition de gaze . . *ibid.*
394. Taffetas uni, en couleurs pures, recouvert d'une chaîne gaze. 243
395. Tissu fond satin recouvert d'un corps gaze. . 244
396. Tissu satin écossais, avec superposition de gaze blanche 245
397. Gaze blanche et gaze de couleur, l'une superposée à l'autre .... *ibid.*
Observations sur les étoffes à double face, formées par une même armure et sur deux remisses. 246
Observations sur les étoffes à double face, formées par des armures différentes 247
Observations sur les étoffes doubles 248
Armures diverses 250
398. Armure Isabelle. .... *ibid.*
399. Id. Victoria .... *ibid.*
400. Id. Dona Maria 251
401. Id. Piémontaise .... *ibid.*
402. Id. reps varié par la chaîne 252
403. Id. satinée, coupée sans envers .... *ibid.*

404. Armure écaille	253
405. Id. taffetas carreauté flotté.	254
406. Satin tulle.	255
407. Armure Géorgienne.	*ibid.*
408. Id. Id. variée	256
409. Id. orientale	*ibid.*
410. Id. cannetillée.	257
411. Satin à fils tirés	259
412. Armure diamantée, par effet de chaîne	260
413. Id. Orléantine, par effet de chaîne	*ibid.*
414. Id. gros grain et à côtes transversales, par effet de poil	261
415. Variété de l'armure gros grain et à côtes transversales.	*ibid.*
416. Armure royale piquetée, sur deux chaînes	262
417. Variété de l'armure ci-dessus, aussi sur deux chaînes.	*ibid.*
418. Armure damier, par effet de double étoffe	263
419. Id. Léontine.	264
420. Id. damier doubletée, par effet de chaîne.	265
421. Id. briquetée	266
Etoffes rayées. Ce que l'on comprend sous cette dénomination.	267
Aperçu sur les étoffes à raies, à bandes, à barres, en usage aux siècles passés	*ibid.*
Défense faite en Angleterre aux *femmes prostituées*	268
Faveur dont jouirent les étoffes rayées aux XIVe, XVe et XVIe siècles	269
Taffetas rayés d'or pour ameublements, *Zarzahan*, etc..	271
Goût de nos ancêtres, les Gaulois, pour les étoffes à raies	272
Vêtements à raies de couleur portés par les Arabes; *bord* et *hibarah*	*ibid.*
422. Tissus appelés *Musulmanes*	273
Détails sur la création de cette étoffe, d'après M. *Paulet*, qui en fut l'inventeur	274
423. Tissus appelés *Prussiennes*.	277
Origine de ce genre de tissu, son caractere, etc.	278
Exemple cité de l'armure Prussienne.	279

		Pages.
424.	Tissus appelés *Cirsakas*	281
425.	Cirsakas d'été.	ibid.
426.	Id. d'hiver et d'automne	283
427.	Id. d'été, d'automne et d'hiver, où la dorure était enchaînée	286
428.	Tissus appelés *Amboisiennes*	290
429.	Tissus appelés *droguets*.	292
	Droguets ordinaires.	ibid.
	Origine de ce tissu, d'après les probabilités.	293
430.	Droguets *Maubois*	295
431.	Droguets *à la Reine*.	ibid.
	Documents sur la fabrication des droguets, d'après M. l'abbé Jaubert, auteur du *Dictionnaire raisonné des Arts et Métiers*	296
432.	Tissus appelés *Egyptiennes*	298

FIN DE LA TABLE DU TOME PREMIER.

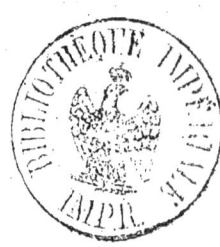

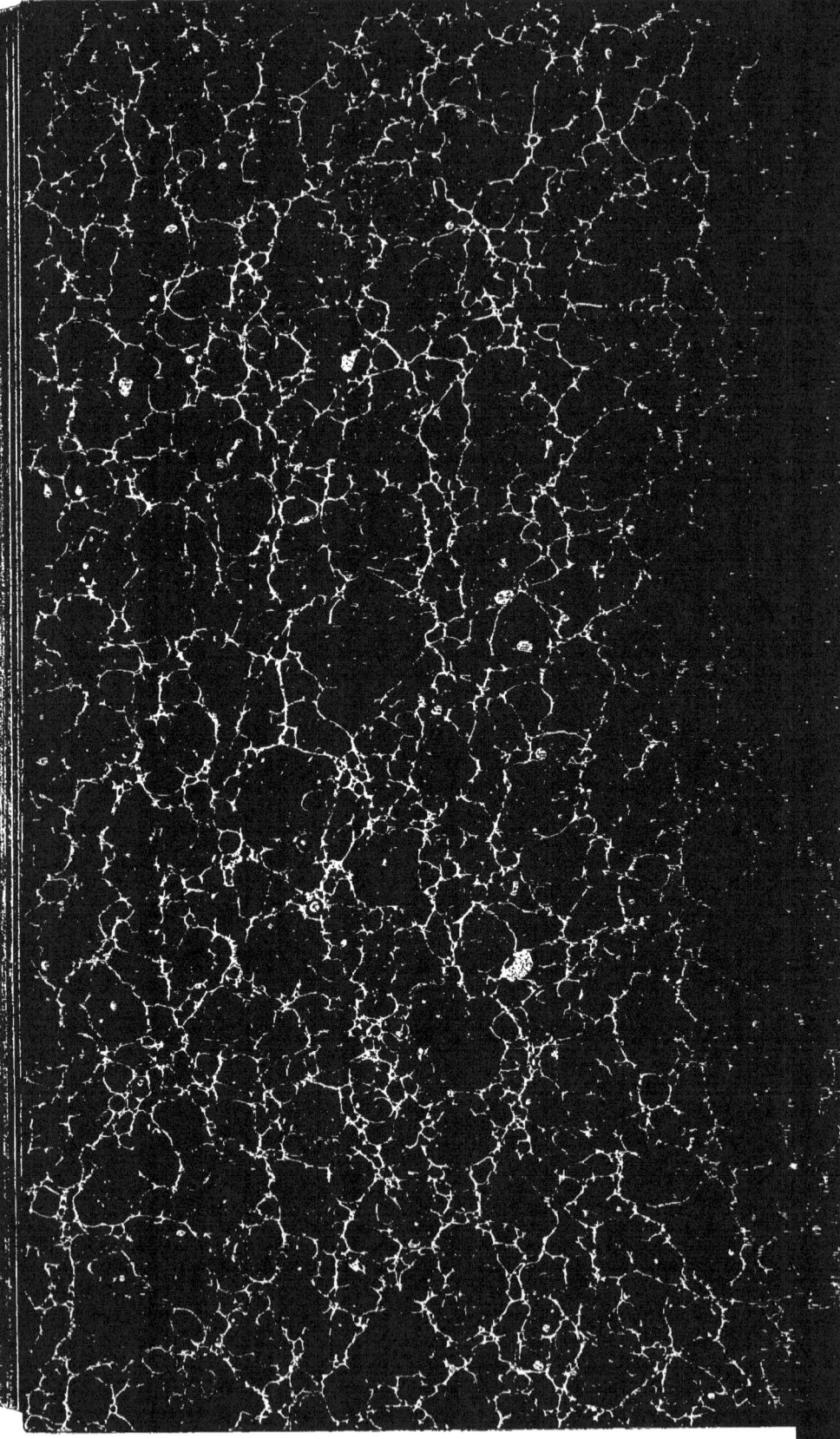

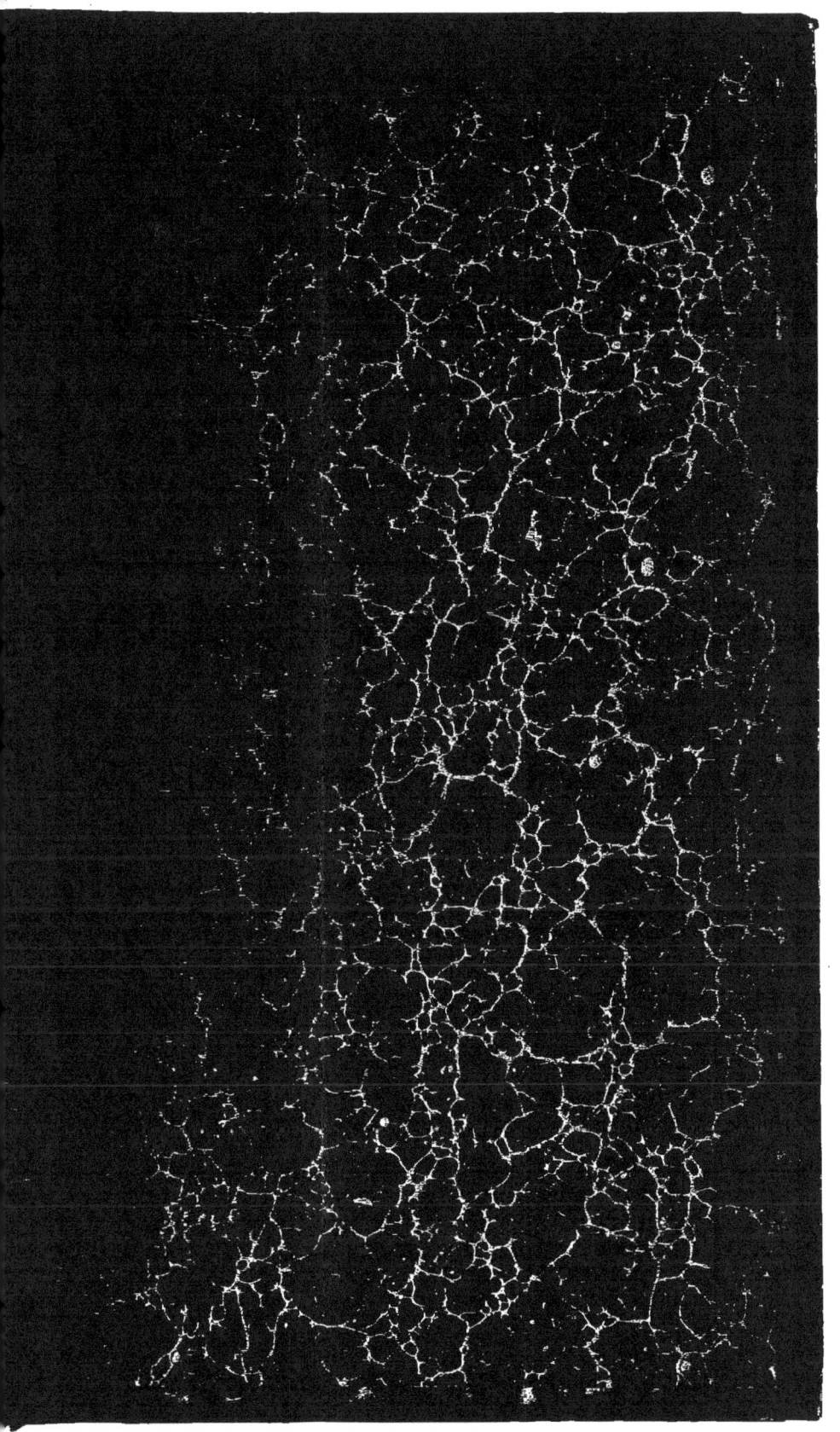

www.ingramcontent.com/pod-product-compliance
Lightning Source LLC
Chambersburg PA
CBHW050152230526
45470CB00001B/68